【修订版】

漂泊者萧红

林贤治 著

人民文学出版社

图书在版编目(CIP)数据

漂泊者萧红:电影特别版/林贤治著. —北京:人民文学出版社,2014
ISBN 978-7-02-009530-8

Ⅰ.①漂… Ⅱ.①林… Ⅲ.①萧红(1911~1942)—传记 Ⅳ.①K825.6

中国版本图书馆 CIP 数据核字(2014)第 204212 号

责任编辑　刘　稚　涂俊杰
封面设计　李思安
责任印制　苏文强

出版发行　人民文学出版社
社　　址　北京市朝内大街 166 号
邮政编码　100705
网　　址　http://www.rw-cn.com

印　　刷　北京新魏印刷厂
经　　销　全国新华书店等

字　　数　267 千字
开　　本　710 毫米×1000 毫米　1/16
印　　张　19.5　插页 7
印　　数　1—4000
版　　次　2009 年 1 月北京第 1 版
印　　次　2014 年 9 月第 1 次印刷

书　　号　978-7-02-009530-8
定　　价　69.00 元

如有印装质量问题,请与本社图书销售中心调换。电话:01065233595

∷ 版画家颜仲创作的萧红像

∷ 萧红、萧军共同使用的相册

∷ 萧红将诗作装订成册,并设计了封面,起名《私の文集》

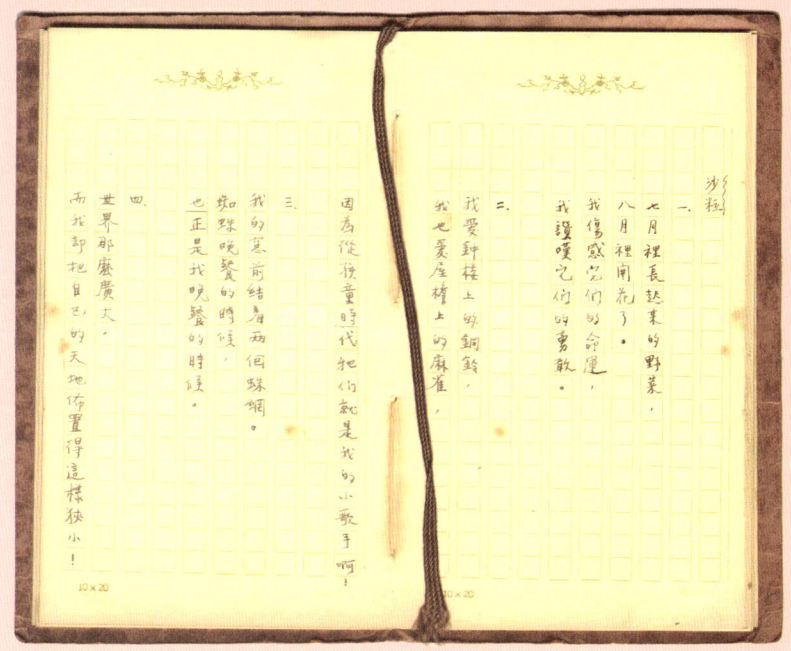

∷ 萧红手迹：《沙粒》

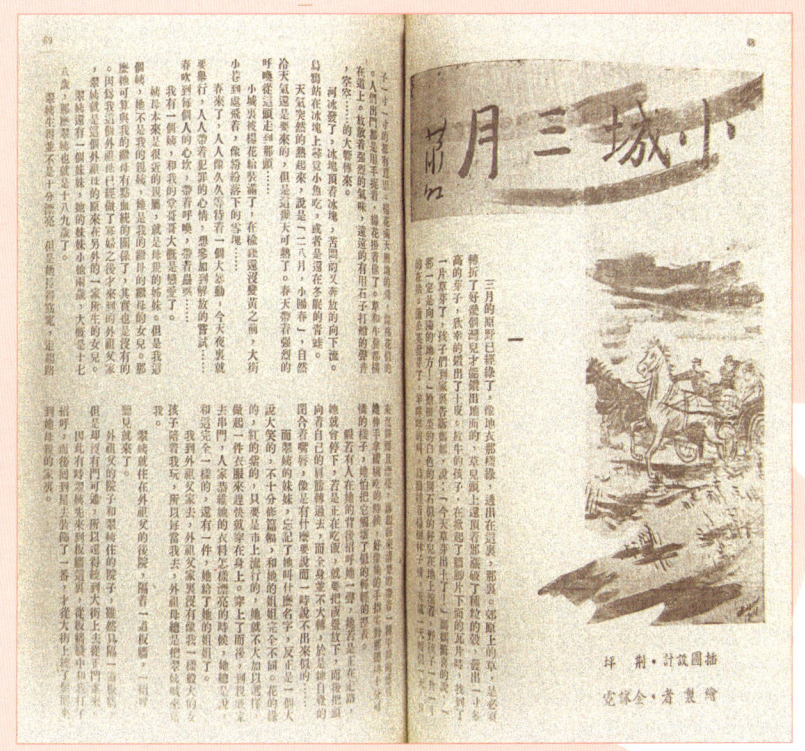

∷ 《小城三月》，载《时代文学》1941年7月1日第二号

∷ 萧红用的小皮箱

∷ 萧红穿过的绒衣里衬

∷ 萧红随身携带的故乡黑豆

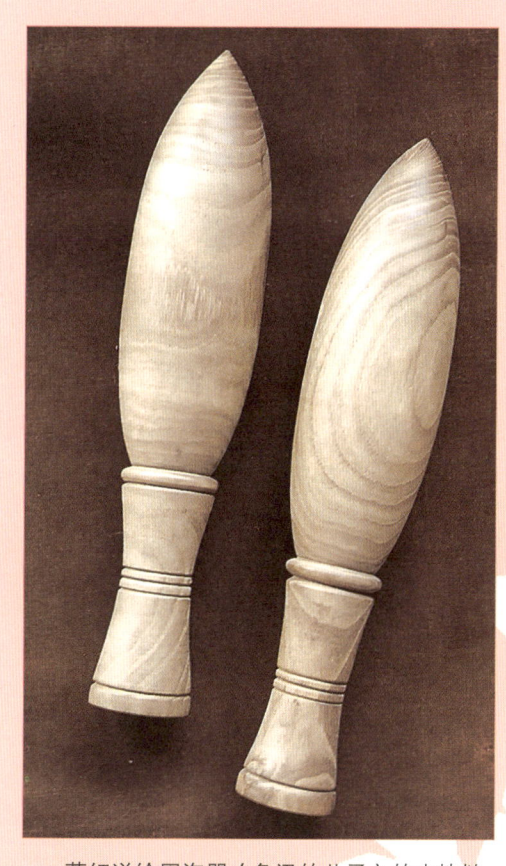

∷ 萧红送给周海婴（鲁迅的儿子）的小棒槌

:: 萧红赠送李洁吾的西洋油画

:: 萧红用过的纸扇

∷ 萧红种花用的小花盆

∷ 萧红装饰花盆用的小门楼

:: 萧红自己刻的"张莹"印章

目录

1　阴影。微光。爱梦想的孩子　　001

2　青春校园　　013

3　出　走　　026

4　十字街头　　032

5　归来的娜拉　　038

6　爱神从天而降　　044

7　产院里　　052

8　在生活的围困中　　061

9　"牵牛坊"岁月　　078

10　告别商市街　　088

11　在青岛　　099

12　初识上海　　113

13　奴隶之书：《生死场》　　130

14	独倾苦杯	*142*
15	东京：沙粒飞扬	*156*
16	回国以后	*176*
17	七月流火	*191*
18	三人行	*199*
19	结束或开始	*209*
20	重返武汉	*234*
21	雾重庆，雾日子	*245*
22	梦绕呼兰河	*257*
23	一只马虻：《马伯乐》	*274*
24	向上的翅膀掉下来了	*283*

后　记	*305*
再版后记	*307*
主要参考书目	*309*

1 阴影。微光。爱梦想的孩子

呼兰。

中国最东最北部的一座小城。说句不算夸张的话，如果不是因为萧红，人们很有可能忽略掉它的存在。在地图上，那不过是省城哈尔滨附近的一个小圆点。松花江有一条支流叫呼兰河，就像一缕蓝色的丝线，从这圆点中间依稀穿过。

早在一百年前，哈尔滨已经颇有点现代大都会的气派了，而呼兰仍然是闭塞的、守旧的。虽然这里也陆续有了商会、银行、邮局、工厂、学校之类，但是，骨子里头并没有什么变化。

作为县城，那时的呼兰委实小得很，只有从东到西，从南到北两条大街，十字街口集中了全城的精华。在这里，有金银首饰店、布庄、杂货铺子、茶庄、药店，也有拔牙的洋医生。牙医门前挂着很大的招牌，上面画着很大的一排牙齿，应当是城里最早的广告了。除了十字街，还有两条街，叫东二道街和西二道街，也都只有五六里长。东二道街上有一家火磨，还有两家设在庙里的学堂；最著名的是一个大泥坑，不知颠覆过多少车马，淹死多少家畜，然而就不见有人填平它，让它长久蹲伏在那里，继续上演可惊可喜的街头剧。此外，寥寥可数的是几家碾磨房、豆腐店，一两家机房和染缸房。

其余还有几家扎彩铺,由几个极粗陋的男人仿照地面的模样装扮阴间的世界。小胡同里冷冷清清,一天到晚看不见几个闲散杂人。住户人家习惯关起门来过日子,卖豆腐的过来了,要是能吃上一块豆腐,再拌上几丝辣椒小葱,就算是幸福的了。

小城是平静的。人们默默地生存,默默地老去。一些不幸者,譬如暴死、服刑、疯癫等等,都是被一律看待的。不论多么悲惨的故事,过去几年,偶尔有人提起,便像讲说岳飞、秦桧似的,几乎成了往古的事情。

城里人生活贫贱,卑琐,凡庸,在精神上也只有制作出一些鬼神的故事和戏剧,倒过来愉悦自己,或愚弄自己。在生与死、人与鬼之间,这里是并不存在确定的限界的。

日复一日,完全是机械复制的生活。当白天即将消尽,村落的上空由昏黄渐渐化为绛紫,总会见到蝙蝠的翔舞;成千成万的黑乌鸦,呱呱地大叫着,从呼兰城的上空飞掠而过……

乌鸦群一飞过,大昴星就升起来了,天河和月亮也上来了,到处响着虫子的唧唧的叫鸣……

若无风雨,夏夜是好的。到了八月,呼兰的女人抡起棒槌开始捣衣裳了,满城大街小巷,都因她们的劳作而响起丁丁当当的打击乐。入冬以后是沉寂的日子。朔风狂吹,来时飞沙走石,过后一片混沌,且飘着清雪。据说,在呼兰,一年之间,有四个月是下雪的,严寒把整个大地给撕裂了。大约因为经不住这般摧毁性的打击,所以有一些鸟类,从此成为候鸟,在冬季到来之前,成群结队地早早向南方飞去!

萧红生于斯,长于斯,却歌哭于异地。这个爱梦想的孩子,从小向往呼兰城外的天空,当青春的羽翼未及长成,便不顾一切地悄然起飞了!正如她所说,女性的天空是低的,而她的天空更低。她憧憬着爱与温暖,自由而没有目的。她只是飞,一直飞,飞时又疑心会随时坠下来……

这可怕的预想十分应验。她做不成候鸟。虽然她至死眷恋着这片冻土,然而,等不到春暖花开的时节,便带着穿心的箭镞,永远坠落在南方的海滩里了!

20世纪30年代呼兰大十字街

呼兰县张家旧宅，萧红在这里度过了童年和少年时代　　萧红出生时的房间

萧红生于1911年，正值辛亥革命的年份。时间的契合，使她的生命暗含了一种叛逆、哗变的物质。她出生的当天，又值端午节，那是流亡诗人屈原投江自沉的忌日。这样，终生漂泊也就成了无可抗拒的宿命。

从谱牒看，萧红的家族本是乾隆年间从山东过来的流民。她姓张，名迺莹，萧红是后来发表小说《生死场》时所取的笔名。张家最早落脚辽宁，经过几代人的艰难种植，辗转经营，购置恒产，终至成为省内远近闻名的大地主。不过，到了萧红的祖父张维祯一代，家势已经衰落。分家时，张维祯分得呼兰的四十多垧土地，三十多间房屋和一座油坊，从此离开先祖的发迹地，迁至呼兰。

张维祯读书人出身，性情散淡，又不爱理财，一切家务全由妻子管理。实际上，家庭的权力中心，是过继的儿子张选三，也即萧红的父亲。萧红说过两件事情。她家里有一个相随干了三十多年的老长工，她称"有二伯"的，一次就被张选三当众打倒在地，流血不止，出手是极狠的。还有一次，为着房租的事情，张选三把房客的全套的马车赶了过来，房客找到张维祯，跪下来哭诉，于是老人把两匹棕色马从车上解下来还给了他们。为着这两匹马，张选三同老人争吵了整整一个夜晚。

张选三毕业于黑龙江省立优级师范学堂，被授予师范科举人，曾任汤原县农业学堂教员，呼兰农工两级小学校长、呼兰县教育局长、巴彦县教育局督学、黑龙江省教育厅秘书等职。在外，他是一个谦和的君子、绅士，政治上相当圆通；对内，却是一个暴君。萧红这样记叙她的印象："父亲常

童年萧红与母亲姜玉兰合影,摄于 1915 年

常为着贪婪而失掉了人性。他对待仆人，对待自己的儿女，以及对待我的祖父都是同样的吝啬而疏远，甚至于无情。"

他对萧红的管治是严酷的。他打她，骂她，偶然打碎了一只杯子，也要骂到使她发抖的地步。萧红总是感觉到他在斜视着自己，威严而高傲，每从他的身边经过，身上都像生了针刺一样。"过去的十年我是和父亲打斗着生活。在这期间我觉得人是残酷的东西。"萧红回忆说，"因为仆人是穷人，祖父是老人，我是个小孩子，所以我们这些完全没有保障的人就落到他的手里。后来我看到新娶来的母亲也落到他的手里，他喜欢她的时候，便同她说笑，他恼怒时便骂她，母亲渐渐也怕起父亲来。"在暴露父权的同时，她敏锐地感到男权普遍的强大的存在。她质疑道："母亲也不是穷人，也不是老人，也不是孩子，怎么也怕起父亲来呢？我到邻家去看看，邻家的女人也是怕男人。我到舅家去，舅母也是怕舅父。"

由于萧红的叛逆性行为，张选三禁止萧红的弟弟张秀珂和她通信，宗谱里不记她的名字，是否与此有关尚不清楚，但是，她们姐弟两人确曾经怀疑过，认为张选三不是他们的真正的父亲。

母亲姜玉兰在萧红九岁时病故。"母亲并不十分爱我，但也总算是母亲。"看得出来，萧红的话说得很勉强，也很酸苦。但是，在回忆起和她垂危的母亲诀别的时刻，她是怀着深情的。那时刻，她垂下头，从衣袋里取出她母亲为她买的小洋刀，泪花闪烁：

"小洋刀丢了就从此没有了吧？"

人生是一个寻找的过程，在某种意义上，也可以说是丧失的过程。可怕的是，有些事物的丧失是永久性的，这样，所有寻找的努力都将因此变得徒劳，成为一种尖锐的反讽。而萧红，对于精神世界中那些在别人看来纯属虚无缥缈的东西，比如：爱，自由，独立和尊严等等，对于未来许许多多尚未生成的事物，生来有着一种超乎常人的特别强烈的要求；正是这种过度的要求，引诱她，并使她受罚。她陷入永无止境的不满、不安与焦虑之中，因了自虐般的自我索取而饱受内心的折磨。

萧红只爱祖父一个人。

只要说到祖父，萧红的语调总是那么柔和、温润，仿佛从寒冷的枝头探身出来的春天的嫩芽。在她的笔下，这位身材高大的老人喜欢拿着手杖，嘴里含着一根旱烟管，眼睛完全没有恶意，总是笑盈盈的。

萧红长到懂事的时候，祖父已经是快七十岁的人了。他一天到晚自由自在地闲着，但在萧红看来，老人是寂寞的。他只有一件事可做，就是擦摆设在祖母地楼上的一套锡器。他常常挨骂，祖母骂他懒，骂他擦的锡器不干净，大约因为萧红老是相跟着的缘故，常常捎带着把她也骂上。这时，萧红就会拉着祖父的手往屋外走，边走边说：

"我们后园里去吧。"

一到后园里，就立刻到了另一个世界了。

一个宽广的、明亮的、人和大地融合在一起的世界。太阳光芒四射，凡在太阳下的，都是健康的、漂亮的。萧红感觉到，只要拍一拍，连大树都会发响；叫一叫，连对面的土墙也会回答似的。到了后园，她就像看准了什么似的奔过去，又好像有什么在那儿等着她，其实什么也没有，只有自由的精灵，活的精灵在呼唤。她跳着，笑着，喊着，一直到把全身的气力用尽了，跑不动了，才坐下来休息，这时随便在秧子上摘下一支黄瓜来，吃了再跑……

后园长着一棵樱桃树，一棵李子树，都不大结果子，还有一棵大榆树。玫瑰也只有一棵，若是开花，却灿烂得很，燃烧般从五月一直开到六月。到了秋天，蒿草当中又开起蓼花来。还有一些不知名的草种，吐出一串一串的花穗，像小旗子一样动荡在草场上。这时候，蝴蝶来了，蜻蜓来了，还招来很多满身绒毛的蜂子，嗡嗡地在周围闹着……

多么自由的世界！花，鸟，虫子。它们要做什么，就做什么；要怎么样，就怎么样。自由多么好。倭瓜愿意爬上架就爬上架，愿意爬上房就爬上房。黄瓜愿意开一朵谎花，就开一朵谎花，愿意结一个黄瓜，就结一个黄瓜。若都不愿意，就是一个黄瓜也不结，一朵花也不开，也没有人问他。玉米愿意长多高就长多高，愿意长到天上去，也没有人管。蝴蝶随意地飞，一会儿黄蝴蝶，一会儿白蝴蝶，它们从谁家来，到谁家去？谁也不知道……

萧红故居后花园一角

　　就在这个乐园里，萧红跟着祖父铲地，拔草，栽花，下种。祖父教她分辨谷子和狗尾草，教她这样或那样，她都毫不在意，一会儿追大蜻蜓，一会儿捉大绿豆青蚂蚱，只是一个劲儿地玩。玩腻了，她会跑到祖父那里乱闹一阵，或者作弄他的大草帽，偷偷地插上一圈红通通的玫瑰，让他安然无觉地戴了满头的花朵进屋去；或者抢过祖父浇菜的水瓢，拼尽力气把水往天空里扬，大喊道：

"下雨了！下雨了！"

　　玩累了，随时在祖父身边躺下，看又高又远的蓝悠悠的天空，看大团大团的白云，像撒了花的白银似的从祖父的头上经过。有时，就在房子底下找个阴凉的地方，盖上草帽就睡着了。有时，竟连草帽也忘了盖，一任它在草丛中快活地喘息。

　　长大了一点，萧红会带同弟弟，或邀集一些小朋友一起到后园里玩；若是遇上晴好的夜，还喜欢独个儿留在草丛深处，窥看萤火美丽而神秘的闪光，蒿草摇曳的夜影，听蟋蟀幽幽的吟鸣。有时她竟压倒了蒿草躺在上面，她爱天空，爱那无尽的星子，爱在阴影和微光中极目辽阔、深邃的远方……

后园每年都要封闭一次的。

秋雨过后，花园就开始凋败了。草黄了，花谢了，大榆树的叶子飞了满园。而许多飞舞的翅膀却不见了，虫声沉寂了，这些卑微的生命，像《大地家族》的作者斯奈德说的"最受无情剥削的阶级"，就这样完结了。萧红说，好像是有人把它们给摧残了似的。

等到大雪落下来，后园就被埋住了，通往园子的后门也用泥封了起来。在深深的寂寞里，萧红为自己寻找到了一种近于探险的乐趣。她发现：在五间房子的组织中，有一间极小极黑的两个小后房，原来是一个储藏室。那里边耗子成群，蛛网密布，空气浑浊，而且永久有一股扑鼻的药的气味似的。

她并不惧怕，她想，在那些静卧多年的箱子中，定然有着不少的新奇。

当母亲不在屋里时，她悄悄开门过去，趁着后窗透来的一点亮光，打开一个又一个抽屉，把里面许多好看的东西全给搬出来：花丝线、各种颜色的绸条、香荷包、绣花领子、藤手镯、花鞋；蓝翠色的耳环或戒指；铜环、木刀、竹尺、观音粉，还有小锯；小灯笼，印帖子的帖板，带缨子的帽子，鹅翎扇子……有些是祖母的藏品，有些是姑母的遗物，存放了多少年了，连动也没有动过，个别的快腐烂了，生了虫子，它们早已被麻木、呆板、无怨无尤的人们忘记了！

她一天天地从黑屋子里往外搬，一天天有新的发现。搬出来一批，玩厌了，弄坏了，就再去搬。

旧物恢复了大人们的记忆。祖父祖母看见了，竟也抚弄着，叙说着相关的往事，为之慨然兴叹。

沉埋多年的东西，经这样一搬弄，终于见了天日，但因此，坏的坏，扔的扔，也就都从此消灭了。

萧红重又回到寂寞之中。

在《呼兰河传》这部哀歌式作品里，萧红用了复沓的句子，反复写道：

1947年萧红的家人在故居后花园合影。后排左一为萧红胞弟张秀珂、左三为萧红父亲

"我家是荒凉的。"

院子租住着许多人家，有养猪的，开粉房的，拉磨的，赶车的，是挣扎在底层的人们。萧红有了小伙伴以后，开始走出后园，在这些破旧的房子中间来往，用了她那双不无困惑的大眼睛，默默地摄取他们日常生活的图景，倾听他们的说话、歌唱和唉叹，感受其中的悲哀和寂寞。然而，周遭的苦难，竟然侵入一颗幼小的心灵，使她受伤而起了哀悯。她在家里常常偷了馒头、鸡蛋之类，分给穷人的孩子们。有一个冬天，看见邻家的小女孩光着身子蜷缩在炕上，她立刻回家把母亲给她新买的一件绒衣送过去。小女孩的一个微笑，让她那么高兴，全然忘却可能招致母亲的责难。

"我家是荒凉的。"在这里，她把众多客户的生活当做家史来叙述，她打通了不同家庭的门墙，把它们置于同一片屋檐之下。荒凉的不是后园，也不是屋舍，而是生活，是被这破败的屈辱的生活磨损了的心。

萧红有萧红的伦理学。她憎恶父亲，却敬爱着有二伯，一个被看作"家族以外的人"。有二伯终年劳作，家里只供他吃穿，工钱是没有的。居所十分简陋，行李是零零碎碎的，枕头花花地往外流着荞麦壳，一掀动被子就从被角里流着棉花，掀动褥子，那铺着的毡片就一片一片地撕裂开了。孤苦的老人不但得不到抚慰，还要挨受打骂，于是有了"跳井"、"上吊"的事，常常听到他从厢房里传出的哭声。在家里，除了祖父，萧红最喜欢和有二伯待在一起，帮他干活，为他缝补衣物，背着家人送给他吃的东西。离家以后，还向人打听他的情况。她写他，为他立传。她要写出一个善良的、淳朴的灵魂，把这灵魂和褴褛的生活一起高举起来，控告社会的不公。

她爱她的有二伯，爱周围的穷人。她把这爱保存在心里，犹如风雪之夜保存着一粒火种。她的大眼睛常常为泪水所充盈。从童年开始，她便为穷人祝福，也为自己祈祷，希望温煦的太阳照临大家的头顶。可是，阳光是被垄断了的，直到生命的最后一息，她得到的只有黑暗。

世界只有黑暗。

祖母死时，萧红七岁。

因为祖父的屋子空着，萧红就闹着一定要睡在那屋子里，从此，她开始学诗，接受一种非正规的美学训练。

祖父教的是《千家诗》，没有课本，全凭口头传诵。早晨念诗，晚上念诗，半夜醒来也是念诗。祖父念一句，萧红跟着念一句，念着念着，后来就提高调门喊起来了。诗的意思明白了没有不要紧，念起来好听。"春眠不觉晓，处处闻啼鸟"，多好听。"重重叠叠上楼台"，多好听。声音里有一种神秘之美。声音最先到达心灵。

念了几十首之后，祖父开讲了。

"少小离家老大回，乡音无改鬓毛衰。"

祖父解释过后，萧红问道：

"为什么小的时候要离家？离家到哪里去？"

祖父说："好比爷爷像你那么大离家，现在老了回来了，谁还认识呢？儿童相见不相识，笑问客从何处来。小孩子见了就招呼着说：你这个白胡子老头，是从哪里来的呀？"

萧红听了觉得不大好，赶紧问祖父：

"我也要离家的吗？等我胡子白了回来，爷爷你也不认识我了吗？"

祖父一听就笑了，"等你老了还有爷爷吗？"

萧红恐惧而且茫然。

祖父见她显出很惶惑的样子，赶快说：

"你不离家的，你哪里能够离家……快再念一首吧！下一首……"

每天在大雪中的黄昏，萧红便围着暖炉，挨着祖父，听祖父朗读诗篇，看着祖父嚅动着的微红的嘴唇……

她害怕离开祖父。

当父亲打了她，她就在祖父的屋里，一直面对着窗子，从黄昏到深夜。窗外的雪花，像白棉一样地飘着；暖炉上水壶的盖子，吱吱地振动着，鸣唱着，像伴奏一支凄婉的歌谣……

祖父时时走近，把多皱纹的手放在她的肩上，然后又放到她的头上，她的耳边便响起这样的声音：

"快快长吧！长大就好了！"

2 青春校园

萧红有着阳光的性格,可是,笼罩她的云翳太浓密了。一个生活在阴影中的人是忧郁的。由于云块的挤压,偶尔也见电光闪现,但又迅即消失在密云之中。

1920年,萧红十岁。

这一年,她开始在龙王庙小学读书,后来考入县立第一小学校,上高小一年级。关于小学时代的情形,在她的回忆文字中是空缺的,大约多少还是逃不掉内心的压抑吧?根据她的同学傅秀兰的忆述,她读书很用功,成绩也好,作文特别优秀。她穿的跟其他女孩子一样,大抵是阴丹士林蓝上衣,黑裙子,白袜配黑布鞋,不见得有什么讲究。至于性情,印象是温和的,恬静的,不大喜欢说话,甚至使用了"孤僻"的字眼。

萧红小学毕业后,她的父亲不准她上中学。这是绝对命令,没有商讨余地的,祖父的劝阻当然也毫无用处。萧红实在受不住这样一架机器的压轧,试图起来反抗,结果被父亲一个巴掌搳倒在地。

她开始害病,在郁闷中度过一年中的整整三个季节。

升入中学的同学不断给她送来学校方面的信息,这种诱惑,加重了她的病情。到了正月,新学年即将开始,她于绝望中再行反抗,告诉父亲:

萧红读书的龙王庙小学

萧红使用过的词典

如果不同意上学,她将当尼姑去。这样的决定,对于作为教育界名流的父亲来说,可以说是一个根本无法还手的打击。

他让步了。

这里很可能牵涉到一桩秘密交易,不只是上流人物的面子问题。在萧红小学毕业以前,张选三已经将她许配给了阿城另一家大地主的儿子汪恩甲。至于订婚的时间,有着不同的说法,其中一说是萧红在读小学四年级的时候。如果真确,张选三就必须及时阻止萧红走出他的管治范围。因为,呼兰当地不设中学,萧红要继续读书,势必要到哈尔滨去。张选三身在教育界,对大都市中青年学生自由恋爱的风气不会不了解。他知道,只要到了那样的环境,就将无法羁勒一颗少女的心。可是,萧红出家的意向,无疑更为可怕,只要实行起来,不但将使一场政治联姻毁于一旦,而且能把一个教育家的社会资本剥夺殆尽。

1927年秋季,萧红顺利进入哈尔滨东省特别区立女子第一中学校初中一年级。

对萧红来说,虽然斗争成功,可是所有补给仍然来自她所憎恶的家庭。这是她感到屈辱的。即使到了辉煌的省城,到了崭新的校园,她仍然郁郁寡欢。她的朋友高原回忆初识她的时候,注意到她在同学群中显得沉默寡言,感情内敛,给人一个很突出的感觉就是:不易接近。骆宾基写《萧红小传》,也说到她平时很少说笑,有些孤独。

萧红读书的哈尔滨东省特别区区立第一女子中学校

她始终走不出家庭的阴影。

在中国，二十世纪黎明期，有两次革命具有历史性的影响。头一次是辛亥革命，推翻了帝制的圣殿；再次是新文化运动，以现代语言清扫后院的马厩，实质上是前者的一个延续或补充。

北京作为运动的中心位置无可替代。《新青年》杂志打出民主和科学的旗帜相号召，白话报刊一时蜂起，新型知识分子在不同的精神文化领域里采取一致的行动，猛烈批判专制政治和封建礼教，提倡个性解放。运动摧毁了许多旧物，最坚固的东西，也因它的打击而开始断裂。虽然风暴很快成为过去，而幽灵依然在天生的不安定分子——青年学生群中徘徊，时时发出激动人心的呼啸。

哈尔滨流传着北京的风声。冰层之下，生命渐次觉醒，在梦境的边缘开始艰难的蠕动……

南岗。吉林街。浓荫掩映的院墙。

在这里，萧红外表安静，内心一定波涛汹涌。当她挣脱家庭的束缚远走高飞，哈尔滨不过是第一个落脚点，却未必是终点。没有一个具体的地理位置可以成为目的地。飞行在别处。她欣喜于手中的课本为她打开世界的窗口，让她看到了远方的风景，而使脚下的道路变得日渐明晰起来。既然她是从斗争中获取读书的机会，那么她知道，必须把这场已经开始了的对抗坚持到最后，而且尽可能为自己赢得时间。于是，她全身心地投入学习，读书，抄笔记，与其说是出于青年的求知欲，毋宁说是为了抗拒和克服来自家庭的压力。生存困境把她的攻击本能调动起来了。精神分析学家说，这是一种强大的内驱力。萧红清楚地意识到内在的紧张，然而，她无法让自己松弛下来。亢奋，焦虑，忧郁。只有进入知识的探求，记忆，美的欣赏，或是创造性想象中，她才有了短暂的忘我的欢娱。

一个人自由地活着，该多么好啊！

同学的友善也是萧红感到欣喜的，她有了几个亲密的伙伴，而她们都是有理想的青年。她同时欣喜于教师的博学与温厚，从他们的身上，可以不断地得到抚爱和鼓舞。校风是开放的、活跃的，趋向如此，无论校长如何专制也无关大局。对于校里的最高权威，同学们不但不敬畏，甚至给起了一个不雅的绰号来加以嘲弄。她欣喜于这周围的一切，多年过后，说起来还一往情深：

"墙里墙外的每棵树尚存着我芳馨的记忆，附近的家屋唤着我往日的情绪。"

除了体育，其他的功课都是喜欢的，尤其是绘画和文科。绘画教师高仰山是吉林人，毕业于上海美术专科学校，他从母校带回来的，不但有着现代艺术的革新色彩，而且带有当时上海勃兴的一种"普罗"气息。在他的感染和鼓动下，萧红萌生了绘画的兴趣，而且愈来愈分明地感觉到自己在这方面的才华。在线条的舞动和色块的组合中，她已经看到了自己成为一个女画家，为她所创造的灿烂的生命所簇拥……

幻想开始飞翔。

在高仰山的带动下，萧红和好友徐淑娟、沈玉贤、王粟颖等发起，邀集了班上其他一些喜欢绘画的同学，成立了一个野外写生画会。每到星期天，会员们便夹着调色板，提着画箱，肩着画架子，跟着高仰山早早出发了。大街，公园，林子，江岸，旷野……到处印着她们的足迹。马家沟是她们常去写生的地方。这是哈尔滨的一个偏僻的住宅区，十分安静；里面混合着中西式建筑，有花园，有草丛，有桃树、白杨树和各种树木。雪景是美丽的，有阳光的雪景更美丽。同学们贪婪地画，快活地说笑，漫步或追逐，聚餐时就把野火点起来……

萧红沉迷其中，在这里，她恍若重逢了故家的后花园。心魂相守的后花园。此刻，大自然不但以它的单纯、静美使她感到抚慰，而且以它的辽阔，引领她向伟大的梦境飞升……

临近毕业时，绘画课最后布置的作业是室内写生。高仰山在教室里置放了许多静物，除了常见的水果、花卉、陶罐之外，还有骷髅，供学生选择摹绘。萧红一样也没选上，跑到老更夫那里借了一支黑杆的短烟袋锅子和一个黑布的烟袋，搬来一块灰褐色的石头靠在上面，然后开始作画。其实，这已经带有一种创作的性质。高仰山十分欣赏，给取了一个画名，叫《劳动者的恩物》。

在众多按照绘画程序完成的静物画作业中，唯有这幅画有爱的流露，有跃动的情感，它讴歌了卑贱的生命，确实是很有点异样的。

星期二有一个小时的历史课，这也是萧红所期待的。史地教师姓姜，是新近毕业的北京大学的学生。在课堂上，除了课本内容，他还夹带讲些世界的珍闻，加上讲说生动，使同学们像铁屑接近磁石一般地为他所吸引。他的文学修养也相当丰富，前后向她们介绍了不少新文学作品，如茅盾的小说，冰心的散文，徐志摩的诗，等等。萧红就曾经从他那里借过美国作家辛克莱的《屠场》和《石炭王》这两部翻译小说在当时是颇为流行的。青年教师的出现，使北京在萧红的心中变得更加神圣。

姓王的国文教师也是个激进派。是他最早把白话引入课堂，此前，讲课和作文都是使用文言的。以活人的自由的语言代替死人的语言，使青年人大大增进了表达的欲望。他一样熟悉新文学，经常把一些优秀的作品介绍给学生，尤其是鲁迅的文字，在他那里有着崇高的地位，总是被当作文学的范本拿来讲说。对于萧红，鲁迅是有影响的，但是根本说不上深刻；鲁迅作品中的社会观念和启蒙意义，她只有在走出社会以后，才可能有着亲切的理解。这时，她只能领略文字之美，而无须深究其意，像《秋夜》这样别致的开头，一下子就记住了。下课后，她跟徐淑娟戏剧对白似的边笑边念：

"在我的后园,可以看见墙外有两株树,一株是枣树,还有一株也是枣树……"

渐渐地,萧红的文学兴趣变得愈加浓厚起来,后来竟超过了绘画。她不断地跟几位要好的同学交换书籍,聚在一起漫谈,有时也会争论。萧红发现,文学明显地有着更广阔的空间,可以伸展到看不见的黑暗的深处;而且,文字中有一种意义,其奥妙是画面无法呈现的。随着阅读的进行,对她来说,世界仅仅有美已经不够了。

萧红开始写诗,写散文,用了"悄吟"的笔名,刊发在学校的黑板报上和校刊上。

这时候的写作,还没有确定的目标,她来不及发现文学作为最富有平民化品格的艺术——譬如,只要有一支笔,就可以在囚禁中或是流亡的路上写作——对她的洽合性,她照常留在自己的房间里,用了小笔触,书写片断的情思。一个真正的作家的形成是需要时间的。重要的是,她已经悄悄地走到了文学的边沿。

二十年代末,中国发生过两个由路权引起的对外斗争事件,而且都集中在东北地区。

第一个事件同日本有关。日本政府与奉系军阀秘密签订的《满蒙新五路协约》规定,由日本投资,承包东北五条铁路的修建工作。铁路一旦修通,日本就可以顺利进兵东北。1928年11月,哈尔滨报纸披露了这个消息,社会各界纷纷集会反对,要求保护路权。另一个事件是中东路事件。苏联依据1924年《中俄条约》及《奉俄条约》,据有从满洲里到长春一线的中东铁路及其沿线的相关设施,并进驻上千名铁路和商务人员,以维护其在中国东北的特殊权益。1929年5月27日,东北地方当局以苏方在哈尔滨总领事馆举行远东党员大会,"宣传赤化"为由,命令哈尔滨特警处前往搜查,逮捕了三十九人,同时封闭中东路苏联职工联合会。在一种爱国情绪的驱动下,东北境内掀起了一场反苏风潮。

潮水很快冲入了院墙。萧红和她的同学们都被卷进去了。

在运动中,萧红异常亢奋,大约此后一生中,也不曾有过这样的亢奋。

事隔多年，当她回忆起来，虽然自觉到当时的愚昧，却依然迷恋那样一份参与的热情。

在反对日本完成吉敦路的斗争中，萧红说她开始时有点害怕，但终于变得勇敢起来，而有了一种庄严而宽宏的情绪高涨在血管里。她说：

"那时候我觉得我是在这几千人之中，我的脚步我觉得很有力。凡是我看到的东西，已经都变成了严肃的东西，无论马路上的石子，还是那已经落了叶子的街树。反正我是站在'打倒日本帝国主义'的喊声中了。"

在组织宣传队的时候，她站出来，说她愿意宣传。别人都是被推举的，而她是自告奋勇的。她站在飞舞的雪花里，大声朗读着传单。而后，有人发给她一面小旗，过一会又有人在她的臂膀上别上一条白布，上面还卡着红色的印章，可是她忘了看，什么也顾不上，红印章印的是什么字也不知道……

在游行队伍里，萧红感受到了沉重的压力，目睹了群众的盲目、混乱、热烈与疯狂，在扰攘中也看到了斗争的戏剧性变化。原来反对日本帝国主义的事情本身被人们忘记了，唯一所要打倒的是滨江县政府，到后来连县政府也忘记了，只是一个劲地高呼"打倒警察！"……

人们呐喊着奔走，受伤，流血，却似乎并不在意斗争的结果。运动就是一切。结果是，铁路到底修成了。

6月，萧红突然接到家里发来的电报。

祖父死了。

萧红死了祖父，就死掉了一生中最重要的一个人。祖父的死，使她失去了整个家园，人间一切的爱和温暖都被带走了！

她的心，像被铁丝绞住，再也挣扎不起来了。

早些时候，她已经发现祖父一天一天地起了变化，变得健忘，多病，而且喜欢流泪。开学前夕，她想到离家便非常痛苦，结果把回校的时间推迟了四天。当祖父睡着的时候，她就陪着，躺在他的旁边哭，仿佛他刚刚死去不久似的；一面哭着，一面抬头看他凹陷的嘴唇……

萧红最爱的祖父张维祯

三月，她惦记着祖父，又回家一次。她家离哈市不算太远，但是平时并没有像其他同学那样想到回家，即使在暑假，也因为规定不能住校，才带了行李回去的。在学校里，她常常孤凄地觉得自己是一个无家的人。所谓家，对她来说，其实就是祖父一个人。

最后一次见到祖父，他的脸色愈加惨淡苍白了。见到萧红，他一边慌慌忙忙地用袖口擦着眼泪，一边抖动着嘴唇，诉说着前些日子跌倒在地时无助的情形。萧红暗自心酸，她能安慰老人什么呢？

和祖父告别时，没有想到永别的事，然而从此是永远地隔绝了！

萧红恓恓惶惶地回来，马车离家很远时，已经看到自家门前高高挑起的白色幡杆了，听得吹鼓手们的喇叭苍凉的悲号。马车停在门前，她急急穿过白幡、白对联、院心的灵棚和杂乱的人群，到堂屋里看祖父。这时，祖父静静地睡在床板上，脸上蒙着纸，白胡子、眼睛和嘴都不会动了！她伸手探向祖父的袖管里摸他的手，已经是冰凉冰凉的了！

祖父这回真的是死去了啊！

在祖父装进棺材去的那个早晨，后园满树的玫瑰花正在开放。萧红扯着祖父的一张被角，抬向灵前去。吹鼓手在灵前吹着大喇叭。

"咣咣！"黑色的、半尺厚的灵柩盖子压上去。

萧红顿时害怕起来，禁不住大声号哭。

吃饭时，萧红用祖父的酒杯饮了酒。饭后，她跑到后园，卧倒在玫瑰树下，园中飞着的蜂子和蝴蝶，绿草清凉的气息，都和十年前一样。十年前死了母亲，可是还有祖父，于是依旧在园中扑着蝴蝶；十年后祖父死了，人也长大了，便只有饮酒……

——"快快长吧！长大就好了！"

祖父的声音一直萦绕在萧红的耳畔，温厚的爱，长久地留在萧红的心里。所以，当萧红回忆着，梦着，叙述着她的呼兰河的时候，那些和冻土连缀在一起的动物一般生和死的人们才有了笑容和柔和的话语；当他们被压迫到几乎窒息的时候，才有了粗重的呼吸，沉沦的时候才有了上升的欲望和挣扎的勇气。是祖父的原初的爱，孕育了一颗作家的种子。在这种子日后成长起来的正直、傲岸的树干里，才有着那么充盈的人性的汁液，受伤的枝条才吐出那么多健康的叶子，散发着那么温暖的气息。然而，祖父的爱又是一笔沉重的遗产。在无爱的人间独自承受，她无力负担。祖父爱她，完全是无私的给予，这爱是信任的，宽容的，保护的。祖父把爱的经验给了她，从此却使她接连地失望于她所爱恋的人，甚至起了憎恶。他们不但没有能够给她以一种安全感和自由感，反而支配她，剥夺她，压制她。爱沦为一种奴役——这是多么可怕的事情呢！

1935年夏天，祖父死去已经满了六年，而萧红本人又不知辗转走过了多少个人生的驿站，当她因了什么事情的触动而回忆起当年祖父的葬丧时，仍然有着无限的伤感：

> 我懂得的尽是些偏僻的人生，我想世间死了祖父，就没有再同情我的人了，世间死了祖父，剩下的尽是些凶残的人了。
>
> 我饮了酒，回想，幻想……
>
> 以后我必须不要家，到广大的人群中去，但我在玫瑰树下颤怵了，

人群中没有我的祖父。

所以我哭着，整个祖父死的时候我哭着……

在祖父的丧事办完之后，萧红随即返回学校。可是，学校可容她栖居的时间已经不多了。

这时，另一场斗争接踵而至。苏联的大国沙文主义，从沙皇那里继承下来的贪婪、横蛮与傲慢，在中东路事件前后清楚地呈现出来。当时，东北当局以及南京中央政府的反苏态度是明确的。民间与政府，正义与权势，帝国主义与民族主义搅到一起，在浑水中，人们很难看清事情的真相。但是，对萧红来说，对乡土的热爱，对霸权的憎恶，对自由、平等、独立的渴望，社会斗争倒是给了她一个难得的释放自己的机会。当所有这些一旦冲决而出，她就像变了一个人似的，于沉静中立刻显出勇毅来。

她参加了学校的佩花大会。同学们用绒线做了许多小花朵，跑到大街上募捐，为对苏战争筹集资金。她后来回忆说，她在队伍里跑得最快，手套跑丢了一只，围巾上结了冰花，眼泪和鼻涕流在一起，也顾不上掏出手帕来擦，连帽子也被汗水湿透了。她在感觉中，自己就像是厨房里的一块烤在炉旁的冒气的抹布……

她费尽努力，得到的只有悲哀和愤怒。市民们差不多都不肯佩上小花，他们害怕捐款，小花插到衣襟上又随即被他们扯了下来，甚至把花捏扁，弄得花心也几乎看不见了。结果不但整元的，竟连一个铜板也不见贴在他们的手心上。有一件让她为中国感到侮辱的事情是，募捐居然募到了一分邮票和一盒火柴。小烟纸店的老板因为摆脱不了她的纠缠，拿出一盒火柴摔在柜台上；但她并不把火柴收下，照旧向他讲演，接着又捐了一分邮票。她像一个叫花子似的被人接待着，深感宣传的困难，但是，她不沮丧，继续追赶着行人的脚步……

意外的是，从外国人那里募来了不少钱，其实许多是俄国人的。萧红在一篇回忆的文章里写到这样一个细节，说："我走在行人道上，我的鞋底起着很高的冰锥，为着去追赶那个胖得好像行走的鸵鸟似的俄国老太婆。

少女萧红（右）与继母的妹妹梁静芝（中）、梁玉芝（左）

我几乎有几次要滑倒，等我把钱接过来，她已经走得很远，我还站在那里看着她帽子上插着的那棵颤抖着的大鸟毛，说不出是多么感激和多少佩服那黑色皮夹子因为开关而起的响声，那脸上因着微笑而起的皱褶。那蓝色带着黄心的小花恰恰是插在她外衣的左领边上，而且还是我插的。不由得把自己也就高傲了起来……"看得出来，她背负着一个使命。为了中国，她时时生出一种耻感，或者是荣誉感。

"打苏联，打苏联……"萧红总觉得在学联会统一发下的口号后面，应当加上"帝国主义"这个词。如果不是帝国主义，那么为什么要打呢？她一边行动着，一边思考着，然而又进一步为思考所困惑。

临近毕业时，在同学们的眼中，萧红突然变得阴郁起来，大眼睛常常红肿着，孩子一般的圆脸上再也看不见往日的阳光。晚自习也不来了。到了星期天，她还会一个人躲起来喝酒，抽烟也是这时候学会的。

这时候，暗暗地，她爱上了一个人。可是，她的父亲早已为她订了婚。

对于对象汪恩甲，其实她知道的并不多，而同学们都传说他是花花公子。在萧红刚上初中时，汪恩甲已经在哈尔滨道外三育小学任教了。因为他是萧红的未婚夫，所以有权经常到学校和宿舍里找萧红，有时把萧红带走。这种纠缠使萧红烦透了，在得知他吸食鸦片的情形之后，心里又多了几分恐惧。

据说，萧红曾向家里抗议过，试图解除婚约，她弟弟说她为此打官司告状，恐怕是后来的事。但是无论如何，结果是通不过的。从肉身到意志，儿女是由父母管辖的，女人是由男人管辖的。这是天经地义的事。

据沈玉贤说，当时萧红和她们已经在读易卜生的《娜拉》和鲁迅的《伤逝》一类作品了。她们都替萧红感到不平，怂恿她出走，而她本人也分明地感觉到自由之翼在两肋间鼓动。可是，钱呢？钱在哪里？

她们讨论说，可以写稿子卖呀，有了稿费不就够一个人生活了吗？

天真的少年人啊！

为了迫使萧红就范，汪家找到了张选三商议，征得校长同意，取消了萧红在女中的学籍。她没有退路了。然而，这个专横的举动，激怒了萧红。

她决心向家庭施行报复，至于手段，当然也是单边主义的。这时候，她一定会记起子君的宣言：

"我是我自己的，他们谁也没有干涉我的权利！"

萧红居家的状况，没有人可以知道。她一个人陷入一个人那里。周围是陌生的，敌对的，但是这时候，她一点也不感到孤独，只是紧张地等待着那个神秘的时刻。

一天，家人突然发现，萧红失踪了。

3 出走

毕业后，萧红仍然和同学们保持着联系。这个已然散失了的集体是她所依恋的。

七月。她到了北平。

远在湖南的徐淑娟收到她寄来的照片：男式短发，身着西装，左手斜插裤兜，右手自然下垂，一副浪漫不羁的样子。徐淑娟应当为她高兴的，这新的形象，显示着新的生活已经开始造访她了。

沈玉贤不久也收到她的信，以及一些诸如《拓荒者》之类的杂志。信里写道："我现在在女师大附中读书。我俩住在二龙坑的一个四合院里，生活比较舒适。这院里，有一棵大枣树，现在正是枣儿成熟的季节，枣儿又甜又脆，可惜不能与你同尝。秋天到了！潇洒的秋风，好自玩味！"畅饮爱情的少女是多么纯真而快乐，连这些文字，也跳着细碎的舞步，微醉着似的。

这时，萧红二十岁。

从哈尔滨到北京，对萧红来说，不能不说是一个大胆的计划。而计划的策动者，正是她的表兄陆振舜。

说是表兄，实际上没有血缘关系，只是认的屯亲。萧红和陆振舜两人

20岁，在北平女师大附中读书时的萧红

从小一起读书长大，用文人的说法，叫做"青梅竹马"。陆振舜家在哈尔滨太平区，萧红入读女中时，他已是哈尔滨法政大学的学生了，因为住地较近，两人的来往逐渐频密起来。到了青春怒放的花季，看不见的风媒便趁机在彼此间传递着甜蜜的信息。爱情不可抗拒。可是，就在这时，萧红被取消了学籍，而且马上面临被迫完婚的危险。王家在当地是有势力的，何况这种野蛮的侵夺是合法的；当此兵临城下之际，对陆振舜来说，拯救萧红的唯一办法，就是设法使她从城中逃出去。

陆振舜下定决心，自己先行退学，去北平中国大学读书，随后设法让萧红也到北平。事情的发展比预想的顺利。这中间，定然有着不少戏剧性的情节，但是，似乎他们从一开始便保守着秘密，因此不为朋友们所知。

两人把居宿地选在萧红信中说的叫"二龙坑"的地方，距离各人的学校都很近，上下学方便。这样一个适中的地点的选择，是颇有点平等的意味在的。

二龙坑的居所是一所有八九间房子的小独院。萧红和她表兄分住在里院北房的两头,有廊子连着;房前多出两株枣树,枝叶摇曳,益发显得幽静。他们搬进来以后,陆振舜在东北读书时的同学闻讯前来,从此,星期天的后半天便成了例行聚会的时间,小屋子变得热闹起来了。青年们围坐在桌子旁,无休无止地谈着理想、学习和生活,话间有那么多的欢笑。萧红每次总爱坐在固定的位置上,虽然很少说话,却不能不受这活跃的气氛所感染。

这无忧无虑的一群,话说开来,每每忘了时间的早晚,要一直等到巷子里传来卜卜的梆声,才肯起身散去。

李洁吾是其中来访最多的一位,算是萧红熟识的朋友。一次,萧红递给李洁吾一封信,嘱咐他回校以后拆阅。李洁吾心想,这有什么大不了的事情呢?于是当即把信拆了。原来,信里说她表兄对她有越出常轨的行为,希望朋友居间给他一个忠告。李洁吾看了大怒,骂了陆振舜一通,弄得萧红非常尴尬。

萧红逃来北平,本意为了继续她的学业,而不是构筑香巢。她没有忘却翅子的扇动。虽然爱情给了她以反抗的动力,然而她的出走,并不是希图改变一种婚姻方式,将自己的命运托庇于另一个人,而是获得完全属于个人的自由。

李洁吾回忆说,他曾经同萧红、陆振舜两人一同去一家电影院看《泣佳期》。影片是一个富有才华而不名一文的画家和一个流落街头的姑娘相恋的故事。回来后,大家由电影谈到人生的实际问题。李洁吾发感慨说:

"我认为爱情不如友情,爱情的局限性太大,必须在两性间,青春期才能够发生。而友情,则没有性别与年龄的限制,因而是最牢固的。"

萧红马上说:"不对。友情不如伙伴可靠,伙伴走的是一条路,有共同的前进的方向,可以永不分离。"

"那路要是走到尽头了呢?"

"世上的路是无尽头的。"萧红仿佛很有把握似的,接着反问道:"谁能把世上的路走尽?"

说得大家同时沉默起来。

然而,对于萧红,阳光太悭吝了。

有关萧红出走的信息,不用很久,便为张陆两家所捕获。张家决计对萧红实行经济制裁,入秋以后,除了寄信命她赶快回家成婚之外,不但钱,连一件取暖的衣服也不寄。陆家的行动稍稍迟缓,在短时间内,两个人的生活费用,尚可靠陆振舜家寄来的钱勉强维持。等到学期将尽,陆家也发出了最后通牒:如果两人放寒假返回东北,就给寄路费;否则,今后什么也不寄!

寻求自由如同玩火。

这是一个冒险的历程。所以,人们宁可忍受奴隶般的屈辱,也不肯轻易改变生活的格局;甚至依附他者,博取他者的赐予和宠爱为幸福。令他们困惑的是,既然被烧灼的痛苦甚于一切痛苦,为什么仍然有人如同飞蛾赴火般地去追求自由呢?

自由的价值在于自由本身。自由并不代表财富、权力和荣誉,恰恰相反,它完全可能为后者所扼杀。自由首先是一种自主权,而这种自主性是属于精神上的,是对于改变现状的行动的渴望。即使客观环境拒绝向自由主体提供行动的条件,这些条件也将因自由精神的激发而被创造出来,就是说,改变现实的可能性因此得以敞开。自由就是找到自己,由自己支配自己;在这个意义上说,自由是可把握的。但是实际上,个人权利是受制约的,世界充满变数,因此,自由只是一个梦想,一个欲求的目标,一个给人以慰藉的永远的乌托邦。

除了自由的追求者,无人可以定义自由的价值。

而此刻,萧红的自由体验只有寒冷、饥饿和穷困的苦恼。她过早地承担了这样的苦恼。

据她的朋友高原的忆述,她的房间里只有一张单人床,一张小长桌,一只小凳,连一本书也没有,一点也不像是学生宿舍的样子。后来还听说,萧红的生活难以为继,不得不常常带上几册书到旧书摊上去卖,日复一日地把书给掏空了;她每天坚持徒步上学,原因是连买电车票的钱也拿不出来……

到了九月,北京的天气开始变冷了,萧红还是穿单衣上学。同学们见

萧红就读的北平师大女附中。
位于今北京西城区辟才胡同内

了感到好奇,一个接一个地问道:

"你真耐冷,还穿单衣。"

"你的脸为什么紫色的呢?"

"倒是关外人……"

她们一边说着,一边拿女性特有的猜疑的眼光看她。一颗高傲的心受伤了。

元旦的一天下起雪来,这时,萧红仍然穿着薄得透明的单衣,全身结了冰似的;开门望了望雪天,赶紧跑回床上,床上也结了冰似的。屋子里没有一个角落可以躲避刺骨的寒冷。她颤抖着,努力抵御着,在床上翻来覆去地等陆振舜回来,直等到太阳偏西仍不见人,只得向房东耿妈借了十个铜板,买了烧饼和油条做晚餐。李洁吾来访时,萧红躺在床上不起来,寒冷简直把她击倒了。他转身出去,把自家的被子送进当铺,回来把两元钱交给耿妈,买了煤,生了炉子,这样才有了一丝暖意。

三年以后,萧红写了一篇名为《中秋节》的短文,记述这段饥寒交迫的日子。她回忆中的小院落是森凉的,枯干的枫叶和瓶子坐在院心,不时地有小圆枣从头上落下,她想到枣树的命运在渐渐完结,而蜷缩在墙根的落叶是哭泣着的。从描写中可以看出,当时,她憧憬的火光已经幻灭,灰烬堆积起来,半年的北平生活于她竟是一场梦魇。

《娜拉》的剧情是萧红所熟知的。在十年前的北京,知识青年几乎没有人不认识娜拉。女主角因为决心不做海尔茂太太,要做娜拉,于是弃家出走。走是容易的,走了以后怎样?这倒成了问题。

对于这道易卜生难题,鲁迅做了一个著名的演讲,说娜拉的面前只有两条路:不是堕落,就是回来。现实是残酷的。妇女没有经济权,即使像娜拉一样有着觉醒的心,又能带了什么去?所以,鲁迅说:"梦是好的;否则,钱是要紧的。"

萧红来得太晚,不曾听到鲁迅的演讲,大约也不曾看到后来发表出来的文字,但是,以她即时的痛感,是一定会赞同这个结论的。

在家庭迫降的关键时刻,陆振舜放下了武器。萧红心里明白,回头走只能是一条死路,可是没有了同伴,剩下单身匹马又如何可以抵抗?在整理行装时,陆振舜告诉李洁吾,说萧红责备了他。在这同时,萧红也该一定责备了自己的:为什么如此轻易地就相信了一个男人?即使信任了一个男人,也不好把臂膀全搁在他的肩上,让他架起来走路……

刚刚踏上世途,难道这么快就走到尽头了吗?

她如此单弱,至少此刻是无力往前走了!

4 十字街头

萧红回到呼兰,立即被转移到阿城县福昌号屯。

她根本想不到,她的出走,会掀起那么大的风波。在一个结构严密的社会里,实际上不可能有所谓个人的行动。在人们的眼中,她简直成了不可救药的鼠疫病人、带菌者,足够给周围环境造成危害的人。据说,她败坏了王家的声誉,王家单方面解除了婚约;她损害了父亲的道德形象,所以张选三被撤销了省教育厅秘书的职务,调到巴彦县教育局任督学;弟弟张秀珂也因为她的影响,为了逃避舆论的干扰,才从呼兰转学到了巴彦,连堂弟从哈尔滨转到巴彦上学,也与她有关。

福昌号屯住着萧红的两个伯父,四个叔叔和一个姑姑,继祖母也住在这里,是一个有二三十口人的大家庭。在这里,萧红处于被监护状态,虽然可以免除社会舆论的伤害,但是同样受着族人的敌视、猜疑和冷落。特别是继祖母,像一匹阴鸷的猫头鹰一样,黑夜里也紧盯着她的行动,动不动骂她丢脸。她深感孤独无依,暗暗靠着墙根哭泣,倘若被继祖母看见了,一定会骂得更凶:"你真给家里出了名了,怕是祖先上也找不出这丫头……"

这是笼子一般的生活。每天,天不亮便起床,天黑了便睡觉,白天只能在院子里活动。没有新书,也没有报纸,得不到外面世界里的任何信息。

萧红被软禁的福昌号屯碑石

像日本入侵东北的"九一八"事变，顷刻间使整个中国都沸腾起来了，而屯子依然像往日一样平静。入夜，跟继祖母和小姑母睡在同一条长炕上，通宵翻转着，满耳是墙外小溪流脆脆琅琅的水声，幽幽的虫声，北山密林的啸声，说不出的更多的幽灵般的生命的响叫……

可以谈话的，大约只有小姑母。这是一个二十七岁还未出嫁的老姑娘，在腐败的老太婆的管治之下，满怀青春的忧伤。萧红在她的身上，更清楚地目睹了闭塞的乡村生活的可怕，封建礼教和家族势力的狰狞。活动的院子不大，中国社会的根本性矛盾同样可以在这里展开。萧红认识不少佣人和扛大活的长工，大门里进进出出的卑贱的男人和女人，感受到他们的身世的酸辛，以及包括自己的叔伯在内的地主阶级的苛酷。土地，劳动，麦子，血泪，生命，金钱，权力，礼品，物质，灵魂，仪式，风俗，习惯……在有限的空间里重复出现；这些破碎的镜像，交叠在她的记忆里，一天天感动她，激活她的思考。许多关于胡匪，共产军，还有抗联打日本的故事，都是在这里听说的。就在这一年，福昌号屯附近几个村子成立了黄旗会、黑旗会、还有红旗会，都是抗日组织。红旗会有数百人参加，声势是不算小的。这支队伍在开拔的路上，遭到土匪狙击，打死了百余人。装运尸体的大车辚辚开过福昌号屯，萧红是知道的。

此刻的萧红,不是旅人,但也不是战士。在这个幽静而又始终响动着周围人们的歌哭与呼号的地方,她做不到止水般的平静,却也不允许自己慷慨激昂,介入其中。她自觉过的不是人的生活,只是一头被关在笼子里的小兽而已。无论是在民族的或是阶级的斗争面前,她都只能置身局外;对她来说,头等重要的是救出自己。

日出。日落。她心急如焚。

在门墙、栅栏、眈眈虎视的眼睛里,她无时不在寻找逃跑的机会。然而,她没有照应的伙伴,没有武器,连小兽的利爪也没有。

过了八个月,有一天,她终于一个人出现在哈尔滨的大街上了!

萧红是怎样逃出来的?

世间有各种不同的说法,但是,她本人对此是保持缄默的。李洁吾曾经几次问过她,据说都避而不答。

从萧红留下的文字看,她是耽于回忆的,可是也有不堪回首的时候。在字里行间那些大大小小的空白处,很有可能正是她把痛苦埋得最深的地方。她不是那类有暴露癖的作家。她愿意把最黑暗的部分留给自己,宁可暗自啮噬自己的内心,也不愿出示他人。这是一种独特的自爱方式。她敏感,脆弱,喜欢流泪,然而却无时不在护卫自己的尊严。

与头一次出走不同,再没有爱人的呼唤,也无从做出周密的计划,唯一能做的便是观察和等待。在神授的时刻到来之前,被无限延宕的折磨可想而知;而当机会一旦来到身边,她必须紧紧抓住并为此付出一切。付出的过程如何其实无关紧要,重要的是敢于付出。她知道,自由不是没有代价的。

当一个人被置于绝境中时,必定专注于逃出这境地,至于逃出之后的情形是无暇顾及的;如果说,此间还曾有过幻想,也必定以为不至于比当下更坏。

萧红现在是获得她所渴望的自由了。

可是,当她踯躅在大街上,或是宿在狭窄而阴暗的小屋子里时,一样感到从未有过的生疏、空阔,孤独而无所凭借。在哈尔滨,她其实有着不少的同学和亲友,却都不愿意投靠,偶尔在街上遇见,便以一种矜持的态度抗拒着。她觉得,几乎所有熟识的人,投给她的目光都是可怜的、轻蔑的、审视般的。

冬天来了。在清凉的街道上,萧红遇见了她的堂弟。

"莹姐,你到哪里去?"

"随便走走吧!"

堂弟邀她到咖啡店里喝咖啡,萧红同意了。当他们开始玲琅地搅动杯子时,弟弟劝说她道:"天冷了吧!并且也太孤寂了,你还是回家的好。"

萧红顾左右而言他,反问起弟弟所在学校里的篮球队的情况。她搅着杯子,其实心思早已飘往别处,根本没有听清弟弟的说话,连咖啡喝干杯了也不觉得。弟弟为她再要了一杯,继续对她说:"天冷了,还是回家好,心情这样不畅快,长久了是有害的。"

"怎么!"

"太坏的心情对你有什么好处呢?"

"为什么要说我的心情不好呢?"萧红显然在极力回避。

有外国人走了进来,一个响着嗓子的女人就坐在他们的近旁。萧红看着她那安闲而幸福的态度,闻到满衣的香气,顿时感到这个世界和自己没有一点联系,整个人类离自己太远了。

"莹姐,"萧红看定弟弟深黑色的眼睛,听弟弟说,"天冷了,再不能漂流下去了,回家去吧!"等他说:"你的头发这么长了,怎么不到理发店去一次呢?"她不知为什么变得激动起来,然而说:

"那样的家我是不想回去的。"

"那么,就这样漂流着?"弟弟大声说,"莹姐,我真担心你这个流浪人呢!"

姐弟两人出了咖啡店,离开市街,走到一个荒败的枣树园的前面时停住了。弟弟伸出手来,握紧萧红的手,说是去学校上课,要告别了。当他脱开手背转过去,刚走了几步又走回来,说:"莹姐,我看你还是回家的好!"

"那样的家我是不能回去的,我不愿意接受和我对立的父亲的豢养……"

"那么你要钱用么？"

"不要的。"

"那么你就这个样子吗？你瘦了，你快要生病了！你的衣服也太薄啊！"

两人又握过手，分别向不同的方向走去。

弟弟的充满着祈祷和愿望的深黑色的眼睛，在一个自称为"散漫与孤独的流荡人"的心上，只留下片刻的微温，而整个人，随即就又被寒风卷向无尽的长街里了……

冬天越来越深了。

寒风。积雪。……

精神能够抵御的，肉体却不能承受。在一个深夜里，萧红被寒冷逼得紧，只好去敲打陆振舜家的门，然而这家人全睡熟了。她弓起脊背，耸着肩，穿过繁华的街道，走上了另一家熟人的扶梯。这时，她感到全身的力气已经用尽了，好不容易在黑暗中摸到门铃，伸手按时，一点声音也没有。原来熟人已经搬家，电灯下，见到门扇用铁丝扎了起来，满过道扔着碎纸片……

就在这个夜晚，萧红强烈地感到脚底有针刺似的痛楚，双腿也渐渐麻木起来。她坦白说，她一时竟羡慕起那些经过的临街的楼房，憎恨起每个窗子，因为那里面有的是温暖和快乐，并且一定有很好的眠床。一想到眠床，她立刻联想到家乡的马房，甚至想到狗睡觉的地方，那里面一定有茅草，坐在茅草上面可以使双脚温暖……当眼睫毛在困倦中纠结，而积雪又随着厉风不断地往腿部扫打，这时，恰好经过那些平日认为可怜的下等妓馆的门前，她觉得妓女也要比自己幸福。

在这个夜晚，萧红是饿着肚子跑来跑去的。一整天没有吃东西，集合了所有铜板，才喝上一杯热浆汁，昏沉沉地，浑身发软，她觉得神智似乎也失掉了一半。

她终于跟随着一个老婆子走了。

看来，抗受力这东西总有一个极限。像这时的萧红，便无法克服身体作为物质的物理属性。等她来到了陌生的住处，才知道老婆子原来是一个专操皮肉生意的酒鬼。

老婆子又奸猾又凶狠，收养了一个十三四岁的女孩，也是准备养大以后当妓女的。深夜里，萧红听到女孩的尖叫，看见她被剥光了身子站在角落里。老婆子惩罚她，拿着雪块一把一把地打在她的身上……

第二天，萧红要走的时候，老婆子拽住她，要她留下一件衣裳去典当。她随即把单衫从身上脱下来，好尽快离开这里，这时发现不见了套鞋。老婆子告诉她，套鞋在昨夜已经被小女孩偷去，卖了钱交给她了！

仿佛做了一场噩梦。

从此，萧红只得用夏季穿的通孔的鞋子去接触雪地……

哈尔滨的冬季特别漫长。

一个女子，一面要同恶劣的生存环境搏斗，一面又要战胜沦陷于生活之中的懦弱、畏缩、沮丧的情绪，真是谈何容易！

心高气傲的萧红，沿着流浪的道路一步步地往下走，锐气也就一天天消磨殆尽了。这是一个没有阳光，也看不到星辰的旅程。戏曲里有"秦琼卖马"，说部里有"杨志卖刀"，只要有随身之物可卖，都是幸运的，可依靠的。而这时的萧红，连一个铜板也掏不出来了，除了穿着的一件夹袍，一条绒裤，一双透孔的凉鞋之外，身上再没有多余的东西。

她成了彻底的无产者。

唯一的出路，只好到东特第二女子中学找两个堂妹。

萧红来的时候，她们还没有起床。见到萧红一头蓬乱的头发，憔悴而略带浮肿的脸，皱巴巴的衣服，最扎眼的是套在脚上的夏季的鞋子，两姐妹非常吃惊，同时起了哀悯之情。她们决意把她安顿下来，搬出各自多余的被褥给她使用。直到这时，恐怕萧红仍然不肯放弃读书的奢望，而有可能向她们试探性地提出相关的要求；不然，就是她们希望她留在这里而免受校方的干扰，总之，她们已经征得校方的许可，让她进入高一年级学习。

可是，当这一切都准备就绪时，萧红突然失踪了！

5 归来的娜拉

萧红一生留下不少谜团，许多的空洞和皱褶。其中，最难索解的是：她既然抗婚，以至于出亡，为什么后来会重新找回汪恩甲，并且与他同居？

从两人的关系史来看，有两点是清楚的：一、汪恩甲是纨绔子弟，萧红不会对他抱有好感。二、按照传统门第观念，两人的家庭级别大致相当，不存在攀附的嫌疑。或许当时的女洋学生太少，萧红又特别出色，致使汪恩甲成为一名追逐者。他从放弃小学教师到入读哈尔滨法政大学，虽然是出于个人前途的考虑，但也不是没有迎合萧红的可能。由此可以推断，假若萧红找他，绝不是为了爱的结合；即使结合，也应当是权宜的，有条件的。

萧红离开女中，果然找汪恩甲去了。

接受幼辈的周济，在萧红心里，无论如何有一种耻感，何况寄住下去也非长久之计。这时，她想到汪恩甲是很自然的事。虽然汪家已经解除了婚约，但是从汪恩甲个人对她的态度来看，她有理由相信，一定可以接受自己。作为择偶，汪恩甲当然谈不上是理想的对象，可是有哪一个男人值得自己为之委身呢？初恋的失败对她的打击是沉重的。也许她不再看重生命的肉身形式，而有了近于自暴自弃的念头；也许她自觉到了经济上的依赖性，需要在前"未婚夫"那里找到合法的身份来麻痹自己；也许从她做出决定的那一刻起，头脑里已是非常的清楚：从屈辱中图生存！

对于萧红的行动本身而言，汪恩甲并非真正的目标。

如果仅仅为了温饱，富足，世俗意义上的幸福，她本来就无需从哈尔滨出发，再回到哈尔滨，走了大半年的枉道；而今同居成了事实，也就可以从此长治久安，做定了汪太太，为什么在找到汪恩甲以后不久，她就又只身前往北京呢？显然，她怀有一个明确而隐秘的动机。

北京！北京！去北京明明白白是一条自我奋斗的道路，当时败走了，不妨从头再来。社会如此肮脏、恶毒，到处都是齿轮，要摆脱被压榨的命运，除了读书，没有别的出路。

萧红追求的是独立自主的人生。当她不得已向社会——男权中心社会——作出妥协时，选择的是同居的方式。在男女之间，同居是一种最合理也最简单的结合方式，它只需接受心灵的契约，甚至只需服从个人的意志，而不受法律的束缚。何况这时，对萧红来说，婚约既经解除，她就再也不受任何来自家庭方面的干预，而可以在她和汪恩甲个人之间直接进行"博弈"了。同居之前，肯定有过一场不太轻松的谈判，核心仍然是读书问题。可以猜想，萧红会提出在经济上支持她到北京读书，或者一起到北京读书作为同居的交换条件。汪恩甲当然同意了。

实际上，汪恩甲使用的是缓兵之计，他根本不想兑现他的诺言。萧红发现自己受骗了，于是决定南下。

1931年2月末，李洁吾意外收到陆振舜拍来的电报，说萧红已乘车来京。他约莫计算了列车到达的时间，赶到车站接车，没有接到，立即返回二龙坑。耿妈开门见到他，报告说萧红已经回来，放下行李就去学校找他了。他又赶回学校，萧红果然坐在宿舍里等他。

李洁吾眼中的萧红，样子变化太大，穿着一件貂绒领、蓝绿华达呢面、狸子皮里的皮大衣，颇有点阔小姐的派头。她还携了一瓶白兰地酒和一盒马蹄莲花，说是特别送给他的。

第二天，萧红病倒了。

李洁吾几乎天天前去看望，帮助做点杂务，或者随着聊聊。谈及别后的生活，萧红似乎不大愿意多谈。这时，陆振舜又来信托他照顾萧红，希望能够帮助萧红继续上学。专就入学一事，他告诉萧红，以自己的经济状况无力应付，建议等陆振舜来北京以后再说。萧红虽然着急，只好同意了。

一天傍晚，李洁吾和萧红坐着闲谈，听见有人叩门，接着耿妈进来说："有人找小姐。"

萧红走出门去，不料那个人已经闯了进来。萧红脸上立刻露出惊愕的神色。而那个人进屋之后，随即重重地坐到椅子上，一言不发。萧红跟在他的背后，伸了伸舌头，做出个怪相。完全像一幕哑剧。李洁吾正猜疑间，萧红给他介绍说：

"这是汪先生。"

李洁吾向那人点了点头，自我介绍说是萧红表兄的朋友，听说萧红回来了，特地来看看的。那人仍然不说话，像一个哑巴。

过了一会，那个人从口袋里掏出一摞银元往桌子上一摞，然后伸出右手，漫不经心地摆弄起来。一枚枚银元从他的手中跌落下来，发出一串清脆的声响。接着，他又照样演示了几遍，只是一遍遍把银元悬得更高，响声自然也就更大：叮叮当当！叮叮当当！……他还好像故意做出一副欣赏、迷醉于这声音的样子，弄得萧红木然不知所措，坐在一旁的李洁吾也尴尬得很。室内的空气，顿时凝固了。

僵持了一刻，李洁吾告辞出门，萧红没有送行。

李洁吾后来一连几次造访，都发觉屋子紧锁着，里面没有一点声音。最后一次，耿妈听到有人叩门，出来告诉他说，小姐和那个男人出去了，并且说，那个男人就是"小姐的未婚夫"。

到了三月底的一天，萧红突然跑到学校找李洁吾，说是生活上有了困难，问可否帮她想想办法？李洁吾搜遍了全身的口袋，凑不足一元钱，便全数交给了她，接着问她的生活怎样，上学了没有？她黯然回答说：目前这一切都谈不到了……说完便走了。

过了几天，李洁吾再次进城看萧红。耿妈说，萧红已经回东北去了。

萧红那里肯定发生了什么事情。

然而，李洁吾根本无从了解，也无由猜测。即使是陆振舜，萧红虽然以一定的方式继续与他保持着某种联系，却也不复如先前的单纯而密切。有些在萧红看来是要紧的事情，譬如与汪恩甲同居的事，她是不想说出的。至少对陆振舜是如此。对于一度相爱而不能相守的人，她未必至于取决绝的态度，但已不复怀有希望的热情。爱的创伤最深，最难忘却。

如果说头一次来京，曾经有过敞开心扉的时候，这次却是完全关闭了自己。无人可以诉语。

北京之春，对萧红来说，整个地是一出哑剧。大幕沉沉，虽然看见出场的人物，但是看不到场次，剧情的进行是不清楚的。寻绎起来，大致是：汪恩甲的"蜜月"还没有度完，他想不到一个山穷水尽的萧红居然还会出走。萧红走后，据说他抄到萧红留下的一个通讯地址，随即跟踪而来。看来这是一个乖觉的人。对于萧红，他明显地改变了策略，除了继续实行经济封锁之外，积极开展"亲善外交"。他会把自己装扮成一个痴心汉子的模样，诉说自己反被抛弃的苦衷，以赚取萧红的同情。两个青年男女的初次结合，青春的欢乐将掩盖许多生活内容，甚至轻易地便可以更改一个人的认识。何况，被爱的感觉对萧红来说是多么重要，可以肯定，它大大地满足了她一直遭到伤害的自尊心。这样，她终于做出退让，随汪恩甲而去了。

致命的是，这时候她怀上了孩子。

上帝施与女性的最大的不公，就是妊娠和生产，所谓繁衍后代，实际上是由女性单独完成的。而今，这种女人的痛苦轮到萧红承受了。

高原也是在这早春时节，和同学一起来看萧红的。

他的印象是：萧红没有在哈尔滨时期那样的红润健康了，小雀斑不见了，孩子般的稚气也没有了。

无论人，还是住处，都一样的萧索。

但是，高原在房间的墙壁上，看见了萧红用铅笔画的一幅男人头像，萧红告诉他说这人是"密司特汪"，还说她将要结婚。奇怪的是，话说得很平淡，脸上几乎没有表情，使他感到有一种说不出的忧郁和压抑。临别时，萧红留了他们的地址，脸上的表情仍有些木然。

高原偶尔抬眼望了望北窗，隔着玻璃，看见有一个男子的头部探了出来，正往外瞅着他们。他想，大约这就是萧红说的"密司特汪"吧？

回到宿舍，高原把这次会见的经过写信详细地告诉了徐淑娟。徐淑娟几次回信都说到萧红，流露出一种痛切的心情：

迺莹，或者说是迺莹的事，对我是一把利斧！这伤痛，这鲜血，永远镂在心上，老高，我不能再说什么！还能说什么呢！（1931年10月24日）

……你看，迺莹是生死莫测！而且即使活着也已是为密司特汪的眼泪所软化而做着"良妻"了。迺莹，是我们战线上一位很有力的斗士，现在投降了！！为了这，几乎连自己都怀疑起来……只有我们自身的分化，才是我们的致命伤！！……（1933年8月13日）

信里痛哭的是中国的娜拉。

哈尔滨。道外十六道街。东兴旅馆。

一只受伤的鸟，又朝南绕了一圈，重新在这里坠落。这时，她的伤痛加剧了。

旅馆完全地把她和扰攘的社会隔开了。没有熟悉的面孔。没有通讯，没有探询和慰安。萧红唯一靠的是一份《国际协报》来了解身外的世界。随着日子的推移，汪恩甲恶俗的面孔愈来愈清楚，而自己的肚子也愈来愈粗大了。她觉得沉重、气闷，于是开始吸烟，据说还吸上了鸦片。

为一种燃烧的叶子所诱惑，对萧红来说，并不如英国维多利亚时代的中产阶级那样，作为一种奢侈而又放纵的生活来追求；也不像十七世纪的荷兰画家或十九世纪的英国作家那样，为了获取灵感，显摆雅士的风度；当然也不像福尔摩斯侦探故事中说的那样用来帮助判断。萧红的吸烟，倒是有些像战壕里的疲惫的士兵，需要它来增加勇气和毅力，或者是消除紧张、减轻恐惧和忧虑。吸烟的习惯形成以后，很难革掉，萧红到了生命的最后时刻，也不曾彻底放下可爱的烟卷。英国有一位作家在小说中这样说到香

东兴旅馆院原貌

烟的作用："它是孤独者的伴侣，单身汉的密友，饥饿者的食粮，悲伤者的解药，失眠者的睡眠，挨冻者的火炉。"对于萧红，这里说的都是合适的。

据说东兴旅馆的老板与汪家关系密切，所以汪恩甲过去常在这里过夜。两人同居七个月，住宿费都是赊欠的，汪恩甲有时还向老板借钱用，这样累计起来便多达六百多元。汪恩甲对萧红说，他要回家拿钱来还账，从此杳如黄鹤，一去不返。

汪恩甲的行为十分可疑。此去的原因，可能是因为家庭失去了经济支柱的缘故；也有可能出于报复，把萧红玩弄完后，再推向绝境。无论是何种原因，萧红在这里已经沦为"人质"。

汪恩甲走后，老板停止了对萧红的伙食供应，把她赶到楼上顶头的一个堆放杂物的散发着霉味的房间里去。实际上，她被软禁起来了。

每天，她不得不挺着一个大肚子到街上买面包。周围是账房先生、茶役、妓女和别的旅客，当她路过时，随即投来轻蔑的、怜悯的、各式怪异的目光。她努力抵御着，做出矜持的姿态。只要听到茶役经过门前的脚步声，她会疾速地将面包塞入衣袋，掩饰自己的穷窘。

6 爱神从天而降

形势一天比一天险恶。

老板不停地索债，并且准备在她确实无力偿还时，把她卖到道外妓院区的圈楼里去。

以有限的食物维持两个人的生命，萧红的体质迅速衰弱。她开始失眠、头痛，一种恐惧在忧烦与焦虑的纠缠中时时袭来。汪恩甲走后，她曾经有过等待和幻想，现在是彻底失望了！她知道，两个家庭都不可能为她还债，而她从此也不可能回到任何一个家庭，哪怕是暂时的勾留。至于往日的同学朋友，所有的联系线索都被自己给掐断了，即使找到，有谁愿意在这个时候伸出援手呢？

据说那些将要做母亲的女性是常常感到幸福的。一种面临创造的幸福。但是，在萧红这里，只有惶恐与苦痛。自己是如此的单弱无助，想到不久将有一个更加弱小的生命要依靠她生存，不禁肝肠断绝……

如果不想坐以待毙，唯有自己救自己！

泪眼迷离间，她的目光落在手头的《国际协报》文艺副刊的一个专栏"老斐语"上面，游移着，突然凝定起来。

一天，编辑部老斐收到一位女读者的来信。

信中诉述了自己身为孕妇，因债务缠身，被软禁在东兴旅馆的情状，希望报界主持正义，帮助她脱离险境。一封求援信，居然还写上"我们都是中国人"之类的话，对老斐加以责难。这种近于不通情理的作为，在老斐看来，不但不生气，反而有敬服之意。他在家里说起此事，对妻子说："在中国人里，还没有碰见过敢于质问我的人呢！这个女的还真是个有胆子的人！"

老斐本名裴馨园，是《国际协报》文艺副刊的主编。接信以后，他邀上舒群和另一位作者，一起到东兴旅馆采访了萧红。离馆之前，他们还找到旅馆老板，出示了证件，警告他不许胡来，照常供应萧红伙食，至于费用，概由他们负责。因为是报馆来人，老板不能不有所收敛，对萧红的监视，也从此放松了许多。

当晚，裴馨园又邀请了一些作者到道外北京小饭店吃饭，向大家介绍了萧红的情况，请求大家帮助。这些作者听了深表同情，各自提了一些建议。有的计划着怎样抽出薪水为萧红还债，有的为萧红筹划着未来的职业，萧军则表示自己一点办法也没有。他说他是一个一无所有的人，只有头上几个月未剪的头发是富余的，如果能换到钱帮助萧红，可以连根拔下来，毫不吝惜地卖掉它。大家笑了起来，都说他说的尽是醉话。

裴馨园提议说，可以写文章义卖。

"天啊！"萧军接着说，"在哈尔滨写文章卖给鬼吗？何况我又不会写卖钱的文章呢？"

因为喝酒太多，受了刺激，萧军彻夜失眠。

萧军原名刘鸿霖，辽宁人，据说祖先一代也是山东的移民。他的出身颇具传奇色彩，亲属和邻居中有不少绿林人物。不满周岁时，母亲吞食鸦片自杀，从小跟随父亲浪迹四方，长大一直过着军旅生活。"九一八"以后，他在舒兰组织义勇军失败，被叛军押解出境，从此流落哈尔滨。

这是一个混合了流浪汉和武士性格的人，有意思的是，他竟染有文学的癖好，在兵营中，便耽爱填写旧诗词，有时也写点散文之类。因为投稿的关系，萧军认识了裴馨园，从此结为朋友。他食宿在裴馨园家里，一面

1932年洪水中的哈尔滨街道

协助编报,一面写作。

当裴馨园和朋友们一起商量营救萧红的时候,萧军是一个旁观者。他声明自己是无能的,所以,大家邀他一同去看萧红,他全推却了。在他醉酒失眠的次日,萧红又给裴馨园来了几次电话,说她寂寞难耐,想借几本文艺书看,因为没有外出的自由,希望能把书送到旅馆去。裴馨园接电话时,萧军恰好从旁整理稿件,想起自己隔岸观火的态度,未免觉得愧赧。于是,当裴馨园这次托请他代劳的时候,他爽快地答应了。

在罗马神话中,爱情是盲目的,偶然发生的。小爱神丘比特被蒙住双眼,携带着宝弓神箭在空中飞来飞去,在青年男女中,倘若有谁被锐利的金箭射中,爱情就会发生;要是中了铅箭,便将丧失爱情。

萧军被丘比特的金箭射中了。

甬道狭长而幽暗。

茶房把萧军带到楼上的一个房间，敲开门，随即退走了。

甬道的灯光照进来，萧军眼前出现了一个女人的轮廓：半长的头发散落在双肩，圆形的脸上，一双大眼睛闪着亮光，直盯着他。

"您找谁？"

"张逎莹。"

她"唔"地应了一声，立刻拉开电灯。

萧军拉过来一把靠窗的椅子坐下，把带来的书放在桌面，同时把裴馨园的介绍信递上。这时，他闻到了房内冲鼻的霉味。

女人站在屋顶上灯光直射下来的地方读信，好像读了又读，脸色变幻不定，拿信的纤长的手指在微微颤抖……

她全身只穿一件退了色的单长衫，开气有一边已经裂开到膝盖以上，光裸着小腿，脚下拖着一双变了形的女鞋；坐近以后，萧军看到她的散发中间有不少闪亮的白发，感到十分吃惊。她一面说着话，一面将笨重的身体偎在门旁，看样子是害怕这位信使突然走开，因为她渴望得到更多的消息。

"我原以为是我在北平的朋友托人来看我的……想不到您是报馆的，您就是三郎先生。我读过您的一篇文章，是对我脾胃的，可惜没能读完……"

她从一张空荡荡的双人床上扯过一张旧报纸，指点着说：

"就是这篇文章……"

原来那报纸连载着萧军的短篇小说《孤雏》的一个断片，署名三郎——裴馨园想必在信中提到了这个名字。

萧军一副公事公办的样子，交代完后，站起身告辞。

"我们谈一谈……好吗？"

萧军迟疑了一下，终于坐了下来，点了点头说："好的。"

女人坦率地述说了过去的一段历程，以及目前的处境。萧军静静地听着，无意间把散落在床上的几张信纸顺手拿过来看了一下，见到上面画了一些花纹和紫色的字迹，还有仿魏碑《郑文公》的几个较大的字，不禁好奇地问：

"这是谁画的图案？"

"是我无聊时干的。"她从床上寻到一截一寸长短的铅笔,举起来说,"就是用这段铅笔头画的。"

"字呢?"

"也是……"

"你学过《郑文公》吗?"

"在学校学画时学的……"

接着,萧军又指着抄写工整的几节短诗问道:"这些诗呢?"

"也是!……"她好像有点不好意思,扬起头看了萧军一眼。

  去年的五月,
  正是我在北平吃青杏的时节,
  今年的五月,
  我生活的痛苦,
  真是有如青杏般的滋味!

这时,萧军顿时感到世界变了,季节真的变了,人也变了。出现在他面前的,是他认识的女性中最美丽的人!刚才给予他的所有的印象全然不见了,剩下的唯有一颗晶莹的灵魂在眼前闪耀……

"当我读着您的文章时,我想这位作者决不会和我的命运相像,一定是西装革履,快乐地生活在什么地方,想不到您竟也是这般落拓啊!"

萧军低头看了看自己身上穿的退色的学生装,补钉的灰裤子,绽口的破皮鞋,不禁笑了。

临走时,他指着桌上有一块纸片盖着的半碗高粱米饭,问她说:"这就是你的饭食吗?"

她漠然地点了点头。

萧军立刻感到有一股森凉的泪水要溢出眼眶,于是装作寻找衣袋里的什么东西一样低下头来,但终于把衣袋中的五角钱放在桌子上,说:

"留着买点什么吃吧。"说罢匆匆道别。

仅有的五角钱交出之后,萧军便没钱坐车了,十多里路的归程只好步行。

在路上，萧军发毒誓般狠狠地想：
我必须不惜一切代价——拯救她！

第二天晚上，萧军再次来到旅馆。
他坠入爱河了。
在一篇名为《烛心》的文章里，他如实记录了两人闪电般结合的过程：

　　……你会说，我们的爱进展得太迅速了！太迅速时，怕要有不幸的事情发生在横障我们吧！畸娜！不错！我们是太迅速了，由相识相爱仅是两个夜间的过程罢了。竟电击风驰般，将他们经年累月，认为才能倾吐的，尝到的……那样划着进度的分划——某时期怎样攻，某时期怎样守，某时该吻，某时该拥抱，某时期该……怎样——天啦！他们吃饱了肚子。是太会分配他们那仅有的爱情了，我们不过是两夜十二个钟间，什么全有了。在他们那认为是爱之历程上不可缺的隆典——我们全有了。轻快而又敏捷，加倍的做过了，并且他们所不能做，不敢做，所不想做的，也全被我们做了……做了……
　　………………
　　及至我们醒觉，我们的前额，我们的胸窝，全在横溢着汗浆。那如峭石的白壁墙，窗口条条的铁栏栅……现实地，无疑我们仍是在地狱的人间一个角落拥抱着啊！……

就在这个爱神降临的夜晚，萧军坦然告白他的"爱之原则"，就是："爱便爱，不爱便丢开。"只要爱着，他是疯狂的，热烈的，迷醉的。
而萧红经过从前与两个男子的感情纠葛，头脑已清醒了许多；尤其是落在目前的处境，她深感谈爱是奢侈的，不合适的，并且承认这是一个错误。所以，当萧军沉酣于拥抱之中的时候，她会用瘦削乏力的手推开他。她认为，爱情是稀有的，如此迅速地相爱，虽然是她所渴求的，同时也是她所疑惧的。她坦陈做不到尽性的爱。既爱而不能尽性，为什么要爱呢？萧军不同，他说：

"我只合去爱我所不爱的一些东西们,我可以尽性地摧毁他们!反正他们不是我所爱的。"爱所不爱,显然,爱是一种虚无。

稍后,萧军写了三首诗赠给萧红。

> 浪儿无国亦无家,只是江头暂寄槎。
> 结得鸳鸯眠便好,何关梦里路无涯。

> 浪抛红豆结相思,结得相思恨已迟。
> 一样秋花经苦雨,朝来犹傍并头枝。

> 凉月西风漠漠天,寸心如雾复如烟。
> 夜阑露点栏干湿,一是双双悄倚肩。

这是浪子兼才子的诗,情调是浪漫的,然而陈旧。

萧红用了清新的文字,写下《春曲》六首。她一直觉得,爱没有了对象,然而青春的力量无法抗拒;当她确信这对象就在眼前时,委顿的心也就在温暖中复苏,且跃动起来了,她可以尽性地爱了。

> 那边清溪唱着,
> 这边树叶绿了,
> 姑娘啊!
> 春天到了。

> 我爱诗人又怕害了诗人,
> 因为诗人的心,
> 是那么美丽。
> 水一般地,
> 花一般地,
> 我只是舍不得摧残它,

但又怕别人摧残，

那么我何妨爱他……

萧军把两人的结合称作"偶然姻缘"，而萧红则说是"初恋"。虽然萧军告诉她，他已经有了妻子，但她似乎并不在意。对她来说，爱就是一切。只要有人爱她，而这人又确乎值得为自己所爱，她是毫无顾忌的。

7 产院里

萧红啜饮了爱的酒浆,却丝毫没有那种幸福得眩晕的感觉,因为她仍然得过牢笼般的日子。爱是爱,自由是自由。失去自由的爱是可怜的、卑贱的、没有活力的。就说所爱的人,也不是天天能来,报馆的朋友也很少来了。寂寞和饥饿每天都啃噬着她。

八月。松花江水位暴涨,堤坝溃决,哈尔滨市区一片汪洋。

东兴旅馆所在的街道地势低洼,头一天楼下已被江水淹没,旅客纷纷逃去,或者拥到二楼,等待雇船离开。楼上楼下,窗里窗外,哭号、寻呼、叫嚷的声音混茫相接……

在这样危急的时刻,账房仍然上来催缴房费,好在主人自顾不暇,和客人一道纷扰地提着箱子,拉着小孩走了。大楼一阵骚乱过后,房门紧锁,岑寂得很。留下来的,只有楼下的一家小贩,一个旅馆的杂役,一个病妇和相伴的男人。满楼的窗子散乱地开闭,地板上落满尘泥,就像已经开拔的兵营或是战后的壕堑一样,散乱,荒凉……

萧红完全被突然而至的水患所震骇,一连三天,从窗口到床前,从床前到窗口,她用手摩抚着突出的肚子,拖着沉重的双腿,彷徨无计。没有家,没有朋友,走向哪里去呢?只有一个新认识的人,然而他也是无家可归的

青年时代的萧军，摄于1931年

啊！外面的水这样大，他如何可以进来？假如雇船过来接应，为什么至今不见形影？他走岔路了吗？……

慌乱之际，恰好有一艘柴火船从楼前经过，她赶忙招手呼救，终于乘船逃离了这个被她视为魔窟的旅馆。

当萧红正像一头困兽一样焦躁地在笼子里走来走去的时候，萧军深为懊恼和痛苦所折磨。

他本来打算在决堤第二天就把萧红接到裴家来，可是衣袋里连一毛钱也没有。再三思量，决计把最好的一件制服从床板底下拿出来当掉，能当一元钱的，五角钱给她买吃的送去，剩下五角给她做船费出来，自己学过几招游泳，便不必坐船了。当他夹了一件旧制服，在大街上奔跑着寻找当铺，而终于见到了那金字招牌时，是何等地雀跃！不料当铺关门了，人们嚷着正阳河开口了。他只得回到住处，倒在床上，再也不想动弹。想起昨天去萧红那里竟把裤带子弄丢了,用掉五角钱买了一条新皮带时,悔恨不已:为什么要用掉那五角钱呢?

他冒火了,从床上腾地弹跳起来,把皮带解下,狠狠地一下一下抽打自己⋯⋯

萧红按萧军在前些天写下的地址找到了裴馨园的家。

裴太太后来描述说,当时萧红穿着一件破旧的咖啡色旗袍,脸色苍白,光着脚,穿一双半旧的棉鞋。交谈时,话是很少的。萧红在陌生的视线的直射之下,明显地有一种压迫感。她自觉全身都在冒汗,紧张,烦躁,暗暗责骂自己为什么不迟来一些,这时不但见不到三郎,还得连累他到处寻找⋯⋯

三郎的出现,使一颗悬宕着的心顿时安放下来。

对于萧红,萧军是唯一者。他不但有一颗心,燃烧着爱的野火,而且有一副厚实的肩膀,可以阻挡风雨,承担磐石的重量。一个人是如此重要,不堪信任的世界可以因他的存在而变得可爱,从而使另一个人在绝望中重拾了生活的信心。

萧红站在窗前,静静地望着三郎有点憔悴的面孔和翘起的唇,听他讲述昨夜失眠的故事,无端地想起祖父,她的眼睛不觉润湿起来了。

寄人篱下无论如何是不愉快的,何况屋子里老是漂移着主人怪异的目光。白天,萧红总是和她的三郎一起,在大街上浪游。用她的话说,就像两条被主人收留的野狗一样,只是吃饭和睡觉才回到主人家里。

大水还没有完全退去,公园被淹没了,左右的街巷也被淹没了。两个人整天坐在街口的一只覆放着的小船上,互相挨靠着。两颗心膨胀着,也像有水在追赶着似的,一天天感到拥挤,正如松花江一样,要找寻一个缺口溃决而出。

然而,周围的堤坝非常坚牢。两颗心,只有在他们合拢的手掌中,感知彼此的狂跳。

如果早起,不是萧军到内房去推醒萧红,就是萧红早些起来,走到外房去，用手指偷偷地接触萧军的脚趾。萧军睡觉时，每天都习惯地将双脚抬到藤椅的扶手上面，弯弯地伸着。他是专为等待这接触而预备着这个姿势呢？还是藤椅太短伸不开他的腿的呢？萧红感到很有趣，她喜欢看他的脚被捏得痛醒过来，然后做出改变的动作，或是被惊醒以后，用手揉擦着惺忪睡眼的样子……

这情景被裴馨园四岁的女儿看见了，大嚷着指给她妈妈看。裴太太故意问道："你们两个用手捏住脚，这是东洋式的握手礼，还是西洋式的握手礼？"小女孩也学舌般地嘲笑说："这是东洋式的还是西洋式的呢？"

萧军全然不顾这些，每天照样挽着萧红在街上绕着跑。

一天，萧红突然感到焦烦起来，两条腿也不愿意活动，两个星期以前住在旅馆时的心情重又萌动了，刚刚散去的阴霾再度聚拢起来。坐在街头的木凳上，萧红用手玩弄着萧军的衣扣，低着头，自语般地说着："我真不知是什么意思，我们衣裳褴褛，就连在街上走的资格也没有了！"

"怎么？"

萧红说起前天晚上裴太太找她谈话的事，并且把话重复了一遍："你们不要在街上走，在家里可以随便，街上的人多，很不好看呢！人家讲究起来很不好呢！你们不知道吗？在这街上我们认识许多朋友，谁都知道你们是住在我家的，假如不住在我家，好看与不好看，我都不管的。"

"穷人不许恋爱？"萧军捏紧拳头，忘了一切似的，猛搥一下自己的头部。

萧红伸手给他揉，他的脸红了。

公园远处的那只红电灯像往常一样，发出萤火虫似的光辉。他们每夜都向着它笑着，跳着，拍着手，然而此刻却只有沉默。

萧红分明感到了凉意。她按着肚子，抛着泪，把头埋进萧军上衣的前襟里……

裴馨园一家搬走了，被褥全拿走了，房子留给他的岳母居住。这样，萧红和萧军两人同主人就更加隔膜了。

萧红在土炕上，枕着包袱睡；萧军蹲在地板上，下颌枕着炕沿，守伴着她。萧红形容说，这是两只雏鸽，两只被拆了巢的雏鸽，只有他们才能互相了解，

萧红生产的哈尔滨市立第一医院

知道饥寒加于各自身上的同样的分量。

最糟糕的情况是，萧红的产期近了。

当萧红肚子痛得厉害，在土炕上滚成一个泥人的时候，萧军为了借钱，正在冒雨奔跑。到底在裴馨园那里借到一元钱，他赶紧雇了马车，夜间涉水将萧红送往医院。医生检查后，说是再过一个月才到预产期。萧军饿着肚子，驱车返回裴家，付了五角钱车费便囊空如洗了。他扶着萧红上楼，心里想：假如有一个月时间，一定能设法借够十五元住院费！

等到萧红临产时，住院费却是一点也没有。萧军不作任何打算了，他明白，现在的一切事情唯有依仗横蛮，用不着讲道理。于是，他不通过医生，直接把萧红送进医院的三等产妇室。

第二天，萧红生下一个女婴。她的身体虚弱之极，一直昏睡，反复做着马车在水里打转的梦。随着体力的消耗，她的精神也变得疲乏不堪，对于什么事情都不关心，对于萧军，对于全世界的一切，似乎都一样。萧军来时，坐在小凳子上说上几句不关紧要的话就走了。萧军一走，她又合拢起眼睛来。这样迷沉地过了三天，她夜里不能入睡，嚷着奶子痛，但从来没有询问过关于孩子的事。

产妇室内摆着五张大床，睡着三个产妇，五张小床在旁边空着。看护妇逐个地把婴孩推过来，两个产妇把头露出被子外面，脸上挂着新奇的、羞涩的、幸福的笑容，期待着她们亲手造成的小动物与自己第一次见面。当看护妇把小床推近萧红时，她竟伸出手来，大力摇动，神经质地叫着："不要！不……不要……我不要呀！"

过了些天，萧红果然不要她的孩子，同意送人了。

看来，早在她受困于旅馆，望着浩渺的天空而辗转无告的时候，便为这个没有父亲的未来的孩子的命运做出决定了。而此刻，不要说这孩子是她几年来奋斗失败与耻辱的见证，也不要说这孩子将会成为她尚未开始的新生活的累赘，就说将孩子从医院里赎出来的一笔住院费，她也没有能力付出！连自己的吃住都成了问题，连大人都有可能饿死，哪里有能力养活一个孩子？在饥馑的年代，如果有人愿意收养，难道这不是幸运的事吗？

萧红深知，她没有做母亲的权利。

幸福的人们哪里会了解一个不幸的女人的痛楚？他们一定责难她，非议她，说她缺少母性，不负责任等等许多通达平正的话。那么，不妨阅读一下她不久后写作的一个自传性作品《弃儿》，看看她在医院里是如何的矛盾、痛苦、悔恨、不忍与无奈，看看她作为一个未完成的母亲所亲手掩盖了的，是怎样的一种深情——

她说，孩子生下来哭了五天了，躺在冰凉的板桌上，涨水后的蚊虫成群成片地从气窗挤进来，在小孩的脸上身上爬行。她问，冷吗？饿吗？生下来就没有妈妈的孩子谁去爱她呢？她说，月光照了满墙，墙上有一个影子抖颤着，这样，她就挨下床去了，脸伏到有月光的墙上了——小宝宝呀，不要哭了，妈妈不是来抱你吗？……冻啊！冰一样冻啊，我可怜的孩子！……她做梦：梦见爱人到床边抱起她便跑，跳过墙壁，院费没有交，孩子也不要了。听说后来小孩给院长当了丫环，被院长打死了……孩子还在隔壁哭着呢，她却被惊醒了，以为院长真的杀害了她的孩子，于是慌张地迷惑地赶紧下床去。她说，只见影子在壁间一闪，她立刻昏倒了。只隔一道墙，这边是躺倒的妈妈的身体，那边是孩子在哭叫着妈妈，母子俩就这样永久相隔开来了……

在穿白色长衫的女人向她烦絮地诉说着想要一个孩子的时候，她说，就像针一样穿刺着她的心。她说，"请抱去吧，不要再说别的话了。"可是她没有力量承受自己的话,她把头用被蒙起,暗地里涕泪横流。她想象着她的孩子,没有勇气看孩子可爱的小脸。她说,孩子被摸索醒了,小脸贴到别人的手掌,以为是妈妈的手掌呢,便撒怨地哭了起来……

她说,她看见孩子将来的妈妈,夹着红包袱欢欢喜喜地踏上医院的石阶,小心地取出包袱里的小被褥给孩子包好,经过穿道,经过产妇室的门前,经过产妇室的妈妈那里,然后又走下石阶远去了。其实,她说,她什么也没看见……

萧红是悲剧中人,却不敢看悲剧的演出。

不可想象,一个抛弃了孩子的母亲会一直记念她的孩子。在弥留期间,萧红还曾沉思着对友人说起:"但愿她在世界上很健康地活着。大约这时候,她有八九岁了,长得很高了……"

同室的产妇,来一个住一个星期便抱着小孩走了,产妇室里只剩下萧红一个人,这时,院长不再向她索要住院费了,只希望她早日出院。

然而,她的身体迟迟无法康复。贫血,乏力,头痛,脱发。她的健康状况使她感到羞辱,过于强大的自尊心,常常扩大了她对所遭受的冷漠和歧视的幻想,当自觉无力战胜时,便主动疏远或者逃避。萧军来看她,她会诉苦说,这里的一切,枕头,床……连一头苍蝇也要虐待她,她说她忍受不下去,再也不能待在这里了。萧军知道她是一个任性的孩子,只好哄她说,医院总比监牢好,也比出去好。这里供给面包和牛奶,你若一个人吃不了,还可以藏起来留给我……萧军劝她留下来疗养和休息自然是不错的,但也确实想不出好法子,没有钱租房子,一旦出院将怎样安顿她呢?

当萧红告诉萧军孩子已经给人抱走的时候,萧军紧握了她的手,大约以为她真是一个新时代的女性,有着果敢的牺牲的精神,而深感快慰。一个粗鲁的男子,实在很难觉察女人在抛弃了自己的骨肉所引起的永远无法弥补的内心的剧痛。直到这时,萧红仍然为绵延下来的绝望情绪所笼罩。

……一个人住在产妇室里,整夜的幽静,只有她一个人享受窗上大树招摇细碎的月影,满墙走着,满地走着。她想起来母亲死去的时候，自己还是小孩子，睡在祖父的身旁，不也是夜里看着窗口的树影？现在祖父走进坟墓去了，自己离家乡已三年了，时间一过什么事情都消灭了。

萧红的情绪极不稳定，不时产生死亡的幻觉。有时候，她对萧军说，我累赘了你。她不想做这累赘。她知道萧军要参加磐石游击队，便对萧军说，我死了你就可以同他们走了。有时候，她又非常害怕萧军离开她。萧军留在这里，也是她所顾虑的。她不想她所爱的人受辱。

在她催促萧军离开的时候，有一次终于说了："医院的庶务也许又要向你要住院费了。"

"在我进门的时候，他们已经向我要过了。"

"你怎么说？"

"我说只要你好了，总会给他们钱。"

"哪里来的钱？"

"总会有办法……"萧军想了一下，说，"最大，请他们把我送进牢里去，坐上两个月，总可以抵补了。"

萧军的这段话，很可能让萧红铭记一生而心存感激。据说感激是不好的，容易使人受累。在此后一同跋涉的途中，萧红确实因这感激而增进不少的温热和勇气，却也为此甘受对方断续相加的伤害，以致多次出亡，仍迟迟不忍割弃。与其说，这是出于女性的柔弱，毋宁说更多地来自这感激。身为东北女子，感于情义，生死相许，原本便有一份侠气在里面。

就在这一天，萧军走后，萧红一直临窗坐着，彻夜难眠。

次日，她的病突然加重了。

早上，萧军走进产妇室，就听见她的呼叫了。她说，她这回会死掉。萧军安慰过后，立刻去找大夫。这时，大夫正在下围棋，就像一位临阵的将军一样，一面抚弄着鼻下的威廉式胡须，一面摆弄棋子，全然不理会萧军的恳求。萧军被激怒了，终于推开棋盘。大夫说他没有礼貌，进门也不敲门，还说不给病人看病是庶务的意思。庶务说，现在医院没有这样的医药，

萧军陪伴生产后的萧红在哈尔滨道里公园

要他转往别的医院去,却又说这是大夫的意思。

"原先我要出院的时候,你们不准走。现在我的病人到这种地步,你们又要我换医院!"萧军对着医生大声宣布道,"你听着,如果今天你医不好我的人,她要是从此死去……我会杀了你,杀了你的全家,杀了你们的院长,你们院长的全家,杀了你们这医院里所有的人……我现在等着你给我医治……"

大约是因为过度疲劳的缘故,他回来,便睡倒在萧红的邻床上。

那个被吓蒙了的大夫,立即赶过来给萧红打针、服药。等萧军从昏沉中醒来,萧红好像也精神了许多。她用手抚摩着他的前额和头发,说:"亲爱的,你胜利了……"

萧军像孩子一样,突然嘤嘤哭了。

8 在生活的围困中

在势利的小市民与流浪的小布尔乔亚之间,根本不可能存在一个共通的融洽的空间。萧红出院后回到裴馨园家里,这家人开始对"闯入者"感到厌烦,有一天,裴太太向萧军说了一些关于萧红的闲话,结果爆发了激烈的争吵。次日,萧军即携同萧红离开了裴家。

萧军雇了一辆马车,载着萧红和破烂的行李,拉到新城大街一家白俄经营的欧罗巴旅馆。恰巧三楼有一个空房间,萧军顾不上多问,随即租了下来。

这是一个洁白的房间。除了一张床,还有一张桌子和圆藤椅。萧红见到白床单特别高兴。因为正好没有床单。她用发颤的手指抚着床单上突起的花纹,躺下也用手指抚来抚去。萧军拍着萧红头下的枕头,告诉她说,原来以为要睡空床板的,想不到连枕头也有。

话还没说完,一个高大的俄国女茶房进来了,身后又进来一个中国茶房,"也租铺盖吗?"

"租的。"

"五角钱一天。"

"不租。"两人几乎同时说道。

只消一秒钟,软枕、床单,连同桌布都被那女人夹到了腋下。一个整

萧红生产后曾居住过的欧罗巴宾馆

洁的小室，简直变戏法一般地，跟随她花色的包头巾消失了。床上裸露着一片肿胀的草褥，破木桌一些黑点和白圈显现出来，大藤椅也像跟着变了颜色。

这遭劫一样的局面并没有影响两人的情绪。把门关上，他们立即亲吻起来搂抱起来……

晚饭：黑列巴加白盐。

如此简单的食物，对于热恋中的人，同样是丰富的。

饭后，房子里接着上演了另一出戏剧：门开了。几个全副武装的警察闯了进来。他们拿住萧军的两臂，说是旅馆报告他带了枪，于是进行搜查。当然很快就证实了行动失误，他们搜到的，只是萧军平时练武用的一支剑而已。

原来，白俄日间来取房钱，一日两元，一个月六十元。萧军他们只有五元钱，来时雇马车已经用掉五角了。白俄好像看出他们没有钱似的，又像很着忙，怕他们跑掉。他把两元票子拿到手之后，就说："六十元一个月，明天给！"原来包租一个月三十元，因为松花江涨水便跟着涨价了。他知道萧军拿不出更多的钱，瞪大了眼睛，最后通牒说："你的明天搬走，你的明天走！"

萧军说："不走！"

"不走不行，我是经理……"

萧军从床下取出剑来，指着白俄："你快给我滚开！不然，我宰了你！"

他慌忙跑出去了，于是报告警察局，说萧军带有凶器。其实剑裹在长纸卷里，他以为纸卷里藏着大枪。

这样的近于恶作剧般的干扰，仍然没有影响两人的情绪。闭了灯，锁上门，虽然从小窗口透过来的街灯的光亮显得有点凄淡，他们亲吻着，搂抱着，很快便睡去了。

萧红形容萧军是"一条受冻受饿的犬"。他清早出门，大雪天穿着通孔的鞋，甚至是隔夜的潮湿的衣裳，到处借钱，找职业；回来时，帽檐滴着水，半截裤管又凉又硬。

小屋子留下萧红一个人。

在感觉中，她好像被放下一个黑沉沉的煤洞里去；又好像处在一个荒凉的广场中央，墙壁离她比天空还远，一切都和她不生关系，四围只有无限的空虚。

清早过道里的好些房间已经挂好了列巴圈，送牛奶的人，也已带着白色的、发热的瓶子，排在房门的外面。这些对萧红构成极大的诱惑，她仿佛嗅到了列巴圈的麦香了，好像那成串肥胖的圆形的点心，已经挂在她的鼻头上。几天没有吃饭，她感到胃在收缩，可是没有钱买，只好眼睁睁地看着列巴圈们在虐待自己。

屋里没有光线，桌子静卧在墙角，藤椅在地板上伴着桌子睡。太静了。在寂静里，萧红觉得一切都在厌烦她，躲开她。

每天下午，她都会到过道口站好几次，等萧军回来，带着她苍白的脸，退了色的蓝布宽大的单衫踱荡着。

在屋子里听到过道的声响，萧红就心跳，那该是三郎的脚步？她心里害怕着：他冻得可怜了吧？他没有带回面包吗？……

萧军带回了二十元票子。他做了家庭教师。

黄昏时，萧军从当铺里取出从前当去的两件衣服，一件夹袍和一件小毛衣，吩咐萧红穿上他的夹袍，他穿毛衣，一同上馆子。

小饭馆在一条扰攘的破街上。馆子里也很扰攘，据萧军介绍说，洋车夫和一切工人全都在这里吃饭。萧红看见好几部分食客都挤在一张桌子上，多少有点不习惯，而萧军是自然的。

这天晚上，他们都喝了酒。结账时，单子写着：小菜每碟二分，五碟小菜，半角钱猪头肉，半角钱烧酒，丸子汤八分，外加八个大馒头。

回来经过街口卖零食的小亭子，萧红买了两块纸包糖，她一块，萧军一块，一面上楼，一面吮着糖的滋味。

走进房间，像两个大孩子似的，互相比着舌头。萧军的是红色的糖块，所以是红舌头，萧红是绿舌头……

然而，收入毕竟微薄，饥饿和寒冷仍然威胁着他们。

萧红有一篇题名《饿》的短文，写她在这个艰难时期里的感受：

……黎明还没有到来，可是"列巴圈"已经挂在别人家的门了！有的牛奶瓶也规规矩矩地等在别人的房间外。只要一醒来，就可以随便吃喝。但，这都限于别人，是别人的事，与自己无关。

扭开了灯，郎华睡在床上，他睡得很恬静，连呼吸也不震动空气一下。听一听过道连一个人也没走动，全旅馆的三层楼都在睡中，越这样静越引诱我，我的那种想头越想越充胀我：去拿吧！正是时候，即使是偷，那就偷吧！

轻轻扭动钥匙，门一点响动也没有。探头看了看，"列巴圈"对门就挂，东隔壁也挂着，西隔壁也挂着。天快亮了！牛奶瓶的乳白色看得真真切切，"列巴圈"比每天也大了些。结果什么也没有去拿，我心里发烧，耳朵也热了一阵，立刻想到这是"偷"。儿时的记忆再现出来，偷梨吃的孩子最羞耻。过了好久，我就贴在已关好的门扇上，大概我像一个没有灵魂的、纸剪成的人贴在门扇。大概这样吧：街车唤醒了我，马蹄嗒嗒、车轮吱吱地响过去。我抱紧胸膛，把头也挂到胸口，向我自己的心说：我饿呀！不是"偷"呀！

第二次也打开了门，这次我决心了！偷就偷，虽然是几个"列巴圈"，我也偷，为着我饿，为着他饿。

第二次又失败，那么不去做第三次了。下了最后的决心，爬上床，关了灯，推一推郎华，他没有醒，我怕他醒。在"偷"这一刻，郎华也是我的敌人；假若我有母亲，母亲也是敌人。

……

窗子在墙壁中央，天窗似的，我从窗口升了出去，……我的衣襟被风拍着作响，我冷了，我孤孤独独的好像站在无人的山顶。每家楼顶的白霜，一刻不是银片了，而是些雪花、冰花，或是什么更严寒的东西在吸我，像全身浴在冰水里一般。

……

……我拿什么来喂肚子呢？桌子可以吃吗？草褥子可以吃吗？

……

窗子一关起来，立刻生满了霜，过一刻，玻璃片就流着眼泪了！起初是一条一条的，后来就大哭了！……

文中的郎华就是萧军。

在极度窘迫的情况下，萧红给中学时代的美术教师高仰山写信，请求经济支持。高仰山带着女儿如约前来，还像从前一样的喜欢说笑话。他随便说，说了很多，然后把一张票子丢在桌上就走了。

她久久地陷入冥想，心情像海浪一样翻涌……

读书的时候，完全被青春迷惑了，哪里懂得饿呢？只晓得青春最重要，虽然现在也并不老，但总觉得青春过去了，已经过去了！

她对自己说：追逐实际吧！在这个世界上，只有饥寒，没有青春！

1933年萧红、萧军在哈尔滨商市街25号小屋前留影

商市街25号,萧红、萧军住过的小屋

    萧军在报纸上刊登求职广告,被住在商市街二十五号的铁路局的一位姓王的处长看到了,派人和他联络,同意他做家庭教师,教他的儿子国文和武术,条件是用住房来抵偿学费。这样,萧军和萧红便把他们的家——实际上是一个破柳条箱——从旅馆搬到王家来了。

    时间是1932年11月,一个结冰的天气。

    来时,炉中尚有木柈在燃,大约有人在烤火。等萧红用冷水擦完地板和窗台的时候,把手放在铁炉板上再也不能暖了,炉中连一颗火星也灭掉。她觉得饿而且冷,肚痛又犯了,要上铁床去躺一下,想不到那铁条就像冰一样不敢接近。这时,萧军出去还没回来。没有表,连时间是多少钟点也不知道。她好像落到井里去的鸭子一般,寂寞并且隔绝。

    这是什么家呀?她想哭号了。

    萧军买回来水桶、菜刀、筷子、饭碗、水壶,还有白米和木柈,该萧红进入小主妇的角色了。

    她开始点火,第一次调弄晚餐。油菜烧焦了,白米饭半生半熟就吃了,说它是粥,比粥硬一点;说它是饭,比饭黏一点。第二天早晨,火生了三次灭了三次。她懊恼,她愤怒,然而无济于事。就在这天,手指在铁炉门上烫焦了两条,并且把指甲烧焦了一个缺口。她承认,女孩子的娇气毕竟没有脱掉。她只有二十二岁。她面朝着窗子,心很酸,脚冻得很痛,又想哭号了。但她知道,她已经不是娇子,是妇人,哭有什么用呢?

清早起来的第一件事是点燃火炉,然后擦地板、铺床。炉铁板烧得很热时,她便站到火炉旁烧饭,把刀子、匙子弄得很响。炉火在炉膛里起了小小的爆炸,饭锅腾着气,把葱花炸到油里,让它发出烹调的香气。她细看葱花在油里边滚着,渐渐变黄起来。……小洋刀在她的手中活动,像削梨皮一样把土豆刮得很白,很好看,乳黄色,柔和而有弹力。在炉台上铺好一张纸,把土豆再切成薄片……

饭已熟,土豆煮好。打开小窗望一望,家庭教师还没有下课,先到炉前吃两口。在地板上走着走着,还不到下课时间吗?再打开锅盖吞下几口。饥饿呀!她差不多快要吃饱的时候,萧军才回来。习惯上,她知道萧军到院心要大声弄响嗓子,于是藏在门后等他,有时不等他寻到,就做着怪声跳出来。

早饭吃完以后,就是洗碗,刷锅,擦炉台,摆好木格子,如果有表,她估计要干到十一点多。

再过三四个钟头,又是烧晚饭。萧军出去找职业,她就在家里烧饭,等他,一等再等。火炉台是生活的中心,她就像一头被蒙了眼的驴子一样,围着它转走。每天照例地吃饭、睡觉、愁柴、愁米……

所有这一切,都在告诫她:这不是做孩子的时候了,是在过日子。

——懂吗?过日子!

要是大雪天,萧红完全困在屋子里。

只要火炉生着火,她就站在炉边;更冷的时候,便坐到铁炉板上去,像煎鱼一样也把自己煎一煎。若是没有木样,她就披着被子坐在床上,日夜离不开。怎么可能到外边去呢?难道披着被子上街吗?可以吗?

她甚至把两只脚伸到炉膛里去,两腿伸得笔直,就这样在椅子上对着炉门看书。看着看着,心思就跑开了。

这情形被萧军进门看到了,就说:"你在烤火腿吗?"

雪,给萧红带来不安和恐怖,带来终夜做不完的噩梦:一大群小猪沉下雪坑里去……麻雀冻死在电线上，死了仍然挂在那里……行人在旷野的白色的大树林里，一排一排地僵直地竖着，有的把四肢都冻丢了……

梦过以后，还不知道这是梦，渐渐清醒过来的时候，才紧紧抱住萧军，仍然不能相信这是梦。她害怕了，问：

"为什么要做这样的梦？照迷信来说，这可不知怎样？"

萧军当然骂她糊涂，不科学，告诉她，这是物质的反映，他说，你摸摸你这肩膀，冷成这样子，你觉得冷，所以才做那样的梦！

萧军说完很快又睡着了。

而她，仿佛独自承受了这世界的严冷。风从棚顶来，从床底来，从四面八方来，疼痛彻骨。

作为家庭主妇，和萧红在一起的只是一间小屋子。

她孤独。

萧军出门时，她追赶到门外问他："什么时候回来？什么时候回来？"这种寂寞感，使她特别难受，甚至不亚于饥饿。她说，因为失望和寂寞，虽然吃着烧饼，也好像要饿倒似的。

每天她都站在过道小窗口等萧军回来，脚冻痛了，鼻子流着清涕，依然不愿走进屋里。遇上王家的小姐，便会取笑她："啊！又在等……他出去，你天天等他，真是怪好的一对！"看见萧军回来了，就说："和你度蜜月的人回来啦，他来了！"

萧军回来，就从口袋里取出烧饼来给她吃。而她等待的，也不仅仅是烧饼、面包、票子，或者同票子有关的消息，还有温暖的臂膀和心灵的慰安。所以，当他不在家的时候，她仍然得想他，想他没有皮帽，衣裳没有皮领，大雪天会把耳朵冻伤。

萧军确实很忙，一早起来，就跑到南岗去教武术，吃过饭，又要给小徒弟上国文课。一切完了，又要跑出去借钱。晚饭后，又是教武术，又是教中学课本。

她等待对话，像初识时一样，可是没有。生活压倒了一切。她觉得，自己的存在是多余的，好像全然被这世界遗忘了一样。

她这样忆述商市街的这段家庭生活：

> 夜间，他睡觉醒也不醒转来，我感到非常孤独了！白昼使我对着一些家具默坐，我虽生着嘴，也不言语；我虽生着腿，也不能走动；我虽生着手，而也没有什么做，和一个废人一般，有多么寂寞！连视线都被墙壁截止住，连看一看窗前的麻雀也不能够，什么也不能够，玻璃生满厚的和绒毛一般的霜雪。这就是"家"，没有阳光，没有暖，没有声，没有色，寂寞的家，穷的家，不生毛草荒凉的广场。

她的心在高原，而肉身却陷入家庭的泥沼里了。

对于两个人的前尘往事，萧军晚年做了另一种相当亮色的总结：
"尽管那时候我们的生活是艰苦的，政治、社会……环境是恶劣的，但我们从来不悲观，不愁苦，不唉声叹气，不怨天尤人，不垂头丧气……我们常常用玩笑的，蔑视的，自我讽刺的态度来对待所有遇到的困苦和艰难，以至可能发生或已发生的危害！这种乐观的习性是我们共有的"；"正因为我们共有了这种性格，因此过得很快乐，很有'诗意'，很潇洒，很自然……甚至为某些人所羡慕！"

不能说萧军的总结没有根据，在他们的生活中，确曾有过不少快乐的、诗意的小镜头。而这些，萧红也作过类似的描述：

> "我们不是新婚吗？"他这话说得很响，他唇下的开水杯起一个小圆波浪。他放下杯子，在黑面包上涂一点白盐送下喉去。大概是面包已不在喉中，他又说：
> "这不正是度蜜月吗！"
> "对的，对的。"我笑了。
> 他连忙又取一片黑面包，涂上一点白盐，学着电影上那样度蜜月，把涂盐的"列巴"先送上我的嘴，我咬了一下，而后他才去吃。一定盐太多了，舌尖感到不愉快，他连忙去喝水：

"不行不行，再这样度蜜月，把人咸死了。"

盐毕竟不是奶油，带给人的感觉一点也不甜，一点也不香。我坐在旁边笑。……

这种契诃夫式的小人物的幽默，带泪的笑，在两个人的生活中毕竟是若干片断，或者可以说，是偏于男性方面的感受。在萧红这里，生活在整体上无疑是停滞的、贫乏的、苍白的，充满着孤独、寂寞、焦虑、郁闷和愁苦。因为她是家庭中的女人。

中国的家庭以男性为中心，这是由来如此，天经地义的。

萧军是一个强悍的、有本事、有力量的男人，因此必然成为家庭的主体。关于他们两人的关系，人们不是拿爱的、也即平等的眼光看，而是一开始就从萧红的困境出发，把萧军定位为一个施与者、拯救者、解放者，于是，在一个共同体里，他们不是对等的，不是相对的自由个体，而是一个成了债权人，另一个是债务人。可悲的是，萧红也会自觉或不自觉地带上这种传统道德的眼光，其实是男性的眼光看。她一方面把萧军看做爱人、知己、人生旅途中的伙伴，另一方面又把萧军看做苦难的分担者，危险中的守护者，曾经给她带来阳光和快乐的人，因此在爱恋中夹有一种类似宗教的"原罪"一样的歉疚感是正常的，需要她以忠诚、顺从去弥补与偿还。

萧红毕竟是"五四"的女儿。她是一个爱情的本质主义者，她在精神上追求自由爱情，并热烈地享受它。由于她的追求至高至纯，因此不可避免地陷于不满、矛盾、抗争，乃至败裂。但是，不论她如何改写她的爱情史，她的爱恋与叛逆的对象都只能是男性。她跳不出男人的掌心。"五四"新文化给了她另一个人生指南，就是个人价值的追求。在家庭中，她要求平等相待，对个人的独立和自由有着强烈的渴求。她不愿意失去自我，不愿意作为男人的附庸而存在。这种自主的要求，随着两人家庭生活的延续，必将受到愈来愈严重的压抑而转趋剧烈。个人主义的价值观与爱情至上主义到底是冲突的。

在呼兰老家，萧红熟悉那里的女人的命运。以她目前的状况，在她看来，

萧红为萧军篆刻的印章

并不见得有什么改变。作为女人，除了动物般的生殖，就是无休无止的不断重复的繁琐而沉重的劳动，人被彻底物质化、碎片化了。萧红深刻地感受到，家庭劳动只是家庭服务、家庭劳役，根本不是一种"工作"，没有趣味，没有创造，没有意义。她特别看重生活和劳动的意义，在回忆文字中，几次把"意义"和社会职业联系到一起。禁闭式的家庭生活不是她所能接受的，她害怕生命的无意义的消耗，害怕简单而琐屑的家务劳动会像一堆垃圾一样埋没她，使她呼吸不到人类的气息。

她读过《伤逝》，又有过和子君一样的经历，知道出走并不是最后的胜利，而有可能成为失败的起始。子君最大的悲剧，是在同居之后，一直摇着一个人的衣角过日子，忘却了翅子的扇动。因此，她觉得，她应当有自己的职业，用自己挣来的钱养活自己。总之，是不能跟随子君的脚印走向墓地的。

画家朋友金剑啸到一家电影院去画广告，月薪四十元。于是，萧红开始留心起招聘广告来。

《国际协报》又登出了电影院招请广告员的广告，月薪明明白白是四十元。萧红很受鼓舞，决定试试看，萧军认定广告是骗人的，劝阻不成，勉强和她一起前去接洽了。他们寻得疲乏了，才找到代理的"商行"，回答说是星期天不办公。第二天冒雪再去时，又说已经不替电影院接洽了。萧军开始埋怨萧红，两个人吵了起来，萧军一路上执意拉开距离，做出不愿意一起走的样子。冲突越来越大，后来双方都不去怨恨"商行"或是电影院，只是互相生气，真正的目的却丢开了。

第三天，萧红再不提职业的事了。萧军去过电影院两次，因为碰壁，不禁对着萧红破口怒骂，说画广告的工作是"无耻"和"肉麻"；还骂了自己，说是"浑蛋"，"不知耻的东西"，"自私的爬虫"。

过了许多天，两个人在中央大街遇到了金剑啸。他告诉他们到电影院画广告去了，接着说他很忙，提出请他们帮忙。他们吃了几张半生的烤饼当晚饭，匆匆赶到约定的地方等。萧军一边跑，一边说萧红："做饭也不晓得快做！磨蹭，你看晚了吧！女人就会磨蹭，女人就能耽误事！"他们等了半个钟头，也见不到金剑啸，只好回家了。

一到家,萧军又说了一通关于人是自私的理论,然后一个人骂骂咧咧地出门到别处去了。

金剑啸找到家里来,跟萧红说好一起去画广告,每月四十元的薪水,两人各分一半。萧红跟着出去,在广告牌前站到夜晚十点钟才回到家里。萧军找过她两次没有找到,正在生她的气。

这一夜,两个人一直吵了半夜。萧军买酒回来喝,萧红抢过来喝了一半,哭了。结果两个人都哭了。

萧军喝醉以后,在地板上嚷着说:"一看到职业,什么也不管就跑了,有职业,爱人也不要了!"

第二天酒醒过来,正好是星期天。他们一同去画了一天的广告。萧红是金剑啸的副手,萧军做萧红的副手。

第三天不用去,电影院另请了别人。

萧红当广告员的梦想破灭了。

当一个人意识到生命无意义的时候,焦虑是不可避免的。对此,真实的反应是创造自己的意义。但人们常常神经质地试图填满心理学家弗兰克说的"存在的真空",他列举神经质的三个要素是:抑郁、成瘾和攻击行为。

萧红肯定存在着这种神经质焦虑。但是,在她那里,又确实未曾消泯依照内心的愿望生活,用自己的能力创造未来的勇气,神学哲学家蒂利希称作"生存的勇气"。实在与幻想、健康与病态、清醒与麻痹、坚强与脆弱、进击与退避、亢奋与消沉,在她的身上一直处于交战状态。

如此看来,引发与萧军之间的战争就不是偶然的了。虽然,有时也有过一些孩子气的吵闹,比如,经过万国车票公司的橱窗,看见海船的图画,竟因为海船是海浪高度的几倍的问题,在街上差点吵起架来;但是战争的原因更多是实质性的,是人生基本观念的差异通过日常生活问题的分歧而表现出来。因此,争吵不完全是性格的相生相克,正如后来的事实所证明的,两人的常规战,倒是采取隐蔽的冷战方式居多。

沉默也是危险的。沉默到最后,总有爆发的时候。然而,摩擦既经出现,可以预期,雷鸣电闪、风雨交加的日子不会太远,因为乌云不但不曾消散,反而愈积愈厚了。

"蜜月"结束了。

在东兴旅馆,还是热恋着萧军的时候,萧红写过一首题为《幻觉》的诗:

昨夜梦里,
听说你对那个叫 Marlie 的女子,
也正有意。

是在一个妩媚的郊野里,
你一个人坐在草地上写诗。
猛一抬头,你看到了丛林那边,
女人的影子。……

疏薄的林丛。
透过来疏薄的歌声……
这时你站起来了!仔细听听。
把你的诗册丢在地上。

我的名字常常是写在你的诗册里。
我在你诗册里翻转;
诗册在草上翻转;
但你的心!
却在那个女子的柳眉樱嘴间翻转。……

你再也耐不住这歌声了!
三步两步穿过林丛——
你穿过林丛,那个女子已不见影了……

只怕你曾经讲给我听的词句,
再讲给她听……
我感谢你,
要能把你的诗册烧掉更好,
因为那上面写过你爱我的语句……

我正希望这个,
把你的孤寂埋在她的青春里。
我的青春!今后情愿老死!

诗中透露了萧红内心的多重秘密:一、她与萧军相爱时,已是孕妇;这个特殊的女性身份,带给她一种严重的自卑感。二、她对男人持不信任态度,对萧军同样如此。三、爱情不是性爱,除了肉体,还有精神的参与。四、对于并非专一的爱,她是拒绝的。

萧红预感到萧军日后会迷恋于青春女色,果然应验了。

在不到两年的同居生活里,至少有三个少女,同萧军发生过暧昧的情感关系。在散文集《商市街》里,她们是:敏子、汪林、程女士。萧红对程女士特别敏感,在诗里立了专章,写作"一个南方的姑娘"。

敏子是住在欧罗巴旅馆时,萧军出去做家庭教师认识的。当他受了隔壁手风琴低语般的暗示,对萧红说起他和敏子的关系时,事情已经过去了。他坦白说:"那时候我疯狂了。直到最末一次信来,才算结束,结束就是说从那时起,她不再给我来信了。这样意外的,相信也不能相信的事情,弄得我昏迷了许多日子……以前许多信都是写着爱我……甚至于说非爱我不可。最末一次信却是骂起我来,直到现在我还不相信,可是事实是那样……"他沉湎在幻想里,半夜起来拿敏子替他缝补的毛衣给萧红看,黑暗里说话,"敏子,敏子"地叫着,不断咕哝着"很好看的,小眼眉很黑……嘴唇很……很红啊!"说到恰好的时候,在被子里边紧紧捏了一下萧红的手,仍旧说下去,"嘴唇通红通红……啊……"

在对待女性方面,萧军是轻浮的,庸俗的。当萧红以讽刺的笔调复述着这些的时候，显然，她不想掩饰她的不满。

汪林是同屋王处长的女儿，萧军的徒弟的三姐，其实是萧红中学时代的同学。萧红对她没有太多的好感，大约是对有钱人家子弟的优越感的一种反拨罢？在萧红的笔下，她带着西洋少女的风情，鬈皱的头发，挂胭脂的嘴，很大的皮领子，很响的高跟鞋，走起路来摇摇晃晃，满满足足的样子。

夏天，萧军、萧红和汪林差不多天天去"太阳岛"洗澡。晚上，萧红早早睡了，萧军和汪林就留在暗夜的院子里。萧军什么时候回到屋里来睡觉，萧红也不知道。

过了许多天，萧军向萧红透露了汪林和他"要好"的消息。他以为萧红不知道，萧红也回答说是不知道，其实是知道的。这一次萧军告诉她的时候，表现得相当理性："我坦白地对她说了，我们不能够相爱的，一方面有吟，一方面我们彼此相差得太远……你沉静点吧……"好像兵临城下，他主动采取坚守拒敌的策略似的。

萧红在写到这段往事的时候，中间有一句画外音式的插话："很穷的家庭教师，那样好看的有钱的女人竟向他要好了。"

这里并非只是客观事实的一般性陈述，而且隐含着严厉的批评：既然"穷"与"有钱"的对立如此尖锐，双方"要好"当是何等荒谬的事！

程女士原名陈丽娟，笔名陈涓，宁波人，据说是因为寻找家人从上海来到哈尔滨的。她在朋友家里认识萧军以后没几天，便来商市街拜访，名目上却说是来访萧红。一开始，萧红便有了一种防范心理。在萧红的眼中，她是漂亮的，很素净，脸上不涂粉，头发没有鬈起来，只是扎了一条红绸带；葡萄灰色的袍子上有黄色的花，袍子看来不起眼，但也无损于美。对于这位"美人似的人"，乍见之下，萧红似乎并没有特别的反感。

晚饭是在一起吃的。吃饭前，汪林过来约萧军去滑冰，见到程女士，显出很熟的样子。萧红觉得很奇怪，程女士告诉萧红说，她们是在舞场上认识的。萧红从此推知，程女士跟汪林一样，也是常常进出舞场的人，从此就不再留意她了。

萧红是孤傲的。

她明白表示说："环境和我不同的人来和我做朋友，我感不到兴味。"

对于萧军和她们的交往，如果不说反对，至少她是有保留的。

程女士常到商市街来，或者来借冰鞋，或者同萧军和萧红一起到冰场上去。大家渐渐地熟起来，这时，她给萧军写信了。常见面而要写信，自然使萧红感到疑虑。过了些日子，她要在他们家里吃面条，萧红走进厨房去以后，听到她同萧军叽叽喳喳地又谈起别的话题来了……

萧红觉得程女士是兴奋的。一次，萧红忙着收拾家具，萧军送她出门。萧红清楚地听见她在门口的声音："有信吗？"跟着一声喳喳之后，萧军很响地说着："没有。"

又过了些日子，程女士不常来了。萧红猜想，她大概是怕见到自己，无论如何，自己已经成为她和萧军之间的障碍。

萧红去世以后，这位程女士曾以一狷的笔名，发表了一篇回忆性文章，补记了一段为萧红生前所不知道的故事。

事情确实如萧红猜想的那样。程女士去了萧红家，房东的女儿，大约就是萧红所称的汪林告诉她说："你不要和他再亲近吧，有人妒忌你呢！"她也感觉到了萧红不大友好的态度，于是主动疏远了。

动身回南方之前，程女士曾到商市街向他们告别，萧军慌忙中塞给她一封信，她回去拆开来看，除了一页信笺外，还有一朵干枯的玫瑰花。为了消除误会，她带了她的男友去看萧红，结果仍然得不到谅解。在她家里，一群朋友前来为她饯行，萧军也去了。她说萧军随同自己去买酒，在街道上默默没有话说，回来走到她的家门前，萧军突然在她的脸上吻了一下，然后飞一样地溜走了。

程女士整个地把引起萧红误会的始因推给了萧军。对于萧军，她到底有没有爱慕之意呢？

毕竟是青春少女啊！

9 "牵牛坊"岁月

"九一八"事变后,不到半年时间,日本迅速占领了东三省。

1932年3月1日,"满洲国"成立,立前清废帝溥仪为皇帝。侵略和奴役,征服不了中华民族的心。抗日游击队的武装斗争,非军事抵抗运动,以及左翼文化活动开始活跃起来,显示了不愿做奴隶的人们的顽强的存在。但因此,来自日本侵略者及其傀儡政权的压力相对加强了。全东北陷入了殖民主义的黑暗与恐怖之中。

相随萧军,萧红认识了一群朋友,其中,除了中共地下党员、思想激进的青年,也有国民党员、民族主义者和自由主义者。他们经常到画家冯咏秋的住宅聚会。因为窗前满种着牵牛花,夏天爬遍了门窗,大家管这屋子叫"牵牛坊"。在这里,萧红从家庭劳动中暂时解脱出来,扩大了个人交往,点燃了社会热情,唤起了被压抑已久的创造的欲望。

她把这段时间,亲切地称作"几个欢乐的日子"。

罗烽、金剑啸等人组织了一次"维纳斯助赈画展",用义卖的款子救助灾民。参加展出的有当地知名画家,也有萧红,和她中学野外写生画会的同学王粟颖。萧红画了两幅小小的粉笔画:一幅是两根萝卜,另一幅是萧军的一双破傻鞋和两个杠子头(山东硬面火烧),体现了一种平民主义的艺术倾向。

画展十分成功。《哈尔滨五日画刊》为画展出了专号，萧军、方未艾写了画评，许多文化人也写了文章。大概从中受了鼓舞，萧红还提议组织一个画会。结果流产了。

他们一群人又组织了一个剧团，叫"星星剧团"。罗烽负责事务性工作，金剑啸担任导演和舞美设计。主要演员有舒群、萧军、萧红、白朗、刘毓海、徐志等人。萧军扮演的是辛克莱的《小偷》中的小偷，萧红在女作家白薇的独幕剧《娘姨》中扮演害病的老妇人。每天，他们都很认真地读着剧本，直至夜深。

三个剧排了三个月。曾经到影戏院试过剧，因为条件不合，没有公演。这时，听说日本人在道外逮捕了很多工人，剧团中的徐志也突然失踪，于是，剧团就此完结了。剩下一堆剧本，像做出一个滑稽的姿势似的，高高地站在桌面上。

但是，萧红只要有空仍然往这里跑，穿着她那件破旧的咖啡色旗袍和那条不调和的男人裤。这里对她是有吸引力的。首先是一种氛围，振荡在空气中的欢乐和活力。即使没有了画会和剧团，这些青年人一样焕发着生活和工作的热情，组织原则在这里不起作用，热情会消融一切。这是一个完整而又松散的结构，是青春共和国，疯狂般的幻想、友爱、冒险精神是永远不会枯竭的。

五颜六色的灯光，扭动的身体，颤动的腿，飞舞的椅子。男人脸上的红胭脂，假发，红头巾。捉迷藏。学各种各样的叫声，蛤蟆叫，狗叫，猪叫，还有人装哭。朗诵。讨论。争辩。吹牛。吃苹果，吃糖，吃茶。喝酒。唱歌。更换着各种方式的胡闹……日本宪兵巡逻的摩托车笃笃地跑过马路，他们毫不在意，似乎没有人害怕。

"玩呀！乐呀！"

"不乐白不乐，今朝有酒今朝醉……"

这样的一群颇类常说的"波希米亚人"，然而，虽然自由不羁，却是明朗欢快的，没有欧式颓废。

金剑啸创立的天马广告社，
萧红在这里当助手

萧红一直渴望着在家庭之外寻找一份职业。

后来，金剑啸创办了天马广告社，出版油印小报《东北民众报》，鼓动反满抗日。这就自然地给萧红创造了一个当助手的机会，她刻钢板、画插图、抄写。整套刻写的工具，就藏在她家的柴堆里。

自从离开裴馨园家以后，萧军不再同《国际协报》发生关系。裴馨园因发表批评市当局的杂文而被革职，方未艾接替他编辑副刊，萧军应邀再度为《国际协报》撰稿。1932年底，报纸要出版一期"新年征文"的特刊，萧红在萧军和其他朋友的怂恿下，终于拿起笔，写下第一个短篇小说《王阿嫂的死》。

小说的发表给了萧红很大的鼓舞，她又将前后写下的《弃儿》、《看风筝》、《腿上的绷带》等作品，投寄到长春的《大同报》副刊《大同俱乐部》和《哈尔滨公报》副刊《公田》，用悄吟的笔名发表。

1933年8月，罗烽和金剑啸通过萧军的旧日同学陈华的关系，在《大同报》上创办了一个文艺副刊《夜哨》。据说是萧红取的刊名，画刊头的是金剑啸，约稿的是萧军，由陈华负责编辑。《夜哨》每期都有萧红的文字，《两只青蛙》、《哑老人》、《夜风》、《清晨的马路上》、《渺茫中》、《烦扰的一日》，

左起：梁山丁、罗烽、萧军、萧红。1933年摄于哈尔滨

以及诗作《八月天》，都是在这上面发表的。

《夜哨》的文字过于激进，在严格的审查制度之下，当然不可能维持长久，到年终就被迫停刊了。陈华从此去向不明。但接着，罗烽他们让白朗在《国际协报》创办了又一个文艺副刊，刊名就叫《文艺》。白朗以特约记者的名义，每月给萧军和萧红每人二十块哈大洋，这样，萧红作为副刊的主要撰稿人之一，不但可以继续从事创作，而写作环境也相对安定许多了。

在《文艺》周刊上，萧红发表的作品有《夏夜》、《患难中》、《离去》、《出嫁》、《蹲在洋车上》、《幻觉》、《镀金的学说》、《进城》；还有长篇《麦场》，也即后来的《生死场》的头两章：《麦场》和《菜圃》。

萧红的作品，开始便沿着两大主题平行展开：一类是底层人物的生活叙事，一类带有自叙性质。底层的背景主要在农村，所以人物也多是"佃农阶级"，其中最突出的是妇女，不但没有地位，没有权利，也没有力量。《王阿嫂的死》写的就是农村妇女的悲剧。主人公王阿嫂是一个大肚子的寡妇,丈夫被地主逼疯,然后烧死;三个孩子也死掉了,收养一个小孤女小环相依为命地过日子。平日,她在地主的田庄上卖力劳动,一天坐下喘息时,遭到地主的踢打,结果早产而死。村妇们集体为她送葬,到了静夜,村子远近只剩下小环这个小流浪者的凄绝的哭声。萧红的阶级意识是明确的。女人依附男人,弱者依附强者,佃农依附地主。依附与控制并存,压迫与剥削就建立在这依附上面。这是一种生产关系,也是一种生存关系,一种生活关系和伦理关系。萧红在作品中几次使用"阶级"一词,但是,她的用法,显然不同于正统的阶级论者从经济地位和政治态度出发使用的概念,而是更广延的。她着重于人的现实处境,所谓阶级,除了相同的物质条件之外,还有灵魂的某种相关性。譬如村妇和王阿嫂便是同一个阶级。在这里,不只因为她们同是佃农,也因为同为女人的缘故,"有可厌的丈夫,可厌的孩子",一样要"回到妇女们最伤心的家庭去,仍去寻她恶毒的生活"。萧红的阶级观念,不但是政治的、经济的,而且是文化的,是强势与弱势的对立。除了王阿嫂,萧红还创造了系列的不幸者形象,对于强加给她们的境遇,她做了充满同情的描写,随处抗议着社会的不公。

德国版画家珂勒惠支为劳动妇女造像,她刻画的《反抗》,那个高举了双臂的妇女,就不像德拉克洛瓦的《自由引导前进》中的自由女神,女性被当做象征性人物——代表正义、真理、自由、胜利——来表现,而是生活、挣扎、奋斗在现实社会环境之中的;也不同于米勒,小心翼翼地避免农村妇女的苦境,以及诉诸她们身上的愤怒、精力和行动的内容。珂勒惠支这样告诉她的传记作者:她在这个女人身上画出了自己,她想做发动攻击令的人。除了政治自觉,这里是包含了某种挑战性别意识形态的成分在内的。萧红在已发表的《夜风》和开始写作的《生死场》中,写到妇女的反抗,也当不无这种女性主义意识的吧?在她笔下,这反抗虽然是有限的,而且不像珂勒惠支的那种正面领导而非追随的人物,但是毕竟披露了受伤而不甘屈服的心,显示了为命运的逼拶所激发的力量。

萧红的创作,开始时确实接受了左翼文学的影响,和萧军取大体一致的步调。把底层生活作为自己热爱的题材加以反复表现,这在新文学出现以来的十年里,女作家当中是少有的。由于萧红不是从意识形态宣传出发,

1933年，初入文坛的萧红与友人们在哈尔滨中央公园。左起：萧红、
萧军、金人、舒群、黄田、裴馨园、樵夫

而是根据内心的欲求而做着诉说的尝试，因此，她的作品没有一般的左翼文学的图解或者说教的成分。身为女性，既是叛逆者，又是流浪者，这个不断反抗却又始终挣不脱卑贱地位的作者身份，不能不给作品打下深刻而鲜明的烙印。许多被称作"乡土作家"者，因为以高贵的作家或教授的身份写作，所以往往能够制造"距离的美感"；如《边城》，就有才子加观光客的味道。萧红不同，她把自己直接烧在那里面。

作为女性作家，萧红不同于冰心、凌叔华，也不同于淦女士和庐隐，这是显而易见的。以她的热情与悲悯，与后起的张爱玲那种观察的、冷峭到近于嘲世的表现相比反差更大。至于丁玲，就侧重普罗大众题材和坚持女性主义立场来说，无疑是较为接近的。不同的在于，丁玲在很大程度上，是在革命意识形态的指导下写作的，以致在一个特殊的政治语境里，不惜扭曲自己。而萧红，一直忠守着她的记忆，至死护卫着敏感易碎而又倔强高傲的心灵。

记忆与想象不同。想象是天上的，记忆是人间的。记忆是复制的生活，它的每一个细节，都带有个人的情感经验。萧红的经验是凄苦的，寂寞的，然而又无不掺和着人性的温暖。像《小黑狗》这样的小品，写十三个小狗的死亡，全然与社会无涉；像丁玲这样的左翼作家朋友们，便大约不会把目光羁系于这些小动物身上。萧红对生命的敬畏远甚于政治，所以，对于它们平凡的死亡，写来却是如此的惊心动魄。

在中国文人集团中，萧红是一个异数。没有一个作家，像她一样经受饥寒交迫的痛苦；没有一个作家，像她一样遭到从肉体到精神刑罚般的凌辱；也没有一个作家，像她一样被社会隔绝，身边几乎没有一个属于自己的亲人和朋友，而陷于孤立。即使写作，她也不关心文坛，对理论界权威关于"时代要求"一类说词不加理会，唯是一意孤行，写她所忆念所感动的一切。她所以为文坛所知，只是因为她的文字，偶然间获得一个展示的机会而已。

当然，萧红早期的作品不能不是简单的，尝试性的，青果一般不成熟的。但是，作为一个作家的个人特点，可珍贵的元素已经显现。对她来说，如果文学仅仅是一门艺术，那么将同所有的奢侈品一样，很可能与她无缘。文学恰恰是一种工具，为她打通了生活、工作、职业和社会理想的道路，在家庭之外，开辟了另一个可容自己自由活动的空间。这空间是如此宽广、神秘而深邃，此前曾经窥望过，怀着激动和喜悦，而今，已是幸运地进入其中。

在牵牛坊的一段岁月里，有一个最可纪念的事件，就是《跋涉》的出版。

这是萧军和萧红作品的合集，也是他们第一次选编出版的集子。其中，收入萧军的六个作品：《桃色的线》、《烛心》、《孤雏》、《这是常有的事》、《疯人》、《下等人》；萧红的作品也有六篇：《王阿嫂的死》、《广告副手》、《小黑狗》、《看风筝》、《夜风》，还有《春曲》。集子原名《青杏》，大约是取其未成熟的含意。萧红便认为，集子代表的是最前一个阶段的创作，它的出版有划分阶段的意义。

《跋涉》是自费出版的。出版费由朋友们认股集资，每人出五元，也有多出的，有慷慨赠与的，舒群一个人就出了三十元。他的这笔钱，本是艰

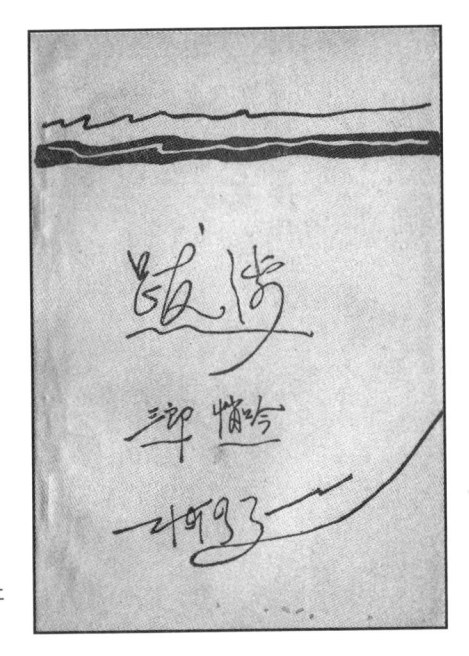

《跋涉》，哈尔滨五画印刷社
1933年10月出版

难积攒下来留给家用的，知道朋友要出书，就从父亲手中取出来送给萧军了。可以说，《跋涉》是爱的产物，是友谊的见证，它记录着一个青春群体的跋涉过程。

金剑啸最初为集子设计了封面，由于制作困难，改由萧军写的红色钢笔字代替，实在朴素得可以。稿子是由萧红在洋烛摇曳的火光下，最后抄写完成的。蚊子飞了满屋，叮得萧红全身作痒，骨节和肌肉搔得肿胀起来。她感到手腕发酸，眼睛紧胀、发热和疼痛。可是，她太忙，也太兴奋了，全然顾不到这些，只知道赶快做；第二天，便又跟着萧军跑到印刷厂去看她的小册子了。

就要完成的小册子，一帖一帖的，整齐地码在那里。萧红看见了，感觉比儿时母亲为她制做一件新衣裳还要欢喜。她绕过来绕过去，摩挲着，使劲地闻着油墨的香气。完后，她又跑到排铅字的工人旁边，见他手下按住的一个题目，那很大的铅字，正是她的那篇《夜风》，顿时涌起无限的感情，宛如波浪一般从四围漫了过来……

这一天，两人预先吃了一顿外国包子。萧军说是为着小册子，要敬祝萧红的，于是跑到柜台前要了两小杯伏特加酒。萧红说，为着小册子，她要敬祝他。

被大欢喜追逐着，他们变成孩子了！于是逛公园，在大树下坐着，躺着，望着树梢顶边的天。萧红觉得口渴了，没有钱买冰激凌，也喝不起汽水，回家喝了冷水，接着提议戴上草帽到江边去。她的兴致特别好，到了江边，又提议划船，接着裸泳。江浪撞击着船底，她拉住船板，头在水上，身子在水里，水光，天光，离开了人间似的。这是一个恣意享受自由的时刻。等到走上沙洲，萧军才发觉衬衫被水浪漂走了。远处有白色的东西浮着，他想一定是他的衬衫了，划船去追，那东西原来是一条死鱼。

等到吃鱼的时候，萧军笑着说："为着这册子，我请你吃鱼。"

《跋涉》正要装订成册的时候，赶上中秋节，工人放假三天。他们不愿耽搁，到厂里请教了排字师傅，亲自动手装订。空荡荡的大房间里只有两个人，锤铁丝钉，数页码，抹糨糊，忙活了一整天，总共装订起了一百册。萧军雇了一部斗车，把小册子全数提到车上，拉回家里去。萧红坐在车上，看夕阳慢慢地红，马脖子的铃铛颤动着，她听得特别响，特别好听！

他们把小册子摆放在地板上，当晚就叫来了朋友们。大家手里拿着书，谈论的也是书，家里成了一个艺术沙龙，只是没有太多优雅的气氛，热烈中飘着一丝火药的气味。

萧红当然是喜悦的。这是她第一次收获这创造的喜悦。

过了几天，送到书店去的书，突然被禁止发售了！

1933年萧红、萧军在哈尔滨道里公园

10 告别商市街

入冬，哈尔滨的天空格外阴沉。

萧红的心，再度为不安和恐怖所填满。她一直觉得，她是家庭的奴隶，而今是国家的奴隶，而且是异国的奴隶。过去害怕饥饿和寒冷，现在害怕的是日本宪兵、警察和监狱；过去需要的是黑列巴、盐、火和木样子，而现在，人身安全成了最大的需要。印一本小册子，说点生活的故事，妨碍了谁呢？居然遭到当局的查禁！组织一个剧团，演的还是外国的戏剧，又有什么碍事呢？不但找不到舞台，连这样一个小小团体也得作鸟兽散！在自己的国土上行走总该不算犯罪的罢？然而也没有自由！

这些都是萧红所未曾经验过的。

随着《跋涉》的出版，一种谣言传了出来：没收啦！日本宪兵队捕人啦！

书是没收了的，会不会捕人呢？家，使萧红起了不祥的联想。她首先想到收拾箱子，好像里面真的藏着什么危险的东西。萧军也感到有点紧张，他把箱子从床底拉出来，在地板上立起洋烛，帮着收拾。弄得满地纸片，什么犯法的东西也找不到，还不敢自信，怕书页里边夹着骂"满洲国"的，或是骂什么的字迹，于是又将每册书来回都翻了一遍。一切收拾完毕，箱子已是空空洞洞的了。然后把纸片扔到大火炉里烧，一张高尔基的照片，

1933年冬萧红与萧军在哈尔滨

也给烧掉,直烧得人的脸孔也给烤痛了。萧红的手脚特别快,好像日本宪兵马上要来捉人似的。

当两个人坐下来喝茶的时候,萧红觉得很有把握了,一颗心就像被拉满的弓放了下来一般的松适。她无意地玩弄着一张吸墨纸,瞥见上面有红铅笔写的字,凑近脸细看,那字写着:

——小日本子,走狗,他妈的"满洲国"……

她不禁大惊,再没有看第二遍,立刻送到火炉里。

"吸墨纸啊!是吸墨纸!"萧军发现时,那纸已经烧着了,可惜得在一旁直跺脚,"那样大一张吸墨纸你烧掉它,烧花眼了?什么都烧,看你用什么!"

萧红看到他那样子,也很生气:吸墨纸重要,还是生命重要?简直开玩笑!

"为着一个虱子烧掉一件棉袄!"萧军还在骂,"你就不会把字给剪掉?"

萧红确实没有想到这样做。为着一块伤疤丢掉一个苹果,她想了想,也不由得跟着惋惜起来。

接着,他们又开始了紧密的合作:把朋友送的"满洲国"建国纪念明信片摆到桌上,还有两本封面印着"满洲国"字样的书,连看也不看便也摆起来。桌子上面站着:《离骚》、《李后主词》、《石达开日记》,还有萧军当家庭教师用的小学算术课本。一本《世界各国革命史》被萧军从桌子上抽掉了,说是那里面载有日本怎样压迫朝鲜的历史,所以不能摆在外面。萧红听了,马上站起来,要拿过去烧掉。萧军按住她,说:"疯了吗?你疯了吗?"

萧红不做声了,一直到灭灯睡下来,连呼吸也不能呼吸似的。在黑暗中,她张大眼睛,好像要看清楚许多东西。院里的狗叫声也多了起来。大门扇也响得愈加厉害了。在她听起来,一切能发声的,都比平日里的声音要高;平日不会响的东西也发出了声响,棚顶发着响,洋瓦房盖被风吹着也在响!响!响!……

铁大门突然一声震响,萧红不禁跳了一下,好像被噩梦惊醒的孩子似的。萧军伸手按住她的胸口,说:

"不要怕,我们有什么呢?什么也没有。谣传不要太认真。他妈的,哪天捉去哪天算!睡吧,睡不够,明天要头疼的……"

风声愈来愈紧。

剧团的人前来报信,四个人走在大街上,说起徐志被捕的事,又说老柏三天不敢回家,有密探等在他家门口,他在准备逃跑……萧红害怕极了,用肩头碰撞女友的肩头,提醒在街上不要乱说话。

全是鬼鬼祟祟的样子。四个人得分成两队。只要有人走在后面,萧红还不等别人注意她,她就先注意别人了,好像街上人人都知道他们的事,连街灯也变了颜色似的。

回到家里,把门锁好,她又开始收拾书箱,明知道没有什么可收拾的,本能地还要收拾。后来,也把《跋涉》从过道搬了一些到后面样子房去。这时,书不但不使她感到喜悦,反而感到累赘了!

哈尔滨沦陷后日军举行入城式

在街道上，她看到报告消息的人长着一副白面孔，在月光下更白了。第二天遇见金剑啸，他的面孔也白了起来。汪林喝过酒的白面孔出现在院心，说做编辑的朋友逃跑了，一面说着，一面幻想，面孔是煞白的。她看到的朋友们全变了样，面孔似乎都是白的。

没有办法，逃亡没有路费；而逃，又能逃到什么地方？

所有恶的传闻和坏的事实，好像都是在这时来到：日本宪兵队前夜捉去了谁；昨夜捉去了谁；昨天被捉去的人与剧团有关系；剧团里的人捕去两个了……

半夜震响的铁门最令人害怕。铁门扇一响，萧红就跑到过道去看，看过四五次，都没有什么情况，她甚至怀疑连响声也是一种幻觉了。

清早，萧军的一个学生朋友上门，帽子也不脱，见面便说：

"风声很不好，我们的同学弄去了一个。"

"什么时候？"

"昨天。日本宪兵把全宿舍检查了一遍，每个床铺都翻过，翻出一本《战争与和平》来……"

"《战争与和平》又怎样？"

"你要小心一点，听说有人要给你放黑箭。"

"我不反满，不抗日，怕什么？"

"说这一套没有用，要拿人就拿。你看，《战争与和平》一本书就可以把人带了去，说是调查调查，谁知道调查什么？"

他说完就走了。

过一会，又来了一个人，同样显得慌张。萧红近来看谁都是神色慌张。

"你们应该躲一躲！外面都说剧团不是个好剧团，想想看！那个团员出来了没有？"

他们每次出门回来，都要先看看门扇，窗子，有没有出现异样的情况，或者走进附近的铺子，假装买东西，看看是不是有人盯梢。就在这时，他们的房东接到一封黑信，说萧军要绑他儿子的票。弄得有半个月或更多一点日子，那做学生的竟连老师的窗下也不敢来了。

看来非走不可，可是逃到什么地方去呢？

就在萧军筹划着如何走的时候，罗烽和白朗据说是接到组织的指示，动员他们早日离开哈市。朋友们很赞成，金剑啸来到他们家里，还说要和他们一起走，甚至连时间地点都确定了。直到1934年初春，舒群去了青岛，他们才决定应邀到他那里去。

从此逃离"满洲国"，结束政治恐怖的追逐，应当是一件兴奋的事，可是想到生活刚刚安定下来，又要去过从前那样一种流亡的生活，而且漫漫无期，萧红不免感到忧伤。

这房子她看得太熟了，墙上或是棚顶有几个多余的钉子，她都清清楚楚。冬天，玻璃窗没有不被冰霜遮蔽住的。人在屋子里，双脚没有地方安放，以至长满冻疮。今年，受冻的脚完全好起来。壁炉日夜生着，火呼呼作响，不时起着木样的小炸音。刚来时常常断炊，萧军整天出去借钱，一角，两角……也有空手跑回来的时候。自己也借过钱，跑过当铺。现在有了米袋，面袋，稳稳当当地站在墙角里了，样子房一样堆满了木料。木格上摆着盐罐，盐罐旁边摆着一包大海米，酱油瓶，醋瓶，香油瓶，还有一罐炸好的肉酱……

萧军不用再做家庭教师，而且还有余裕学俄语、开汽车；自己也不是除了做饭便无所事事，可以写文章了。而且，刚刚装上电灯，可以安静地坐着抄稿子，不用不时地需要剪一剪灯花；那蜡烛总是抖颤得使人很不安……

然而，这一切都要结束了！

萧红心事重重，说到远行，手在一边倒茶，还一边发抖。

"流浪去吧！哈尔滨也不是家，就流浪去吧！"萧军安慰她说，端起茶杯，没有喝，又放下了。

他心里也不是没有感触的。但是，萧红此刻已经为眼泪所充满了。

"伤感什么，走吧！有我在身边，走到哪里你也不要怕。伤感什么，老悄，不要伤感。"

萧红垂下头说："这些锅碗怎么办呢？"

"真是小孩子，锅、碗又算得了什么？"

萧红想想，也觉得自己好笑。她在地上慢慢地绕个圈子，心里总有除不尽的悲哀，又不禁垂下头来。

……剧团的徐志放了出来，不是被灌了凉水吗？萧红想到一个人，被无端地弄了去，灌凉水，打橡皮鞭子，不成人样的情形，心里才稍稍变得坚定了一些。

——走吧！

正是生活的转折关头，萧红病倒了。

又犯了肚子疼的老毛病，但这回疼得厉害，快支持不住了。萧军请来一个治喉病的医生，打了药针，一点痛也不能止。萧红知道没有钱，不好说再请医生，只好在床上躺着。一个星期过去，她还不能坐起来；头痛虽然减轻了一些，双腿却软得像没有腿的样子，在地上站不住。

有朋友告诉萧军，说在什么地方有一间市立的公共医院，为贫民设立，不收药费。他们像遇上了救星似的，一连去了两天，等了几个钟头。结果医生在萧红的肚子上按了按，问几句话完事。走出医院的时候，萧红问过一个重病人和他的家属，他们说，医院是不给药吃的，因为药贵，得让自己去买。此后，他们再也不往医院跑了。

萧红的病不见痊愈，然而离动身的时间却不到一个月；萧军无计可想，只好把她送到城外的朋友家去休养。

休养这个词，用在萧红身上太奢侈，实际上是无药可吃，听其自然而已。她一生因为穷困，根本看不起医生，所以无论她本人，朋友，还是其他人，都无从知道她肚子疼、头疼，到底出于什么疾病。就说她的肺病，也不知起于何时，给她带来多大的困扰，直到临终前病重入院，才在检查中得知有过这种病史。就算最后一次，当然也是唯一的一次住院，竟也还是出于朋友和团体的资助。

汽车载着萧红，颠簸着，穿过迷茫的烟雨前行。在走出商市街，接近乡村的时候，她在心里很突兀地冒起一种感觉，好像奔赴战场似的悲壮，其实是一种赴死的感觉。

来到村子里，夜色已深了。这是雨夜。雨点敲打着窗子，发出淅淅沥沥的声响，犹如做梦一般。萧红在雨声中惊醒，全身沁着汗，四肢酸痛乏力；一刻冷，从骨头里透出来的冷，一刻热，过一刻又冷了！

身体整个地要瓦解的样子。萧红对自己说：哭吧，哭出来吧！可是没有母亲，向谁哭去呢？……

第二夜，第三夜，都是风雨之夜，都是这样忽寒忽热，独处幻想着的夜。一种极其落寞的心情浸透了她。

她说她没有哭，不能哭，像一只害着病的猫儿一般，说是自己的痛苦，暗自担当着吧！

整整一个星期，萧红都是用被子盖着，坐在炕上，或是躺在炕上。

窗外的梨树开花了。白白的花儿。

白花落了。

小果又长出来了。

这时，萧红的病也逐渐好起来。等到可以下地行走，她就拿了椅子，坐到树下去看小果子。

第八天，萧军来看她。她无意间起了一种生疏的感觉，见到萧军就像见到了父亲或是母亲似的，总之不像是爱人，没有和他打招呼，只是让他坐在她的身边。

萧红明明知道生病是平常的事，谁能不生病呢？可是她总是为此感到心酸，好像受到谁的虐待一样。她的柔弱多病的体质，使她无法摆脱一种自卑感，有时甚至会生出一种貌似旷达实则厌烦一切的无所谓的感觉。她一直渴望能够由自己支配自己，但是一个病人怎么可能做到不被他者支配呢？即使在平时，她也仍然会觉得自己是一个病人，受着一种外在的、强制性的、难以抗拒的、摧毁性的力量的支配。

她多么想念她的祖父，爱她，保护她，给她温暖。她知道，萧军是爱她的，可是，这爱并非是她所渴望的那种悉心的爱、温存的爱。他伸过来的手过于粗壮有力了一些吧？过于粗壮了！

萧军第二次来看她时，她决心要跟他回家。

"你不能回家。"萧军的口气是不容商量的，"回家你就要劳动，你的病非休息不可，还不够两个星期我们就得走。刚好起来再累病了，我可没办法。"

"回去，我回去……"

"好，你回家吧！没有一点理智的人，不能克服自己的人，还有什么办法！你回家好啦！病犯了可不要再问我！"

萧红被留下了。

窗外，梨树上的果子渐渐大了起来。萧红不禁重复地这般想着：穷人是没有家的，生了病就得被赶到别人家里去……

在乡下呆了十三天，终于回到城里来。

到家以后，萧红开始拍卖家具。说是家具多少有点可笑，无非水壶、面板、水桶、蓝瓷锅、三只饭碗、酱油瓶子、豆油瓶子之类；当然还有旧棉被、旧鞋和袜子，统统是不值钱的东西。就是这些，萧红跑过来跑过去地检查，三角，二角，也不知道计算了多少回，总之舍不得出手。

旧货商人已经等在门外了。

讨价还价。再讨价还价。她不忍卖掉与她日夕相伴的小锅，正是它，而且只有它，默默地酬劳了她的劳动，给贫困乏味的生活带来少许的充实、热气与芳香。她这般回忆道：

  小锅第二天早晨又用它烧一次饭吃，这是最后的一次。我伤心，明天它就要离开我们到别人家去了！永远不会再遇见，我们的小锅，没有钱买米的时候，我们用它盛着开水来喝；有米太少的时候，就用它煮稀饭给我们吃。现在它要去了！
  共患难的小锅呀！与我们别开，伤心不伤心？……

留恋没有用。

都卖掉了，卖空了！空了……

剩下一把剑，萧红也想把它卖掉，萧军说是剑上刻着他的名字，不便拍卖，就送给他的学生。那学生听说老师要走，立刻哭了。当时，萧红看着这男孩在练武术，手里举着大刀，眼泪直流。

动身的日期是在大街上决定的。

萧红说："我们应该规定个日子，哪天走呢？"

"今天三号，十三号吧！"萧军随意地回答说，"还有十天，怎么样？"

萧红突然站住，像受到惊吓一样。其实她早就知道有这样一天，一旦成为现实，却像是丝毫没有准备似的。十天！还有十天！十天以后就要离开哈尔滨，在车上，海上，看不见松花江了！只要"满洲国"存在一天，永远也不可能再踏足这块土地！……

朋友们陆续地请吃饭，逛公园，为他们送行。无论做什么，无论走到哪里，萧红都没有兴味。回到家里，本想收拾东西，也不收拾了。闭灯躺在床上，摸摸墙壁，摸摸床边，思量着别离的时刻，一直辗转着不能安睡。

大炉台上不见了小锅和水壶，不像个厨房的样子。这两样东西，是在商人的手里发着响、闪着亮光提走的，想着它们两年前由萧军从破烂市买回来，现在却带了自己的手温，再度回到那里去时，萧红便惘然不能自禁。木桦房里还有许多木桦没有烧完，卖呢？送人呢？也没有想好。不能在家

1934年萧红与萧军在哈尔滨

烧饭吃,到外面去吃,到朋友家去吃,看到别人家的小锅,她吃饭也不能安定。

家庭主妇成了家庭的奴隶。奴隶有奴隶的感情。

随着日子一天天临近,萧红的心情更加烦乱起来了……

"明早六点钟就起来拉床,要早点起来。"

是最后一个夜晚。

萧军的嘱咐,竟然像发警报一样,在萧红的身边时时鸣响,以致彻夜失眠。

太阳还没出来,铁大门就响了起来。萧红昏茫起坐,萧军跳下床去,两个人忙着从床上往下拉被子、褥子。枕头掉在脚上。这时,有人打着门。院子里的狗乱咬着。窗外,马颈的铃铛也乱乱地响。

晨光灌满了屋子。屋子里空空荡荡。

萧军出门到江边洗他的衬衫去了。萧红感到疲乏了,快要支持不住的样子,于是把行李铺了铺,就又睡在地板上。

过了一会,萧军跑了进来,看到萧红还没有起来,生气了:

1934年6月12日二萧在火车站乘车离开哈尔滨去青岛。图为哈尔滨火车站旧址

"不管什么时候，总是懒。起来，收拾收拾，该随手拿走的东西，就先拿走。"

"有什么收拾的，都收拾好了。"萧红觉得腰腿疼痛，害怕又要犯病，央求说："让我再睡一会吧，天还早，昨夜我失眠了。"

"要睡，收拾干净再睡，起来！"

铺在地板上的小行李卷起来了。墙壁从四面直垂下来，棚顶张开，袒露着被烛烟熏黑的地方。说话的声音有些轰响。屋子显得更空旷了……

"走吧！"萧军推开门，迈步走出去。

萧红听了，这话就像刚搬到这房子里来时，他说的"进去吧"一样。她手里挎着小包袱，双腿发抖，心往下沉坠，眼泪忍不住流了出来……

别了，家屋！别了，街车，行人，小店铺，还有行人道旁的杨树！……别了，商市街！

走出大门，萧红一直不敢回头看一眼。

11 在青岛

1934年6月12日,萧军和萧红坐火车离开哈尔滨,次日到达大连。他们在朋友家里住了两天,然后搭坐日本轮船"大连丸"号,在青岛登岸。

就这样,他们来到了祖国的怀抱。

只要想到海的这一面是祖国,一到了祖国便充满了得救的希望;虽然在四等舱里颇受了警察的一番纠缠,但似乎并不影响萧军的情绪。他是那种把一切都看得过于简单,豁达,开朗,随时预备以勇气取胜的那种人。

萧红太不同了。她是单纯的,身上也不乏英武之气,可是太早地被抛落生活的轭下,经过反复的拖曳、辗轧,对未来早已失去信心。踏足于陌生的土地,本来应当为脱离虎口而感到庆幸的,然而,焦虑仍然像影子一样跟随着她。就在萧军梦一般地欢呼着祖国的时候,相反,她会觉得自己是一个失去祖国的人。被迫离开故土,无论如何是不能称作自由的人的;她不知道,也不相信眼前的祖国能够给个人更多一点什么。她分明流浪得更远了。当轮船在大海中航驶着的时候,那浩阔的海面,初夏的灿烂的阳光,汹涌的浪潮和飞溅的浪花,不但不能激起她壮阔的想象,反而为她带来一阵阵空虚、迷茫和不安……

第二天是端午节。萧红的生日。这一天是同好友舒群一起度过的。愉快的是气氛,事实上,一个像萧红这样敏感、柔弱,而且继续为生活所折

青岛观象路一号。1934年6月15日萧红和萧军到青岛后住在一层
的一间房里，舒群夫妇住在另一间

  磨的人是不可能变得快乐起来的，况且头一次在异地过生日。这一天，肯定要勾起她更多的身世之感。她二十三岁了。这个年龄意味着什么呢？二十三岁依然是可骄傲的青春年华，这季节，多少女孩子还在含苞欲放，而自己已经开始凋萎了……

  生活中是两个人，内心里常常是一个人。漂泊者萧红，无论在哪里，都看不到苦难的边际。她需要一道坚实的岸。

  在观象山脚下的一个山脊上，舒群为萧军、萧红他们租了一栋房子。这是一栋用石头垒筑的二层小楼。站在窗前，或者倚在院子外面的石栏上，都可以看到海。房子对面是苍翠的山冈，上面有一根旗杆，信号旗以不断变换的色彩和图案报告天气，引导着港口进出的航船。从早晨到黄昏，石匠们采石的叮叮达达的响声是不间断的，但都似乎从树杪间发出，愈显得周围的幽静。

这样的环境，是适宜写作和疗养的。

经舒群介绍，萧军担任《青岛晨报》副刊主编，萧红主编《新女性周刊》，算是有了一份正当的工作。编辑之余，萧军继续写作长篇《八月的乡村》，萧红则接着写她的《生死场》。

写作占据了萧红的心。在写作中，她回到了故乡的麦场，回到那许多熟悉的人们和牲畜中间。他们的命运使她感叹，她默默地抚慰他们，替他们抗议，制造了情节教他们反抗黑暗、奴役、灾变和死亡。这些挣扎在纸面上的人们同时也在安抚着她：在广大的死亡面前，你的遭际算得了什么呢？让自己一直陷溺在个人的愁苦里，难道不觉得太自私了一点吗？……

在关于底层的记忆和想象中，她一遍遍地让自己受难，一遍遍地清洗自己。

她在实际生活中是没有位置的，唯有在小说创作中，才可能寻回失去的自我，一种主宰的勇气，使自己在眼前破碎、卑琐、无意义的生存中振拔出来。在小屋子里，她铺出无尽的原野，布置了村庄和那里的一切，沿着大胆的路线深入腹地。孤独使她获得更大的创造空间。在这里，她是有力量的。没有人可以阻挠她，让她放下笔，完全退回到厨房里去。

虽然，她是一支孤军。

在他们左侧的小房子里，住着一位老太婆。楼上住的是一个二十六七岁的女人和一个粗野的姑娘，萧红管那女人叫白太太，后面是卖肉包子的姓朱的小贩。因为白太太信奉上帝，早晚做着祷告，便常常有些长着泥塑般面孔，穿着宽大的黑衣黑裙的女修道士们在周围来来往往。目送她们没有声息的背影，萧红对萧军叹息着说：

"这真是罪恶！为什么一个人会被他们弄得这样愚蠢啊！那还有人的灵魂么？只是一块肉！一块能行动的、但已经不新鲜的肉了！"

萧军夜里从报馆回来，远远地就听到白太太在唱京戏，还有伴奏的胡琴声。当他要静下来做点什么的时候，祷告声又起来了，接着是哭声。临到清晨，人还没有醒过来，白太太又做祷告了。

他忍耐不住了，于是主张搬家。

"她们烦扰你啦?"萧红不同意,说,"搬家很麻烦的……我很爱这个地方,可以两面看海……她们全是善良的人,楼上那个女人更是……她很可怜!"

"她穿得很漂亮,每天吃饱了就唱戏,又有丫环支使着,有什么可怜呢?只是缺一个男人,那随便找一个好了,也用不着每夜哭着祷告上帝……"

"人不是像你说的这样简单……无论什么样的人……总是有痛苦的,只要有灵魂。"

"我可不了解这样的人的灵魂。"

"你这人……"萧红显得有点激愤了,见萧军一边笑着,一边摸着唇边的小胡髭,一副置身度外的样子,便告诉他说,白太太说楼上有一间房子要空出来了,希望他们搬上去,房钱随便给她多少都可以。

"我不同意,我要搬出这个院子。"

"为什么?"

"我憎恶她……"

"她是可怜的……"萧红说完,又补充了一句,"我很同情她。"

过了好些日子,当萧军从街上回来,还来不及脱下身上的雨衣,萧红急着告诉他,房东要把凉亭拆掉建造房子,把姓朱的小贩一家驱逐出去;她恳求萧军,是不是可以让他们搬到自家的厨房里去。

她说的时候,嘴唇神经质地颤动着,脸色更加苍白,两只大眼睛因为探问而睁得更大,还积着泪水,闪烁着,只要谁碰一下,就随时碎落下来似的。

"白太太不是还有闲房子吗?为什么不让他们搬进去?"

"怎么行呢?白太太的屋子怎么能给他们住呢?她是爱清洁的人……"

"她不是信'主'的人吗?耶稣不是吩咐她们无论对谁都应该'博爱'吗?"萧军笑着搪塞说,"她让朱他们搬到她屋里,她的灵魂就得救了。"

"我等你回来,以为你可以想个办法……他们尽用些破板、破麻袋、破席子搭的棚子,三个人住……天还不知道什么时候放晴,他们不生病吗?……你老是和我扯闲话。"萧红沉默了一阵,又说,"人真是没有怜悯和慈悲的动物……谁都是一样的。"

她说着,嘴唇又开始抖动,眼睛也润湿了。

"我没有怜悯,也没有慈悲……"萧军说,"我不是耶稣也不是佛,那些圣徒,他们应该履行他们'主的教训'呀!"

事后,萧军还是依从了萧红的意思。不过,在依从之先,他总是喜欢向她开一开折磨的玩笑,直到她认真激动起来为止。

渐渐地,萧红和白太太的友情增进了不少。看见萧军从外面回来,白太太就会提示说:"快回去吧,你们的先生回来了!"萧红为了表示一点矜持,有时会故意逗留一段时间;可是当她看见萧军一个人在地上转着,或是打开窗子,独自对着夜空眺望时,她又要带点不安地走近他的身边,问道:"怎么,等得闷了么?"

"你倒不寂寞了……"

"你一出去,她就要叫我到她的屋子里去……她不敢到我们屋子里来……怕你厌烦她……真的,她是一个有灵魂的人呢……她不同一般的女人,她很可怜!"

"那你就可怜她吧。"

"在可能的范围内,人对人总是应该同情些……只是不能总是站在同情的沟里,不向前迈出一步。"

"这倒很对……"萧军大约听她重复着这种爱的哲学,有点不大耐烦了,接着又回到了房子到期、需要搬家的事情上来。

萧红还是恳求搬到楼上去,萧军依从了,只是附加了一个条件,就是白太太不能做祷告。

他们搬到楼上去以后,姓朱的一家和老太婆也都先后搬走了。老太婆搬家的当天,忽然起了哭声;而房子的另一面,白太太也用了唱戏时的嗓子,细声细韵地哭着祷告起来:

"主啊!主啊!请怜爱我……"

"这怎么行呢?搬上来,比在下面听得更真切了!"萧军朝着还躺在床上的萧红,粗声说,"还是得换地方!"

"忍耐一点吧!她是一个可怜的人……她说在早晨不做祷告了……大约是下面老婆婆的哭声感染了她……"

"如果我是耶稣,我真忍受不了,她们这样要债似的祷告着……"

萧红并不理会萧军,似乎专意在听楼下的哭声和楼上的祷告声……

张梅林是在差不多的时间里,同萧军一道来到《青岛晨报》工作的。由于思想较为一致,而且都对文学事业抱有野心,拼着命写作,因此,他们很快成了朋友。

这个广东青年没有家,住在报馆,平时到萧军萧红这边来搭伙吃饭。他们一道去市场买菜,由萧红烧俄国式的大菜汤,用有柄的平底小锅烙油饼。舒群也是常客,后来连他的妻子也搬了过来,干脆做了邻居。

在梅林眼中,萧军和萧红一对儿是很有意思的。萧军戴着一顶毡帽,前边下垂,后边翘起,短裤,草鞋,加束了一条皮腰带,样子很像洋车夫。上身穿的一件淡黄色哥萨克绣边衬衫,却别有一种潇洒。而萧红把一块天蓝色绸子撕成粗糙的带子束在头发上,布旗袍,西式裤,后跟磨掉一半的破皮鞋,粗野得可以。到了秋天,她把那条男人裤子换给了萧军,穿上黑色裙子,又分明多出几分妩媚。

这时,两人的物质生活仍然不能说是充足的,然而都不以为意,就像两只快乐的小鸟,在风雨天里也不忘追逐飞翔。

在这个海滨城市里,梅林和他们常常结伴出游,去葱郁的大学山,栈桥,公园,水族馆,唱"太阳起来又落山哪";有时还到汇泉海水浴场去游泳。和朋友在一起,萧红是愉快的。这时,她那童年活跃的天性,便趁机释放出来了。在蓝色的大海里洇游,她多半留在水齐胸部的浅滩内,一只手捏着鼻子,闭起眼睛,沉到水里去,用力爬蹬了一阵,再抬起头来。梅林游近她,听见她呛嗽着大声喊:

"是不是我已经游得很远了?"

"一点儿也没有移动,"梅林说,"看,要像三郎那样,球一样滚动在水面上。"

萧红往正在游向水架的萧军看了看,摇头说:"他那样子也不行,只使蛮劲,瞎冲一阵而已……我有我自己的游法。"

说完,她又捏着鼻子沉到水底去……

梅林第一次看到萧红的作品,是发表在萧军编的副刊上的小说《进城》。他的印象是:清丽纤细,然而下笔大胆,如同一首抑郁的牧歌。后来读到《跋

1934年夏萧红在青岛樱花公园

1934年夏萧红、萧军在青岛海边

涉》中属于萧红的部分，那笔触也一样的清丽纤细大胆。他很敏感，在一个刚刚开始写作的女性那里，发现如此鲜明的个性，觉得是很难得的。他把读后的这种感受告诉了萧红，萧红睁着清澈的大眼睛，很意外似的说：

"啊，是这样吗？是不是女性气味很浓？"

"相当浓。"梅林说，"但是这有什么要紧？女性有她独特的视角和知觉，除开思想不说，应该和男性不同的；而且，应该尽可能发展女性的这种特点……"

对于萧红的创作，萧军并不关心她在其中表现出来的艺术特质，没有给她足够的鼓励；不但看不到她产生大作品的潜力，甚至因为女性的内倾与纤细而轻视她的作品。在这个时候，萧红多么需要别人对她的肯定和支持。可是，没有第二个人，除了梅林。在梅林的话里，那种朋友的恳切，固然是一般的批评家所没有的，而他对艺术的把握，凭萧红的感觉也是完全内行的，与她自己的判断正相一致。

——女性气味，就是女性气味，有什么要紧！……

朋友的批评，大大增加了她的信心。

出于思念，也出于渴望，萧红，这个大东北的女儿，每天都迫不及待地走进故乡的生死场，走进她所经过的，同时也是创造中的世界。

纯净的灵感易于枯竭。许多作家的灵感据说来自神启，他们等待空寂中的声音，等待奇迹，在幽暗中等待电光石火般的瞬间闪耀。而萧红，她的源源不断的灵感，来源于她的记忆，情感经验，心灵对日常性生活的接纳与融合，来源于对自身命运的诉求。所以，她的写作，是自然地属于诗性的；在发生的意义上说，简直是"自动写作"。

……沿着山羊的足迹，出现跛脚的农夫二里半，还有罗圈腿和麻面婆；接着是刚烈的王婆和她的男人赵三；老马刚刚亮相就进了私宰场；金枝从偷情、怀孕到生产，恐怖始终抓攫着她；月英之死；"镰刀会"悄悄点燃了火种，又悄悄熄灭掉；王婆服药，死而复生……

"在乡村，人和动物一起忙着生，忙着死……"

在萧红的笔下，动物是人，人是动物，他们混杂着生活。有时候，甚至分不清谁是乡村的主角，王婆固然可以牵着她的马，而山羊同样可以在无形中拉着二里半，让他丢袍弃甲，伤尽脸面。人，牲畜，虫子，农作物，杂草，生命一样的不值钱，只有本能，没有灵魂。这是萧红的"博物学"。

如果要在乡村众多的生命中分出阶级来，那么妇女和儿童一定在最底层。小说中有名有姓出现的妇女，大抵是遭尽折磨之后惨死的，许多妇女是连姓名也没有的。她们"仿佛是在父权下的孩子一般怕着她的男人"。金枝只是丈夫泄欲的工具，出嫁不到四个月，"就渐渐会诅咒丈夫，渐渐感到男人是炎凉的人类！那正和别的村妇一样"。月英得了瘫病以后，她的丈夫替她请神、烧香，也跑到村边庙前索药，但当这一切终告无效时，便开始打骂，严冬里竟至于夺去裹身的被子，用砖块砌起来代替。这是萧红叙述的关于身体的故事。总之，男人是残忍的，女人是绝望的，金枝后来为了逃避日本兵，到都市里去，也受尽男人的凌辱。

物质的匮乏形成剥夺，不但地主剥夺农户，男人剥夺女人，女人也剥夺孩子。一层层的剥夺，不同性质、不同方式的剥夺。母亲一向爱护女儿，可是当女儿败坏了菜棵，便转而爱护菜棵了。临到冬天，母亲要夺去孩子的帽子和靴子，因为要留给大人穿。"乡村的母亲们对于孩子们永远和对敌人一般。"萧红在小说中写道，"妈妈们摧残孩子永久疯狂着。"

这是一种被扭曲的爱，是疯狂的爱，也是悲凉的爱。在整个小说中，萧红表明了她的女性本位的立场，或者可以认为，这是她的底层立场的一种特殊的表现形态。她把国家的，阶级的，乃至男性的压迫描写为一种自然实存，依附、顺从、迎合，从来如此。奴性通过遗传和规训，演化成为第二天性，一种自然状态；这种自然性——实质上是一种文化性——所显示的身为奴隶而不自觉的现象，比起突如其来的冲突事件，其实是更为惨酷的。对于农民和妇女的奴性及其他"劣根性"的描写，确实可以看作萧红对中国文化传统和权力社会的隐匿的谴责；但是，对于描写对象本身，她的用意又往往不是批判的，而是同情的，哀怜的。这是她不同于鲁迅借揭露国民的病态以引起疗救的注意的启蒙主义者的地方。

伍尔芙说："作为女人，我没有祖国。"其实男人也是到了亡国的时候才知道祖国的存在。小说这样写到其中的一个最有头脑的农民，"镰刀会"的组织者："赵三只知道自己是中国人。无论别人对他讲解了多少遍，他总不能明白他在中国人中是站在怎样的阶级。虽然这样，老赵三也是非常进步，他可以代表整个的村人在进行着，那就是他从前不晓得什么叫国家，从前也许忘掉了自己是哪国的国民！"显然，在农民身上，没有民族和国家的归属感。萧红拒绝使小说直通民族主义或爱国主义的宏大主题，这一主题，在一两年后由上海左翼文学界提出的"国防文学"的口号那里得到了声势浩大的宣传。小说的前十章主要写女人，女人的身体，写她们如何被戏弄，被虐待，如何干活、做爱、生殖、害病和死亡；后七章写到男人和国家，写男人组织的抗日斗争，这一保卫家园的斗争当然把妇女也卷了进去。在这里，萧红还特意为金枝立了一个很长的专章，"到都市里去"；从结构上说，多少显得有点累赘或不协调。这种安排，看得出萧红独异于一般作家的思路：女人在世上是孤儿，是远离了祖国母亲的胸怀的；无论何时，"受罪的女人"都被置于生死场的中心位置。赵三跟着李青山起事，宣誓时说道："我是中国人！我要中国旗子。我不当亡国奴，生是中国人，死是中国鬼……"金枝说的是："从前恨男人，现在恨小日本子。"但接着补充说，"我恨中国人呢！除外我什么也不恨。"

　　爱和温暖呢？没有。没有男性之爱，群体之爱，没有一个国家、民族对人民的保护。流亡者、亡国奴的身份，使萧红在深味民族、国家、历史、斗争这样的大词的意义的时候，断然舍弃了那些无味的果肉，而紧紧咬住人被异化为奴隶这一坚硬的、酸苦的内核。要做人，不要做奴隶——不管是谁的奴隶！由于萧红本人带了个人的创伤，艰难跋涉于中国专制的、被殖民的语境里，因此，她的女性主义更带人本的性质。

　　真正的作家生活在作品里。

　　萧红日以继夜地写作，自从进入《生死场》里去以后，再也出不来。那是一部无尽地展开的画卷，动荡太大，灾难太深；她的灵魂像黑蝴蝶般黏在那里，飞来飞去看人和动物的生生死死，最后依旧黏在那里。她写着，不断地写，生病也没有让她停下来；当然，炊事也仍得一样地做。

　　山东大学的学生苏菲去探望她，见她在台阶前正忙着家务，咳嗽得很厉害。苏菲建议吸用一点杏仁露，她答应了；说第二遍时，她已经支持不住，裹着羊毛毯子倒在床上了。原来萧军穿走了她的绒线衫，她觉得冷，更是咳个不停。她说："等几天报馆发下钱来就去买点。"苏菲心想，萧红这样咳嗽下去，要生肺痨的。事情也许真是这样。但是，苏菲自觉没有能力帮助她，当然不好意思劝她停下笔来休息或者疗养。想不到，健康问题并没有引起她的注意，她一边翻着《国际协报》，一边为自己编辑的《新女性周刊》向苏菲约稿。但当萧军提着买菜的篮子回来时，萧红就又披起绒线衫操劳了。

萧军总是拿自己的体格同萧红做比较，自负得很。他说："悄吟一天到晚老生病，我可是不同，我差一天就炮兵学堂毕业了。"这里也无意中流露出了对萧红病弱的某种抱憾的感觉。多病，本来是萧红引以自伤的事；听到萧军的话，敏感的她，一定会受到很大的刺激吧？

但她是坚强的。在脆弱的体质里，隐藏着一种意志的力量。这种自决的能力，连跟她一起生活的萧军也要被忽略，而常常当作她任性的表现。她一面干活，编稿，生病，一面坚持着《生死场》的写作。从哈尔滨到青岛，颠沛流离间，完成这样一个大作品大约用了半年时间。

萧红向梅林朗诵了小说的一二节，然后把全稿交给他看。梅林读后的感觉，同最初接触她的作品一样，还是那么清丽纤细大胆，像是一首牧歌。

"怎么样，阿张？"一天下午梅林将原稿还给她，她急着问道。

"还好，只是整体结构缺少有机的联系。"

她同样有这种感觉，但是又觉得自己是应当这样写的。结构问题是什么问题？什么样的结构才是合适的，或者是合理的？她拿不出任何理论来支持自己，要在新文学作品中，拿出一种范本来证明自己也是没有的。她大约感到有点困惑，也有点沮丧，对于小说也就没有了深谈的兴趣，敷衍着说："到现在为止，我也想不出其他的方法，就让它这样吧。"

这时，萧军从书架上抽出一册钉了硬纸封面的手稿，拍着它，并且翻动着，孩子似的做出傲然的样子说：

"哼！瞧我的呢！"

"那么，拿来读呀！"

"不忙不忙，还没誊清呢！"萧军说着，又把原稿放回书架里去了。

那是《八月的乡村》。

有一次，萧军同荒岛书店的老板孙乐文闲谈，听到孙乐文说在上海内山书店见到过鲁迅，还述说了当时的情景，于是起了给鲁迅写信的动机。他问孙乐文，把信寄到内山书店，鲁迅是否可能收到？孙乐文鼓励他寄出去，并且建议把通讯地址落在他的荒岛书店，免得惹出麻烦。他果然尝试着做了，但是，对于可否收到回复，是一点把握也没有的。

　　意外的是，萧军很快收到了鲁迅的回信：

刘军先生：

　　给我的信是收到的。徐玉诺的名字我很熟，但好像没有见过人，因为他是做诗的，我却不留心诗，所以未必会见面。现在久不见他的作品，不知到哪里去了？

　　来信的两个问题的答复：

　　一、不必问现在要什么。只要问自己能做什么。现在需要的是斗争的文学，如果作者是斗争者，那么无论他写什么，写出来的东西一定是斗争的。就是写咖啡馆跳舞场吧，少爷们和革命者的作品，也决不会一样。

　　二、我可以看一看的，但恐怕没有功夫和本领来批评。稿子可以寄"上海，北京四川路底，内山书店转，周豫才收"。最好是挂号，以免遗失。

　　我的那一本《野草》，技术并不算坏，但心情太颓唐了，因为那是我碰了许多钉子之后写出来的。我希望你脱离这种颓唐心情的影响。

　　专此布复，即颂

时绥

　　　　　　　　　　　　　　　　迅上

　　　　　　　　　　　　　　　　　十月九夜

　　收到鲁迅的复信，萧军和萧红十分兴奋，孙乐文也替他们感到高兴。

他们商量过后，随即把《生死场》的原稿和《跋涉》一起，并附了一张两人合影的照片，挂号寄给了鲁迅。

这时，《青岛晨报》出事了。

中秋节的晚上，舒群夫妇被捕；同时被捕的，还有舒群的妻兄和妻弟。过了不久，孙乐文正式通知萧军，说报社要结束，由他出面同报主和印刷厂方面接洽结束业务的各项事宜。原来孙乐文是一个地下党。一天夜里。他又约见了萧军，交给萧军四十元钱，说他次日要转移，并要求萧军尽快离开青岛。萧军回家后，立刻给鲁迅写了一封信，告诉他自己马上离开青岛到上海去，不要再来信了。

萧军、萧红和梅林一直将报纸维持到10月底。他们穷得可以，这时连烙饼和大菜汤也吃不成了。将要离开青岛的那一天，萧红同梅林一起，将报馆里的两三副木板床带木凳，载上一架独轮车上去拍卖。梅林说：

"木床之类，我们还是不要吧？"

"怎么不要？"萧红睁大了眼睛说，"这些至少可以卖个十块八块钱。就是门窗，能拆下来也好卖的。——管它呢！"

她蹬着那双磨掉了后跟的破皮鞋，大摇大摆地，一直跟在独轮车的后面……

11月1日，萧红、萧军、梅林买的船票，又是日本的"大连丸"号四等舱。这一回，他们是和咸鱼、粉条等杂货挤在一道，离开了青岛。

12 初识上海

在中国，上海是最大的商业城市。这里是阔人、巨贾、冒险家的乐园。资本伸出巨大的章鱼般的吸盘，抓获着每一个人；那些没有权力背景，社会资源的弱势者，势必最先成为被吞噬的对象。在摩天大楼的阴影里，在机器的齿轮下，在各种交易之网中，失业者、流浪者、妓女、小偷、乞丐……每天大量地倾泻而出；他们极力逃避命运的可怕的追逮，而无法挣脱……

三个小文人初到上海，就强烈地感受到了这个巨大而喧嚣的城市的压力。

他们先在码头附近的一个廉价的客栈住下，然后分头去找朋友和租房子。

梅林搬到少年时代的同学那里。这个在北方海洋地带生活惯了的人，走进亭子间，就像被赶进牢笼里的野狼一样，烦躁之余，过了一宿又回到客栈去。这时，萧军和萧红已经搬出去了，只留下一张钢笔画的地图。梅林拿着这张地图，按上面标明的路线，一路上问警察，终于找到了他们的住处：拉都路283号。

这里是靠近郊外的贫民区，萧军他们租住的房子在新建的一排砖房子的楼上，有着黑暗的楼梯和木窗。往窗外望去，是一片碧绿的菜园，空气十分清新。这在市区里是很难见到的。

"你们这里倒不错啊，有美丽的花园呢。"

萧红手里拿着一块抹布，叉着腰，装出一副很庄严的样子说："是不是还有点诗意？"

梅林看了看她那伪装的脸色和傲视的眼神，又看了看萧军紧闭着的嘴唇，三个人同时爆发出一阵大笑。

"眼前没有一些自然景色，"萧军说，"是很难写作的。"

"那么，你就对着窗外的花园做诗吧！"

"应该由最先发现它的诗意的人去写。"

"你别以为我不会写诗！"萧红站在萧军面前作色道："过几天我就写两首给你看！"

"嘿，你好凶呀！"萧军侧着头说，"早晨吃过几块油饼，对吗？"

梅林开始吹嘘他的住处，颇有点打岔的味道："我住的地方也不错的，是'花园别墅'，不远又是法国公园。"

"你那花园别墅怕是黑暗的小房子吧？"萧红立即说，"法国公园你也只能从篱笆外面看进去吧？"

这时，梅林只好干脆诉苦，直白说出花园别墅如何黑暗得像灶房，空气如何发霉，想写东西是做梦，再住下去要发狂等等。

"你搬来这里住！"萧军用了军人的口气说。

萧红指了指窗外，"这里还有诗意的花园！"

梅林说："不行，三个人凑到一块会整天开座谈会的。"

"我们可以定下规则，军队一样工作起来。"

"不行。事实上一定整天开座谈会的。"

"你有布尔乔亚臭习气！"萧红有力的回击使梅林受伤了，但他还是坚持说不行。

经过一番唇枪舌剑，梅林感到有点疲乏了，于是开始打量起眼前的房子。地板是用粗木板拼缀起来的，粗糙得很。一张木床，一张书桌，一张木椅，都是房东出借的。墙壁上挂着一张照片，是一个穿长袍的人坐在高耸的建筑物下面弹琴。墙角里，一袋面粉夸张地蹲着，几捆木柴和炭堆在一起，萧红平时爱用的木柄平底小锅就坐在新买的泥炉子上面。

20 世纪 30 年代上海街景

"好紧张哦，怎么一个上午，就将这些物件办齐全了？"

萧军鼻子里习惯地唔了一声，说："这些物件一天也不能少，办齐了放心。那一袋面和炭，至少可以支持半个多月。唔，现在袋子里还有十二块钱……"

萧红在掏面粉，准备烙她拿手的葱油饼。梅林看着那一袋面粉，奇怪地突然从内心里发出一种珍惜之情，如同一个孩子珍惜糖果一样，便说：

"不要弄了，走，到馆子里去。我们乔迁到这里来，还没喝上一杯呢！"

萧红一面掏面粉，一面回过头来，皱着鼻子大声揶揄道：

"你算了吧！"

萧军沉着脸说："浪费是要不得的！首先我们要在战壕里扎稳——这是上海！"

结果还是买了一斤牛肉熬青菜汤送烙饼；而烙饼，梅林的评价是"完全无懈可击"的。

安顿下来之后，萧军立即给鲁迅写了封信，渴望有见面的机会。两人一面等待消息，一面紧张有序地投入写作。他们把作品投寄出去，却是一点消息也没有，也不见退稿。萧红的心里渐渐变得阴暗起来，眼看那一袋面粉一天天地低下去了。

梅林一直无法安静下来，到处游荡。他不时地踅到拉都路这里，一来就问作品的出路，替朋友感到焦急。"听说上海文坛就是这样的，"他说，"但是，那面粉袋子再低下去怎么办呢？"

"有办法的，"萧军用力摸了一下脸，"先到第一流的大菜馆去，点最好的菜，大吃一通，然后抹抹嘴走出来。"

"你自己开的大菜馆？"

萧军眯起一只眼睛，仿佛置身于想象中的情景，安静地说道："拳头用来做什么的？挥了几拳之后，就有机会坐着吃不用钱的饭了。"

萧红是典型的神经质的人，这时，梅林看见她的大眼睛闪动着，润湿而激动，好像同时也想到了一件即将到来的事情似的。他对萧军说：

"你这是电影里的场面，不必表演了。"

萧军背着手踱了几步，背台词似的，却用了他习惯使用的顽强的语气说：

"前途永远是乐观的！"

其实萧军并没有他嘴上说的那么乐观。鲁迅的回信很简单，关于见面，说"可以从缓"。再写一封信过去，顺便问及报载的生脑膜炎的事，虽然回信也很快，却仍然说是"有看见的机会"而已，看来还得延宕下去。《八月的乡村》在青岛时已经脱稿，本来正好趁暂时无事可做，把它修改出来，但是，他根本无心动笔，甚至想烧毁它。如果不是萧红极力鼓动和督促，稿子的命运真的很难说。

上海的冬天不像北方，墙壁和屋顶都是加厚的，还有双层窗子；寒风从四面侵入，却是潮幽幽的，简直连躲的地方也没有。就在这阴冷的屋子里，萧红披着大衣，流着清涕，时时搓着僵硬的手指，在油印纸上逐字逐句地把《八月的乡村》誊写完毕。

萧军后来曾经这样描述当时的心情："我们是两只土拨鼠似的来到了上海！认识谁呢？谁是我们的朋友？连天看起来也是生疏的！我本要用我们余下的十八元五角钱做路费开始再去当兵，在上海卖文章的梦，早就不做了，只是想把我们写下的两部稿子留给他，随他怎么处置。不过在临行之先，我们是要见一见我们精神上所信赖的人，谁又知在这里连见一个面也还是这样艰难！"

这两个青年人，又怎么知道他们所信赖的人的艰难处境呢！

自柔石死后，鲁迅的生活已经进入半地下状态；继中国民权保障同盟总干事杨铨被暗杀之后，他的名字，又上了"该死之榜"。一个决心与政府为敌的人，必然成为政府打击的对象。不问而知，这是要累及文字的，在严密的书报审查制度之下，他的文章往往得不到发表，已经出版的著作，也大都同许多左翼文艺书籍一样，遭到禁毁。对于一个靠稿费为生的人，这是致命的；用他的话说，简直是要他全家"饿死了事"。即使变换了笔名，仍然逃不出巴儿的嗅觉，而不断遭到删除。

青年的变化，在鲁迅看来，也实在离奇得可怕，这在清党的时候，印象特别深刻。贩人头者自不必说，就是文学青年，也大抵是可利用时则竭力利用，可打击时则竭力打击，到了左联内部也同样如此。所以，对于青年，他已是逐渐采取回避的策略了。只是，他根本无法摆脱"愿英俊出于中国"

的旧梦的纠缠,结果仍然禁不住青年的诱惑。

对于萧军和萧红,鲁迅所以不加拒绝,大约也是因为青年的缘故,而且来自东北沦陷区。但是,他并不急。他要观察。他是相信自己的观察力的。

萧红开始以悄吟的具名,和萧军一起给鲁迅写信了。萧红抗议说,为什么要称她为"夫人"或"女士"?萧军则说,先生年龄大于自己,为什么还要称呼自己是先生?显然,这里含有捣乱的意思。看来,他们在朦胧中瞄准了鲁迅的"死穴"。在信中,他们一连提了九个问题,除了关于上海文坛的情况之外,还问到鲁迅当了那么多年的教授,是否有教授的架子?

鲁迅很快写了回信,开始"正名"的一段,写得很风趣:"中国的许多话,要推敲起来,不能用的多得很,不过因为用滥了,意义变成含糊,所以也就这么敷衍过去。不错,先生二字,照字面讲,是生在较先的人,但如这么认真,则即使同年的人,叫起来也得先问生日,非常不便了。对于女性的称呼更没有适当的,悄女士在提出抗议,但叫我怎么写呢?悄婶子,悄姊姊,悄妹妹,悄侄女……都并不好,所以我想,还是夫人太太,或女士先生罢。现在也有不用称呼的,因为这是无政府主义者式,所以我不用。"在依次回答问题时,说到青年,认为不能一概而论,好的有,坏的也有。其中,"稚气和不安定的并不多",显然这是他所喜欢的。眼前的两位如何呢?在这里,实际上已经表明了他的态度。至于教授架子之类,他说,虽然当过多年的先生和教授,但因为没有忘记自己是学生出身,所以并不管什么规矩不规矩。末了,写上"俪安"两字。还画了一个箭头,附加一句:"这两个字抗议不抗议?"

来信的开头"刘、悄两位先生",萧红看了,应当会感激的。从哈尔滨跋涉至今,世界上没有人这样并称他们,没有人给她一个独立的位置,一个和萧军平等的位置。对抗议的回应,那分明是开起玩笑来了,教授架子的悬疑可以因此冰释。萧红的介入,增进了通信双方的亲和力,加快了见面的日程。对于妇女和孩子,鲁迅简直是无条件屈服的。

萧红回忆说:"我们刚来到上海的时候,另外不认识更多的一个人,在冷冷清清的亭子间里,读着他的信,只有他才安慰着两个漂泊的灵魂。"鲁迅的信,对他们来说,成了粮食、水、空气和阳光,是他们每天生活中唯一的希望。萧军这样描述收到来信时的情形：他们除了在家里一遍又一遍地诵读之外，出去散步时也必定藏进衣袋里，用手抚摩着，似乎谨防遗失或被夺似的。他们习惯吃过午饭或晚饭，沿着拉都路向南散步。如果是上午来信，吃过午饭，便花六枚小铜板买两小包花生米，每人一包，装在衣袋里，边走边吃，一路漫谈着。遇到行人车马稀少时，就把信掏出来，一人悄声读着，另一人静静地倾听。这是他们日常最大的享受了。信不是读一次为止的，也不是一人读过便完，他们需要慢慢咀嚼，慢慢吮吸……他们完全变成了两个孩子，有时大笑，有时叹息，有时泪流满面，有时还奔跑着彼此追逐……

他们发现，鲁迅的信都是即复的，而这封信却间隔了一段时间，于是起了种种猜测，以为中途被邮局扣掉了。商量过后，两人又联名写了信，问他通讯地址要不要改变？《八月的乡村》的抄件是否可以由内山书店转？由于经济吃紧，还请求介绍一点临时性的工作，以便维持起码的生活。信中说，到上海以后，钱已经用得差不多了，等哈尔滨的朋友接济已是远水不解近渴，当此山穷水尽之际，只好求借二十元钱。

信是诉说窘状的，萧红偏要加上毫不相干的内容，竟问鲁迅是不是喜欢大蝎虎，像她听说的那样？

鲁迅收信后立即写了回信，说明前信迟复是因为病了十多天。信中论及知识分子，认为性质不好的多，尤其是所谓"文学家"，左翼兴盛时立刻左倾，压迫来了又即刻变化，甚至出卖朋友，作为倒过去的见面礼。这种情况大约各国都有，但以中国较甚。然后顺次答复了几个问题，其中说工作难找，但借点钱是不成问题的。最后，连大蝎虎的事也报告了，这使萧红读后特别高兴。

他们又立刻写了信，提出许多问题。

鲁迅这回答复说，关于这些，一言难尽，同意月底见面谈谈。接着，用一整段说霞飞路的白俄，提醒他们遇见万不可用俄国话对话，免得招惹麻烦。在"话"字的下面，还特意打了两个圆圈。

鲁迅的警告，使他们感到惭愧，同时全身洋溢着暖意。他们猜测着会面的地点，揣摩鲁迅的样子，想象着见面时的情景，因为各抒己见，还常

1934年11月30日鲁迅在内山书店约见萧红、萧军。图为内山书店旧址

常引起争执。每天，他们几乎都这么过，屈指计算着距离月底的日子，总觉得时间过得太慢了。

这是上海冬季常见的阴暗的日子。

11月30日。午后。按照鲁迅来信指定的时间和地点，萧红和萧军一起来到了内山书店。这时，鲁迅已经等候在那里了。

在柜台内侧的套间里，鲁迅站在一张长桌子跟前，一面翻检着信件和书物，一面和一个日本人样子的人交谈，内山老板在旁边陪着，似乎正在说着什么。看见萧军他们进来，鲁迅立即迎上前去，问道："你是刘先生吗？"萧军点了点头，低声答应说："是。""我们就走吧——"他说了一声，走进内室，拿起桌上的信件和书刊，很快用彩色包袱皮包好，谁也不打招呼就向门外走去。

萧红和萧军默默地跟在他的后面。

哦，这就是鲁迅先生！瘦弱，憔悴，头发森森直立，眼泡大而浮肿，

> 刘先生：
> 本月三十日（星期五）午后两点钟，你们两位可以到麦君宴来一起吗？小说如已抄好，也就带来，我当在那里等候。
> 那书店，坐由一路电车可到。就是坐到终点（靶子场）下车，往回走，三四十步就到了。
> 此布，即请
> 䇳安．
>   迅 上
>   十一月二十七。

1934年11月27日鲁迅致信萧红和萧军，相约三日后见面胡须没有修剪，颧部突出，两颊凹陷，脸色苍青又近于枯黄和灰白，显出鼻孔特别大，而且煤灰般的黑。没有帽子，没有围巾，只穿一件黑色短长衫，藏青色窄裤管的西服裤子，一双黑色橡胶底的网球鞋。在背后看他，走起路来是很迅捷的，像是瘦得要飘起来一般。

跨过一条大马路，又拐弯走了一段，他们来到了一处咖啡馆。鲁迅很熟悉地推门进去，萧军和萧红跟着也进去了。一个秃头的外国人熟悉地向鲁迅打招呼，他拣了靠近门侧的座位，他们也在旁边坐了下来。这座位很僻静，椅子的靠背又特别高，像小屋子似的，邻座之间谁也看不见谁。鲁迅介绍说，这咖啡馆主要靠后面的"舞场"赚钱的，白天没有什么人到这里来——尤其是中国人，所以他常常选择这里作为会客的地方。

侍者把咖啡点心之类端上来以后，随即离去。

"怎么，许先生不来吗？"萧红急切地问道。

"他们就来的。"

这时，许广平带着海婴果然进来了。

鲁迅简单而平静地为他们做了介绍："这是刘先生、张先生，这是密司许。"

许广平微笑着，伸出手，和萧军萧红握了手。萧红一面微笑，一面握手，泪水却涨满了她的眼睛。

也许是同为女人的缘故，对于眼前的两个北方来的年轻的不甘做奴隶者，许广平特别留意萧红：中等身材，白皙，体格还是健康的，具有满洲姑娘特殊的稍稍扁平的后脑；不相称的是太多的白发，使她看了暗自吃惊，想到其中所隐含的许多曲折与艰辛。不过，萧红爱笑，那无邪的天真，留给她的印象同样深刻。然而，萧红自己是不承认单纯、率直的，这又很使她感到意外。

萧军讲述他们从哈尔滨出走，直到上海的流亡历程，还介绍了东北沦陷区的一些实际情形，包括当地人民反满抗日的斗争，等等。鲁迅谈天一般地，为他们勾勒出了上海社会的大轮廓，让他们对生存环境的复杂性有一个初步的认识。他有时沉默着，有时微笑着，还不时地抽着烟……

两个青年人的说话渐渐没有那么拘束了，声音变得爽朗起来。许广平很少说话，却注意到，那生之执著，紧张，喜悦，时时写在他们的脸上，

鲁迅全家合影

那么自然，随便，毫不费力，像是用手轻轻拉开窗幔，吹散阴霾，接受可爱的阳光进来。

分手前，鲁迅把一个信封放在桌子上，指着说："这是你们所需要的……"萧军和萧红知道，这里面大概是他们在前信中要借的二十元钱了。鲁迅说的是这么轻淡、含蓄，生怕不小心触痛了他们的自尊心！

萧军把带去的《八月的乡村》的抄本交给许广平，这时，想起回程坐电车的钱没有了。他坦率地对鲁迅说了，鲁迅从衣袋里掏出大银角子和铜板，放到桌子上。他和萧红走进车厢之后，鲁迅还站在原地里望着，许广平频频扬起手中的手帕，海婴也学着大人的样子，挥扬着一只小手，像是萧军和萧红要到远方去一样……

萧军和萧红两人与鲁迅继续以通信的方式保持联系。

在信中，鲁迅安抚着两个漂泊着的躁动的灵魂，希望两人常到外面走走，看看社会上的情形，以及各种活的脸谱，在上海的土里扎根。他告诉他们文坛的一些情状，自己的意见，尽可能输送多一些思想的养分。知识分子性质问题是他所注重的，他谈这方面的问题，大约也是为了增强他们的自我批判意识吧。其中也谈到左联，说："左联开始的基础就不大好，因为那时候没有现在似的压迫，所以有些人以为一经加入，就可以称为先进，而又并无大危险的，不料压迫来了，就逃走了一批。这还不算坏，有的竟至于反而卖消息去了。人少倒不要紧，只要质地好，而现在连这也做不到。好的也常有，但不是经验少，就是身体不强健（因为生活大抵是苦的），这于战斗是有妨碍的。但是，被压迫的时候，大抵有这现象，我看是不足悲观的。"像这样同左联外部的人谈左联，在他是极少有的，看得出这里面有一种坚确的信任。不久以后，当他们信里问他是否要加入左联时，他明白地表示了反对的态度。

在两个青年人面前，他也并非只有教诲，有时也说说私事，抒点愤懑。他说："敌人是不足惧的，最可怕的是自己营垒里的蛀虫，许多事都败在他们手里。因此，就有时会使我感到寂寞。"又说："我的确常常感到焦烦，但力所能做的，就做，而又常常有'独战'的悲哀。"这么早，他便撩开了战袍，让他们看自己的血肉和伤口。

两个小奴隶不但在经济上接受他的援助，把他当成思想上的导师，在感情上也变得非常依赖他了。在这个寒气砭骨的生地方，他们唯有凭借他的话语取暖。其实，老战士又何尝不是如此呢？当他看到身边多出两个年青可靠的伙伴的时候，多少要打掉一点虚无，增进一点战斗的意气的。

他们就这样互相依靠着。热烈的心，很快跳到了一起。

大半个月过去，萧军和萧红收到鲁迅这样一封信。

刘吟先生：

　　本月十九日（星期三）下午六时，我们请你们俩到梁园豫菜馆吃饭，另外还有几个朋友，都可以随便谈天的。梁园地址，是广西路

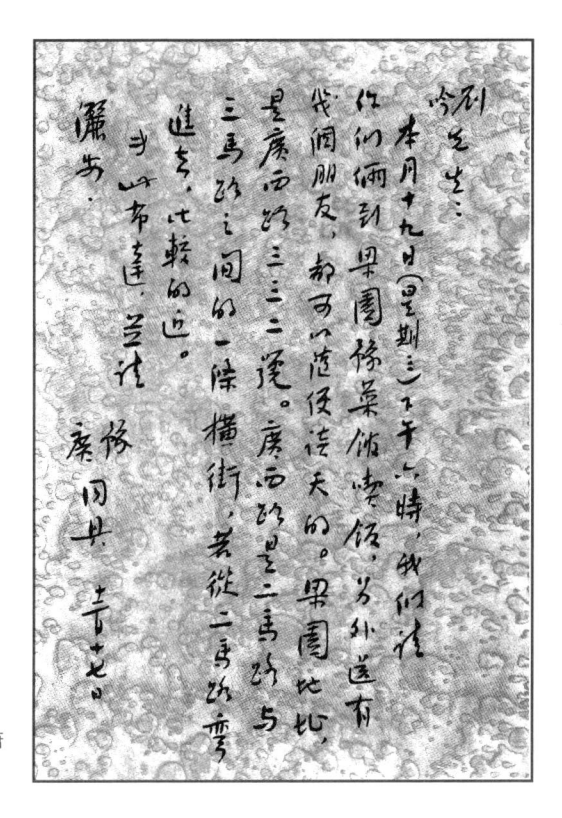

1934年12月17日鲁迅致信萧红和萧军，邀约到梁园吃饭

三三二号。广西路是二马路与三马路之间的一条横街，若从二马路弯进去，比较的近。

  专此布达，并请

俪安

      豫广同具 十二月十七日

噢，吃饭！还有几个朋友！

  两个忘情的家伙一下子就注意到信的落款，那是由鲁迅和许广平一同具名的。太郑重了！

  一封短信，由萧军的手转移到萧红的手，又由萧红的手转移到萧军的手；而后，每人又用了自己的一只手把信捧在两人的胸前看着、读着……两只手不约而同地轻轻抖动着……眼泪最先浮上萧红的眼睛，簌簌地抖落下来，萧军也感到眼睛里一阵润湿……

两颗漂泊的、近于僵硬了的灵魂，此刻竟被这意外而来的伟大的温情，浸润得近乎难于自制地柔软下来了，几乎成了婴儿一般。

经过梦一般的迷惘以后，萧军清醒过来，第一件事就是寻出一份上海的市街地图，从上面寻找广西路的位置。他做了一番想象和研究之后，望向萧红，正准备发表议论，萧红却眨着一双刚刚流过泪的湿漉漉的大眼睛，笑着抢先说话了：

"你要出兵打仗吗？"

"你这话是什么意思？"

"我和你说话，竟装作没听见的样子，一个劲儿地在那张破地图上看来看去，又用手指量来量去！简直像一个要出征的将军了！"

"我总得把方向、地点……确定下来呀！"

"我要和你说话呀……"毕竟是女人，萧红想到的第一件事，是萧军该穿一件什么样的衣服出门会客。她伸出手来，扯了扯萧军的罩衫袖管，接着说："你就穿这件灰不灰、蓝不蓝的破罩衫去赴鲁迅先生的宴会吗？"

"那穿什么呀？又没有第二件……"

"要新做一件——"

"没必要。"萧军拒绝了她的主意，补充着说，"上次去见鲁迅先生时，不也就是穿的这件罩衫吗？"

"这一回……有客人。"

"鲁迅先生信上不是说了只有几个朋友，而且都是可以随便谈天的吗？他的朋友大抵不过是一些左翼作家，他们是不会笑话我的罩衫吧……"

"你这个人！真没办法！"

萧红似乎有点愠怒了，两只大眼睛闪亮起来。过了一会儿，她一手抓过床上的大衣，随便披到肩上，一扭身便冲出了房门，接着是一串急促的笃笃笃下楼梯的脚步声……

萧军莫名其妙，没有问她干什么去，当然也没有阻拦她。萧军知道她的个性，遇到类似的情况，她不会回答他的问题，也不会听从他的劝阻。如果她走了再去追她，她会跑得更快，因此只好由她去；待过了一定的时间，她就会像什么事情也没有发生过一样，又像一个孩子一般地跳着叫着回来了。

大约两个小时过后，萧军终于听到楼梯上有她急促的脚步声。他伏在书桌前，假装没有听见，萧红推门进来也装作没有看见。忽然，有一卷软绵绵的东西敲到他的头上——

"你没听到我回来了吗？"

"没听到——"萧军慢慢地转过头来，"我什么也没听见！"

"坏东西！——看，我给你买了一件衣料！"

萧红双手提着一块黑白方格绒布料，举到萧军的眼前。萧军立刻想到把仅有的一点钱买了布料，赴宴的乘车费便没有了，心里烦躁起来，"买它干什么？"

"给你做'礼服'呀！……"萧红把布料抖了一下，问萧军道，"好不好？你喜欢不喜欢？"

"好！喜欢！"其实他并不感到快意。

"你猜猜，用多少钱？"

"猜不着。"

"七角五分钱——我是从一家'大拍卖'的铺子里买到的这块绒布头。——起来，让我比量比量，看够不够？"

萧军站了起来，任她在身上前后比量，心情也轻快一些了。他想到的还是钱，庆幸萧红并没有把钱全部花光。

萧红让萧军把罩衫脱下来，又从皮箱里把他在哈尔滨穿的一件俄国"高加索"式立领绣花的大衬衫找出来，铺在床上，用买来的方格绒布比量了一番而后竟自拍起手来，还跳起了脚，高声嚷叫道："足够啦！足够啦！"

"明天下午六点钟之前，我们必须到达那家豫菜馆！你要我像一个印度人似的披着这块布头儿当礼服穿吗？"

"傻家伙！我怎么能够让你当印度人呢！等着瞧吧，明天下午五点钟以前，我必定让你穿上新礼服赴宴！"

屋子早已昏暗下来。萧红揿亮电灯，在深黄的灯光下开始剪裁。第二天清早，天还没有亮，她就起了床，动手缝纫起来……

她几乎不吃不喝，不停息地缝着，也不再和萧军说话了。

萧红与萧军如约去赴鲁迅的宴请

还不到下午五点,新衣服完工。这时,萧红简直命令似地说:"过来!——试试看。"

萧军顺从地穿上新衣服,合身,舒适,漂亮,内心随即为欣悦所充盈。

"把小皮带扎起来!围上块绸围巾!"

萧军一切照办。

"走开,远一些,让我看一看!"

萧军像一个新兵听从"口令",做出各种姿势在屋内走来走去。

萧红先从正面,再从侧面,从后面观摩着……突然像一只麻雀似的跳跃着扑向萧军的面前,两个人几乎同时伸出臂膀,拥抱到了一起……

萧军和萧红如约寻到了梁园豫菜馆。

他们没有表,不知道具体的时间,上楼一看,鲁迅和许广平以及海婴全在了,另外几位不认识的人,也早已在座了。

许广平见到萧红,立即走上前去把她搂了过去,海婴也夹在中间,她们一起走进另外一个房间里了。

大约过了十几分钟，许广平同萧红走了出来。她看了一下表，征询鲁迅的意见，"快七点了，还要等他们吗？"

"不必了。大概他们没收到信，——我们吃吧。"鲁迅说。

主客一共九个人。由鲁迅沿着一张特大的圆桌指定了座位，有两个座位空着。他以主人的身份对客人依次做了介绍，他们是：茅盾、聂绀弩和夫人周颖、叶紫，再就是萧军和萧红。他称茅盾为"老板"，并没有说出姓名。末了，他解释说，今天本来是为胡风的儿子做满月的，大概没有收到信，这样，贺宴也就成了聚餐会了。

席间，大家的谈话是融洽的，间或用些隐语，颇有些地下工作的意味，让萧军听得有点莫名其妙。他出于礼貌，或者因为不甘寂寞，也讲了一些东北的各种风俗、习惯以及各种事情，在座的各位都是感兴趣的，而鲁迅听得特别专注。开始的时候，他插不上话，只能吃了又喝，喝了又吃。当他注意到那位长身驼背的聂先生总在不停地给身边的夫人夹菜，而那夫人也并不客气，感到很有趣，便也学样向萧红的碗里夹取她不易夹到的、或不好意思伸长了手臂才能夹到的菜。这使萧红很不好意思，暗暗用手在桌子底下制止他……

在宴会上，萧红把她来前准备好的礼物交给海婴。她先掏出两只核桃，解释说："这是我祖父留下来的。"接着又拿出一对小棒槌，说："这也是我带在身边的玩艺，捣衣用的小模型，通通送给你。"

她不惜以患难中的随身伴侣，或传家宝见赠。不消说，在生疏的异乡，她见到亲人了。

宴会结束时，叶紫把他的住址开给了萧军，萧军也把住址给了他，其他人没有这样做。这是出于鲁迅的安排，还是缘于青年的热情，萧军不得而知，不过，鲁迅事后确曾在信中向他们特别介绍了叶紫。

在归家的路上，萧军和萧红互相挽着臂膀，快步地行走在大街上。此刻，他们感到，他们是这个世界上最幸福的人了！

13 奴隶之书:《生死场》

1934年年底,萧军和萧红搬到拉都路411弄22号的二楼。

拉都路在法租界的西南角,很少房屋,到处长满荒草,公共汽车是不走这里的。他们住的房子在弄堂的拐角上,又是靠北边的最后一排,冬季的风特别大,周围特别萧条。弄堂里住了好几家白俄,有看门人,查票员,也有巡捕房的"包打听",以及其他做不正当职业的,实在不宜于安住。至于房子没有石库门和天井,空间过于狭窄,倒还在其次。

过了元旦,他们写信把新居的情况告诉了鲁迅。鲁迅回信说:"知道已经搬了新房子,好极好极,但搬来搬去不出拉都路,正如我总在北四川路兜圈子一样。有大草地可看,在上海要算新年幸福,我生在乡下,住了北京,享惯了广大的土地了,初到上海,真如被禁进鸽子笼一样,两三年才习惯。"这里大概也含有慰藉的意思吧。慢慢习惯,不要急。

两人开始布置新居。

首先,把金剑啸画的萧军的油画头像挂上去,这是没有异议的。但是,萧军要在南墙的木柱子上挂上另一幅画,却遭到萧红的反对。这是萧军在东北陆军讲武堂读书时买的画片,画的是月夜的景色,湖光潋滟,树影绰约,近处长廊上坐着一位意大利型女子,挽着发髻,长裙曳地,手抱一把四弦琴,含眸远眺,作怀人状。萧红说画面俗气,挂起来难看;萧军则喜欢得要命,一直藏在旅行箱里，好不容易找到一个展示的机会，怎么会因为有人反对而轻易放弃呢？到得最后，画片当然是挂上去了。

过去，两人总是睡在一张小床铺上的。肌肤的亲近是一种和谐，但也免不了互相干扰，尤其是情绪不好的时候。这时，萧红说是失眠，向萧军提出了分床而居。听叶紫说木刻家黄新波处有两张单人铁床，两人都很积极，请鲁迅出面介绍，随即到他那里将床借走了。

两张床。一张东北角，一张西南角，恰好处在对角线上，可以把距离拉得远一点。本来，这在两人生活史上是一个很重要的改变，但在临睡时，两人都若无其事地彼此道了"晚安"！

萧军朦朦胧胧正要入睡，忽然听到一阵抽泣的声音，急忙扭开灯，奔到萧红的床边，以为她发生了什么急症，把手按在她的前额上问道："怎么了？哪里不舒服？"

萧红没有回答他，竟侧过脸去，两股泪水从她那双大眼睛里滚落下来，立刻把枕头浸湿了。

萧军见她的头部不发热，又扯过她的一只手要寻脉搏，她又把手抽了回去，"去睡你的吧！我什么病也没有！"

"那么你为什么要哭？"

萧红说："我要一个人睡，可又睡不着！电灯一闭，觉得我们离得太远太远了！"说着，泪水又浮上了她的眼睛。

萧军用指关节在她的前额上敲了一下，说：

"拉倒吧！别逗英雄了，还是回到这里睡吧！"

鲁迅宴客，名义上是庆贺胡风夫妇儿子的满月，实际上，很有可能是特意为萧军和萧红介绍几位左翼作家朋友，使他们有所交往，互相间也有所帮助，而且可以因此驱除一点寂寞之感。在新认识的朋友中，叶紫来往最多，很快就成了要好的朋友。他有时直呼萧军为"阿木林"，即上海人的所谓"傻瓜"，可见彼此的亲密。

朋友渐渐熟悉以后，见到萧军和萧红生活窘迫，便怂恿萧军找"老头子"——鲁迅的昵称——介绍文稿，而鲁迅也确实热心为他们兜售。譬如萧红的《生死场》，他就托人找过不少地方，最后文学社愿意付印，结果搁在中央宣传部书报检查委员会那里，批复是不许可。由于担心萧红等得焦急，或是知道消息以后感到沮丧，信中却编出另外一种理由，说："吟太太的小说送检查处后，亦尚无回信，我看这是和原稿的不容易看相关的，因为用复写纸写，看起来较为费力，他们便搁下了。"

鲁迅在写给萧军和萧红的信中，从此增加了一项内容，就是关于稿子的收转及处理情况。其中除了两人的作品以外，还有他们远在哈尔滨的朋友的创作翻译，鲁迅也都一并做了说明。

经过鲁迅的推荐，萧军和萧红的文字陆续发表在各种大小刊物上面，他们的名字，逐渐为上海文坛所知晓。

有一次，叶紫来访，他跟萧军商量，要老头子请他们吃馆子。萧红自告奋勇写了信，说怕费钱可以吃得差一点；还附寄了小说《小六》，请求帮助发表。鲁迅立刻将小说转给《太白》的主编陈望道，并回信给萧红和萧军的小说做了一点印象式评论："小说稿已经看过了，都做得好的——不是客气话——充满着热情，和只玩技巧的所谓'作家'的作品大两样。"至于请客吃饭一事，答应很爽快，只是时间没有确定；"因为要请，就要吃得好"，他声明这是和"悄吟太太"主张不同的地方。

大半个月过后，他果然践约，请了叶紫、萧军和萧红；正好黄源来访，便也一并请了。到了内山书店，遇上《芒种》的编辑曹聚仁，加上许广平和海婴，汇集齐了，一行八人前往桥香夜饭店。

这是一家吃本帮菜的饭馆，菜肴很精致。这次请客，萧军原本是不赞成的，不肯在信上签名，但也跟着吃喝了，而且吃喝的总量比叶紫和萧红的总量加起来还要多。萧红叫得最凶，却吃得最少。

在饭桌上，三个青年人提出要创立一个"奴隶社"，自费出版"奴隶丛书"。鲁迅表示赞同，而且特别强调说，"奴隶"与奴才的不同，就在于反抗。

一周后，鲁迅回信答复他们提出的问题时说："我大约是'姑息'的一方面，但我知道若在战斗的时候，非常有害，所以应该改正。"在公开他的态度时，分明是反抗的,复仇的,关于打落水狗的主张便是著名的例子。可是，在实际接触中，他们又确实感到他是姑息的，宽厚的，母性般的。

因为萧军无意中向黄新波等多人公开了住址，叶紫建议他立即搬家。

1935年4月2日，萧军和萧红又搬到同在拉都路上的一处小弄堂里的房子，那是351号。这是坐北朝南中西式的假三层的楼房，他们就住在三楼上。楼下是一片空地，还有栽着花木的池子。

他们给鲁迅写信，告诉了搬家的事。这时，鲁迅已经看完《八月的乡村》，并写了序言，还有长信，连同书稿放在内山书店里。跟着发出短简，让萧军去取，并借此确定地址。

一个月后，鲁迅应邀到这新家做客来了。他和许广平带同海婴的突然到访，给萧军和萧红带来无比的兴奋和欢乐。大约倾谈了一个小时左右，鲁迅邀请他们出去吃饭，他们也不推让，便一起进了西餐馆。

就在这个月，叶紫的《丰收》作为"奴隶丛书"之一出版了。

6月，萧军萧红两个小奴隶又搬了一次家，地址在法租界萨坡赛路190号的唐豪律师事务所。

由于鲁迅的关系，萧军和萧红开始认识胡风，并且很快地变得熟络起来。一天，他们邀请胡风夫妇到自己的新家吃晚饭，席间还有从哈尔滨前来的罗烽白朗夫妇。包饺子，喝酒，谈天。胡风的夫人梅志第一次接触到这群北国的慷慨之士，随之变得毫无顾忌；跟萧红在一起，大家的年龄差不多，就像过去在同学的家里玩似的。

在梅志的眼中，萧红是一个普通的、但很能干的家庭主妇。瘦高的身材，长长的白净的脸，一对大眼睛，扎着两条粗粗的辫子；说话声音平和，很有感情，也很有韵味，总之是一个很容易接近、讨人喜欢的主妇。

一两个月过后，一天上午，胡风又带着梅志来看萧军和萧红。推门进去，见到萧红扎着花围裙正在收拾房间，擦拭地板；客人来到跟前，她才直起腰来，喘息着，很吃力的样子。

"怎么你一个人？三郎呢？"胡风问。

萧红一边请坐，一边说：

"人家一早到法国公园看书用功去了，等回来你看吧，一定怪我不看书。"歇了一会，似乎有点忍不住，又说："你看这地板，烟头，脏脚印，不擦行吗？脏死了，我看不惯。"

梅志不由得扫视了一下整个房间，觉得比那一天晚上看到的更大、更阴暗。萧红没有那天的兴致好，显得有点疲惫，脸色其实是略带苍白的。她抱怨南方的天气不好，冷得难受。梅志感到奇怪，忍不住问道：

"北方冰天雪地的，还会比南方暖和吗？"

萧红笑着说："你可不知道东北了，虽然是冰雪的世界，但屋里暖和，不穿棉衣也行。"她讲述了东北房子的结构，取暖的设置，等等，然后像是感叹又像是赞叹似的说："北方温暖哪。"

她渐渐兴奋起来，脸上也有了一点红润的颜色。

胡风和她谈起《生死场》，她用心地听着，有时，也谈一点她的看法和感受。梅志看得出，她的谈话很使胡风满意。

不久，萧军回来了。他那方型的脸，被厉风吹得红通通的，穿一件短大衣，戴着时兴的无檐法国式便帽，胳膊下还夹着几本书。梅志觉得，他不像是用脑的作家，倒像体育学校或是美专的学生。

这个矮个子一进屋，就带来了一股蓬勃的热气。

他向胡风梅志打过招呼，几乎立刻就谈他看的书，兴高采烈而又充满自信。说着说着，他果然用一种炫耀又带谴责的口气，对萧红说了：

"你就是不用功，不肯多读点书；你看我吧，一早晨大半本。"

他一边说，一边用手拍着书。

萧红看了他一眼，冷冷地说：

"嘀，人家一早去公园用功，我们可得擦地板，还好意思说呢！"

萧军听罢，哈哈地一阵大笑。

萧红忍不住笑了，全屋子人跟着笑了……

11月5日，萧军和萧红收到鲁迅的一封信，信里邀请他们两人到他家里做客。

能够得到鲁迅进一步的关爱和信任，他们十分感奋。

上海大陆新村9号鲁迅居所

　　黄昏时分，他们如约来到鲁迅的寓所。那是北四川路施高塔路大陆新村9号的一栋三层房子。第一层是客厅、饭厅兼厨房，鲁迅的工作室兼卧室在第二层，三层是藏书室。整幢房子都是静悄悄的。

　　在幽暗的客厅里，萧红感到新奇的是种在一只豆青色瓷瓶里的几株大叶子植物，在寒冷的冬季，居然保持着春天的翠绿。

　　"这叫什么名字？屋里不生火炉，也不怕冻？"

　　"这叫万年青，永久这样！"鲁迅回答说。

　　他在花瓶旁的烟灰盒中，抖掉纸烟的灰烬，那红的烟头，愈见红了，就像一朵小红花……

　　晚饭过后，两家人一道坐在长桌旁边喝茶，漫谈各种事情。谈得最多的是满洲国的见闻，一直谈到深夜十一点钟。萧红很不安，时时想退出来，让鲁迅早点休息，因为她看出他身体不大好，又加上听许广平说过，他伤风了一个多月，刚好了的。

　　但是，鲁迅一点倦意也没有。客厅里摆着一张藤椅，萧红和萧军几次劝他坐在藤椅上休息一下，他也没有去，仍旧坐在椅子上。并且，还上楼去了一次，加穿了一件皮袍子。

过了十一点，窗上下起雨来。萧红偶一回头，看到窗玻璃上的小水流的游动，听着淅淅沥沥的雨声，心里十分着急，几次站起来要走，鲁迅和许广平都一再说再坐一下："十二点之前终归有车子可搭的。"于是她和萧军一直坐到将近十二点，才穿起雨衣出门。

鲁迅非要送他们到铁门外不可。萧红心想：为什么他一定要送呢？对于这样年轻的客人，这样的送是应该的吗？雨会打湿头发，受了寒，伤风不是又要继续下去吗？他们拗不过他。站在铁门外面，鲁迅指着隔壁一家写着"茶"字的大招牌，说：

"下次来记住这个'茶'字，就是这个'茶'的隔壁。"

他伸出手去，几乎触到了钉在铁门旁边的那个9号的"9"字，叮嘱他们说："下次来记住茶的旁边9号。"

萧红回过身，往院子里边望了望，鲁迅的一排房子统统是黑洞洞的。她想，若不是告诉得这样清楚，下次来恐怕真的要记不住的。

记住这个9号以后，萧军和萧红就成了这里的常客了。

"奴隶丛书"三种，曾经托人送到黎明书店，希望能正式出版。而书店的编辑也不是没有出版的考虑的，但是怯于严厉的书报审查制度，到底还是拒绝了。最后，叶紫他们把书稿送到民光印刷所，由于印刷费和白报纸可以赊账，便壮着胆子杜撰了一个叫"容光书局"的出版社的名目，非法出版了。

继叶紫的《丰收》之后，萧军的《八月的乡村》接着出版；作为丛书的第三种，萧红的《生死场》，到了年底，也即隔了半年之后才得以艰难面世。

鲁迅为丛书三种分别写了序言。

在看完《生死场》的校样之后，他把它交给胡风；胡风又写成一篇"读后记"，附在书的后面。在校样上，鲁迅用红笔逐一改正了错字，还改动了原先的格式。萧红知道以后，写信给他表示内心的感愧，他回信说："校出了几个错字，为什么这么吃惊？我曾经做过杂志的校对，经验也比较的多，能校是当然的,但因为看得太快,也许还有错字。"对于个人第一次独立出书,萧红是十分看重的。她亲自设计了封面,还因为序言没有鲁迅的亲笔签名,见到丛书其他两种都有,便也向鲁迅索要签名。鲁迅在信中开玩笑说:"我不大稀罕亲笔签名制版之类,觉得这有些孩子气,不过悄吟太太既然热心于此,就写了附上,写得太大,制版时可以缩小的。这位太太,到上海以后,好像体格高了一点,两条辫子也长了一点了,然而孩子气不改,真是无可奈何。"

在《生死场》的序言中,鲁迅表述了奴隶与主人和奴才对立的政治伦理观点。他直接揭露了《生死场》遭到中央宣传部书报检查委员会扼杀的事实,同时指出,这正是当然的事:"对于生的坚强和死的挣扎,恐怕也确是大背'训政'之道的",实际上是挑战国家意识形态的。他向读者推荐说,《生死场》所以值得看,正在于"她才会给你们以坚强和挣扎的力气"。

他写道:

> 这本稿子到了我的桌上,已是今年的春天,我早重回闸北,周围又熙熙攘攘的时候了,但却看见五年以前,以及更早的哈尔滨。这自然还不过是略图。叙事和写景,胜于人物的描写,然而北方人民的对于生的坚强,对于死的挣扎,却往往已经力透纸背;女性作者的细致的观察和越轨的笔致,又增加了不少的明丽和新鲜。精神是健全的,就是深恶文艺和功利有关的人,如果看起来,他不幸得很,他也难免不能毫无所得。

鲁迅为丛书三种写的序言都强调文学的真实性和战斗性,但是,唯有对萧红的《生死场》,特别说到艺术的特点和成就。鲁迅欣赏作为女性作者的描写的细致、明丽和新鲜,尤其称赞其中的越轨之处,一种力的美。他觉得萧红在描写人物方面是存有缺陷的,但是序言里没有说,在信里也没有具体指出,只是说:"那序文上,有一句'叙事写景胜于描写人物',也并不是好话,也可以解作描写人物并不怎么好。因为做序文,也要顾及销路,所以只得说的弯曲一点。"他所以没有多费笔墨,大约是相信她的才华,有

萧红著《生死场》。1935年12月出版　　　鲁迅为《生死场》所做的序

能力在未来的写作实践中臻于完善吧。

许广平回忆说，总是听到鲁迅向朋友推荐《生死场》，而且认为，在写作前途上看来，萧红是更有希望的。

胡风的"读后记"，对《生死场》同样给予高度的评价。他承接鲁迅的批评精神，肯定作者在书中对于愚夫愚妇以至于家畜的爱，真实而又质朴，认为在中国已有的"农民文学"中还没有出现过如此动人的诗篇。他敏感于小说的诗性，但也同样强调其中的意志的力量，这是一种女性的纤细的感觉与非女性的雄迈的胸襟的结合，在女性作家中是独创的。关于小说的弱点，他概括为三个方面：一、题材的组织力不够；二、缺乏典型性格；三、语言锤炼不足。即便如此，他仍然认为，这是一部"不是以精致见长的史诗"。

鲁迅和胡风对《生死场》的生存与反抗的主题，及其诗性艺术的肯定，是极有眼光的。但是，由于现实政治的需要，他们都把小说纳入阶级和民族斗争的大框架，在一定程度上把一部多声部小说化简为单声部的了。

在艺术分析上，他们都没有从一个女性自由写作者的内在需要出发，而是依旧用了传统的小说观念去衡量，侧重人物描写便是其中之一。尤其是胡风，他所列举的弱点，如向心性结构和人物性格的欠缺，大体上是基于经典现实主义原则提出来的。至于说语言欠锤炼，大约是不满意萧红写作的随意性。而这种自由的风格，正是典型的女性风格，与男性的凝聚、严密、推进的集权式风格是很两样的。鲁迅虽然以赞赏的口气说作者有"越轨的笔致"，但也未及做出进一步的阐释。

在《生死场》中，萧红明显地取性别文化的视角进入她的世界。由于她的眼光既是女性的，又是文化的，叙事就获得了超出政治斗争的宽度，除了日常生活，连同畜牲的、虫子的活动也都进入了生活的界面；此外，女性的弱质，无论作为主体或是描写客体，都可能增加人性的深度。而人性，不是阶级性所可完全包容的。

小说环绕着食物、性、自主权、地租、利益、劳动，发生了许多琐碎的冲突，也有沉默的斗争，最后还发展为有声有色的抗日活动；但是，古老的男权统治文化一点变动也没有。当小说进入尾声的时候，作者有理由这样提问：打败了日本以后，王婆金枝们会怎样？即使解放了奴隶，奴隶的奴隶呢？

在大队的左翼作家在民族解放斗争的主题上胜利止步的地方，萧红独自往前走，她还要同她的女同胞一起，继续经受困厄的命运，体验异性的压迫、侮辱、漠视，各种各样的摧残。战争还不是奴隶受难的根本原因，她会把它看做是男权中心社会的产物，连同至高无上的国家，都会受到她的质疑。这种写作的自觉，是她作为一个陷身底层的知识女性所特有的。性别带有物质生命的规定性。即使男性关注到了妇女解放，也只能是理性的，而非生理的、情感的；即使情感，也是悲悯的、同情的、外部的，而不是像她这样，完全来自个人生活和情感经验的积累，是生命自身的呻叫与呼喊。

这就是文论家说的主体性，写作的自适性。《哈姆雷特》有一句台词说："对你自己忠实。"对于一个带有诚实的灵魂的作家来说，决不会想象有多个角色置身于他自身的人格之外或之上；不会讨好别人，无论是编辑、读者，还是批评家，只看着自己的心动笔。

萧红就是这样的作家。在她的书中，生命赤裸。她什么都可以放弃，就是不能放弃作为一个受难的女性个体的存在。对"自我"的这种生死相依，忠守不渝，固然使她在两性生活中冲突不断；在写作中，也要使她同所有的规范决裂，而与庸常的美学趣味相乖违。她的作品，诗一样表达心灵，表达直觉的经验和意义。可以说，她的小说都是诗性小说。

《生死场》无疑是诗性的。它是诗，变换一个角度，可以说它吸收了小说的人物和情节设置来抒写自己，抒写对于土地、村庄、人和动物的情感。因此，不能以经典小说中的人物与情节的典型性、完整性去要求它，正如不能用国家主义或民族主义的批评话语去化约它的主题一样。对于真正个性化的作品，富于创造力的作品，天才的作品来说，任何公式都是失效的。

整个小说呈网状结构，无中心，无主角，甚至无情节，是无组织的组织。所谓情节，在这里其实是场景的、细节的连缀，情节的线索不是直线的，而是在发展中不停被打断的、闪回的，而读者看到的仍然是碎片的闪光。这种散漫无序的结构特点，与故事背景，即农村的社会组织及生活形态是同构的；与作者作为一个流亡者的生存状态和精神状态也正相一致。

大约在萧红看来，小说的人物在现实生活中简直不成其为人物，缺少独立的人格，甚至性格，所以把叙事的重点放在人物命运的揭示上面，通过人与人、人与物的关系，展现一个奴隶群体的悲惨境遇。她的人物描写是散点透视的，人和动物存在着一种对应关系：二里半和山羊，赵三和牛，马和王婆……是彼此共同演绎了"生死场"上的故事。在故事中，作者注重的是面对强大的命运所表现出来的情绪；结果是，读者有可能看不清人物的外貌，却能洞见他们挣扎的、跃动的心。

小说的肌质是抒情的。萧红不去刻意锤炼语词，相反着意保留自己原初的感觉，那许多生动的小笔触；不去预先设计故事的高潮，任由情节自然舒缓地发展，但是在这有机叙事中，却见无数的涌浪与涡漩。写作随机设喻，这也是极其出色的，隐喻，互喻，大大小小的象征，加强暗示，扩充了语言的内部空间。

《生死场》的哀歌与史诗的混合形式，以及它所包含的人性内容，在问世之初就被遮蔽了。

由于民族战争的特殊语境，人们热衷于对《生死场》进行政治阅读。小说在文坛和读者界中影响之大，致使左联的党团书记周扬适时地纳入他的"国防文学"的范围，于1936年6月25日发表文章，强调它们与爱国主义和民族主义主旋律的一致性。

这时，鲁迅其实已经十分厌恶周扬。左联解散了，中国文艺作家协会成立了，与"国防文学"口号相对立的"民族革命战争的大众文学"的新口号已经由胡风提了出来。论战的序幕正在拉开。但是，萧红全然顾不上这些了，虽然她也随同鲁迅一起签名于《中国文艺工作者宣言》。她的心情很坏，又忙着出国的事，如果读到周扬的文章，该不会感到更加沮丧的吧！

14 独倾苦杯

从《生死场》酝酿出版到终于问世的半年时间里，萧红是焦灼的，也是亢奋的。

1935年夏季，散文集《商市街》已经写成。这个散文系列带有明显的自叙性质，是她与萧军在哈尔滨共同生活的记录。它们沿着时间的线索展开，显示了生活自身的逻辑性和真实性，但又是充分文学化的，带着浓厚的个人反应、感受与幻想的色彩。社会的冷酷，穷人的困窘，生活的千疮百孔，以及爱的挣扎，都在这里面。其中，对于饥饿与寒冷的森然彻骨的描写，为中国文学所未见。有人把它与英国作家奥威尔的《巴黎伦敦落难记》相比拟，当是极有见地的。

新年伊始，鲁迅胡风办的杂志《海燕》创刊了。萧红把它看成是自己的杂志，她在这上面发表了一些散文新作。其他刊物也开始向她敞开大门，《作家》杂志的编辑孟十还邀请她和萧军同去游了杭州，在湖光山色间徜徉，享受了多年来少有的快乐。在此期间，她还结识了像史沫特莱、鹿地亘等外国友人，扩大了交往的圈子。

这是她雄心勃勃地筹划着继《生死场》和《商市街》之后的写作的时候，然而她一下子萎蔫了。

这时，正值暮春时节。

几年之前的哈尔滨的程女士又在上海出现了。

萧军到上海不久，曾经单独到程女士的家中寻访过。当时，她漂泊到了沈阳，收到家里来信，推知萧军和萧红已经南下上海。后来他们怎么联系上来的，情况不得而知，但当程女士在东北结婚的时候，萧军是和萧红一起具名去信祝贺了的。一年以后，她带着初生的婴儿回到了上海。

程女士哥哥的住处恰好邻近萧军和萧红的寓所，有一天便携同幼妹去看望了他们。她心里想，自己已经结婚并且做了母亲，应当再不会引起萧军的误会。事实上，头一次见面便弄得非常尴尬。临走时，她对萧军说："你送我回去吧？"想不到萧军迟疑了一会，才答应下来。原来，早在接获她南归的消息时，萧红和萧军之间就起了争吵；她这次到访之前，他们才刚刚结束了一场战争。

八年以后，程女士在化名一狷写的文章中，忆述了上海的这段接触。在文章中，萧军被描绘成一个疯狂的单恋者形象。

萧军只要得便就到程女士家里，也经常邀约程女士外出吃东西。当时，他的固执、粗暴而又有点乖戾的性格，对性爱的幻想，对情感的放纵，已经引起程女士的不安。

有一天，萧军跑到程女士那里，对她说："她问我，'你是到那儿去吗？'我向她撒谎：'不，我要到书店去，那样远的路线我去干什么！'"说完红着脸，但很高兴地笑笑，意思是说："瞧，我这不就来找你了吗？"

还有一天晚上，萧军喝过酒以后，去敲程女士的门。进门以后，他劈头一句话就是："我在四川路新亚吃饭。"下文没有了。意思大约是说："我不怕路远又来找你了……"程女士被弄得很窘，因为他来既没有事，又不聊天儿。她也找不出话说，空气很沉闷。大概萧军也耐不住这沉闷，过了些时候就起身走了，程女士送他到后门口，他立即回身在她的额际狠狠吻了一下。

程女士在上海住了三四个月，她的丈夫快信催她北上，便在劳动节那天走了。

临行前夕，萧军为程女士筹措了二十元的旅费。夜晚九点左右，程女士的一位男同事带了许多礼物前来送行，因为他的哥哥入狱多年，人很消沉，她很想在行前劝慰几句，正想说话的时候，萧军突然来了。他不问情由，也不跟人打招呼，一来就要程女士跟他出去吃东西。程女士说等一下也不让，简直给他缠昏了，就向同事打招呼，请他到某戏院门口等她，还有话跟他说，这样才陪着萧军走了。

程女士心里很不痛快，觉得萧军太强人所难了。走到路边一家咖啡店，一句话也没有说，两个人坐在店里相对默然。萧军开始喝伏特加，程女士喝的咖啡，她一面记挂着戏院门前等候的同事，一面看着萧军大口大口地喝酒，喝完了一瓶又要一瓶。当第二瓶拿来时，程女士实在忍不住了，按住瓶子向萧军说："你不要喝了吧？"萧军不做声，她接着说："你不能不喝吗？"萧军依旧不抬头看她，保持沉默。她觉得难堪极了，向他哀告说："从今以后，请你不要再喝酒了吧！"萧军注视着她说："从明天起我就不再喝酒了，为了你的缘故。这一杯，你让我痛痛快快地喝了吧！"他喝光了那杯酒，两人又回到大街上。

这时已是十一点了。萧军问程女士上哪儿去，程女士说回家，萧军说送她回家，她拒绝了，又说是到别的地方去。萧军大概看出她在说谎，就告别走了。等到程女士到戏院找到她的同事，一起折返的路上，萧军突然劫客般地在电线杆后面挺身走了出来，向两人惨厉地狞笑了几声，然后扬扬手走了。

发生在萧红背后的故事，无论如何掩蔽，肯定要有若干情节和细节暴露在她的眼前。她不愿写出，人们也便无从知晓罢了。程女士在文章里把自己说成是无辜者。其实，无辜地受到伤害的唯是萧红。

爱情是两个人的事，这是无可诉语的。

这时，烦闷、失望、哀愁笼罩了萧红整个的生命。她的身体非常衰弱，面色苍白，又头痛得厉害，然而还得勉强振作着操持家务，替萧军整理、抄写文稿。张琳著文说，在上海，看见萧红烟不离手，大概就在这个时期的吧！

她写了组诗《苦杯》。记忆、怀想、思虑、孤独，种种哀情，都倾注到这杯中来了。

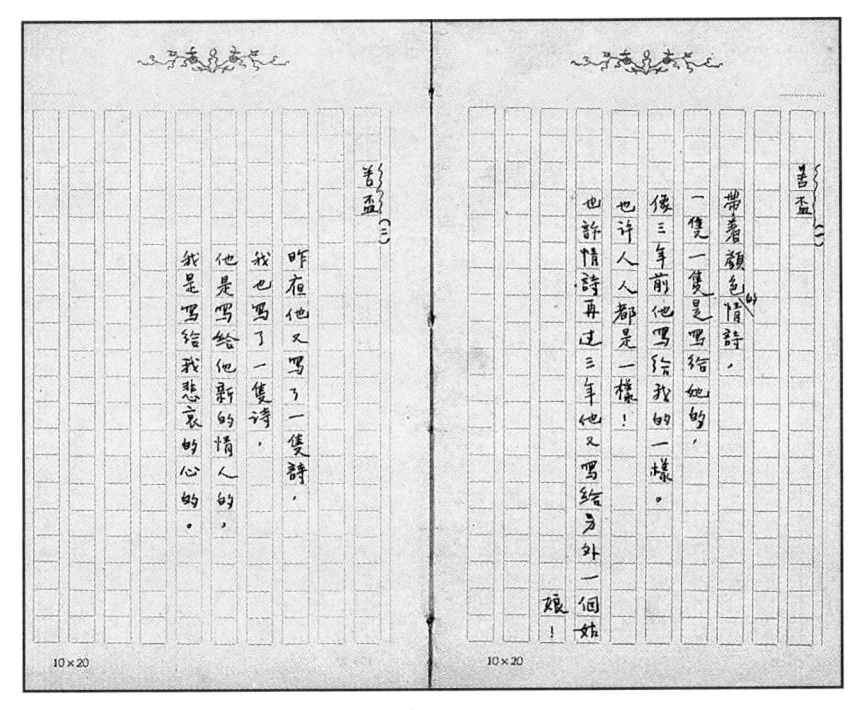

萧红手迹:《苦杯》

苦　杯

　　1

带着颜色的情诗,
一只一只是写给她的,
像三年前他写给我的一样。
也许人人都是一样!
也许情诗再过三年他又写给另外一个姑娘!

　　2

昨夜他又写了一只诗,
我也写了一只诗,
他是写给他新的情人的,
我是写给我悲哀的心的。

3

爱情的账目,
要到失恋的时候才算的,
算也总是不够本的。

4

已经不爱我了吧!
尚与我日日争吵,
我的心潮破碎了,
他分明知道,
他又在我浸着毒液一般痛苦的心上
时时踢打。

5

往日的爱人,
为我遮避风雨,
而今他变成暴风雨了!
让我怎样来抵抗?
敌人的攻击,
爱人的伤悼。

6

他又去公园了。
我说:"我也去吧!"
"你去做什么?"他自己走了。

他给他新的情人的诗说:
"有谁不爱个鸟儿似的姑娘!"
"有谁忍拒少女红唇的苦!"

我不是少女,
我没有红唇了。
我穿的是从厨房带来的油污的衣裳,
为生活而流浪,
我更没有少女美的心肠。

他独自走了,
他独自去享受黄昏时公园里
美丽的时光。
我在家里等待着,
等待明朝再去煮米熬汤。

7

我幼时有个暴虐的父亲,
他和我的父亲一样了!
父亲是我的敌人,
而他不是,
我又怎样来对待他呢?
他说他是我同一战线上的伙伴。

8

我没有家,
我连家乡都没有,
更失去朋友,
只有一个他,
而今他却对我取着这般态度。

9

泪到眼边流回去,

流着回去浸蚀我的心吧！
哭又有什么用！
他的心中既不放着我，
哭也是无足轻重。

10

近来时时想要哭了，
但没有一个适当的地方：
坐在床上哭，怕是他看到；
跑到厨房里去哭，
怕是邻居看到；
在街头哭，那些陌生的人更会哗笑。
人间对我都是无情了。

11

说什么爱情！
说什么受难者共同走尽
患难的路程！
都成了昨夜的梦，
昨夜的明灯。

萧红说萧军是一个有着强盗般灵魂的人。强盗是劫夺的、征服的、占有的，而不是给予的，拒绝自由交换与交流，拒绝对方独立自主的行动；即使提供保护，也无非要求对方甘于做永远的弱者、战败者、屈服者。萧军自称是"感情的奴隶"，在男女关系上，实质上是服从力比多冲动。他的强健的体魄、旺盛的情欲与一贯的"爱便爱，不爱便丢开"的哲学结合起来，使他不可能满足于一个性对象。

如果说萧军寻求得更多的是性爱，那么萧红追求的，仍然是最初梦想中的爱情。她在男人的身上，努力发现祖父的影子，在潜意识中有着深长的期待。直到后来，她不断回忆童年的情景，实际上是希望在爱情生活中延续、重塑这种情景：在男人的保护之下，她是安全的，温暖的，然而又是自由的。萧军还不是这种男人。但是，自从有了旅馆的狂吻之夜，她便把萧军当成人生中第一个爱人而与他同居。

同居，在拉丁语中指的是"床上共同体"，是男女双方的一段不确定的性关系。但是，对萧红来说，同居如同婚姻一样神圣；只要同居着，就意味着成为一个人。她不能忍受第三者的存在，如果爱不是专一的话，同居便完全没有了意义。萧军对女色的迷恋与追逐，引起她强烈的反感，然而，她又极力压抑自己而不遽尔分手，暴露了女性在情感方面的全部弱点：感情过于投入，承认自己的弱小，因而容易引起伤感。萧红的受伤，并不像别的女性那样有羞辱感，而是被抛感，孤独感，挫败感。困难的是，她要战胜的不是眼前的哪一个女人或是男人，而是自己的内心。

然而，正如她在诗中说的，"只有一个他"。除开性伙伴不说，在遥远的异地，萧军几乎是她唯一的亲人和朋友。三年多的共同生活的经验，又使她确认曾经存在过一种叫"爱情"的东西，虽然很不稳定，生生灭灭，毕竟给过她以温暖和幸福。所以，她没有选择离开萧军，就不仅仅是一个勇气问题。她愿意继续等待。

在萧红与萧军之间，第三者是间隔出现的，程女士也不是初次现身，这一切对萧红来说，虽然构成接连的打击，但也增加了她的心理承受力而不至于突然崩溃。在与萧军同居时，她已身为孕妇，性问题在她那里应当不是首要的，性是忠诚或是背叛的一种象征；而忠诚，则成了具有道德倾向的感情问题，心灵问题，而不是肉身的贞操问题。

她在痛苦中慢慢抬起头来。宽容了萧军，也就是释放了自己。

社会学家齐美尔在两性问题上说过："对于作为主人的男人来说，在其生活活动内，并没有将他对女人的关系的兴趣看做性命攸关的；女人在她与男人的关系中却恰恰采取这种态度。"的确，爱情对萧红来说，是生命整个的存在。她不可能把爱情和写作分开，当她自觉失去了萧军的爱之后，几乎什么也写不成，又害怕在家里待着，经常一个人四处游荡。吃饭也是随便打发的，胡风就不止一次在霞飞路上遇到她，一个人去俄国大菜馆，

1935年在鲁迅居所前萧红（左）与许广平（右）合影

吃两角钱一客的便宜饭。实在苦闷得不行，她就只好往鲁迅家里跑。

就在这一年春天，萧军和萧红把家搬到北四川路离鲁迅寓所不远的地方来了。萧军说是靠近些，为的方便，可以多帮忙。开始他们每夜饭后都会前来一次，有时还吃点东西才走，但是到了后来，常来的就只有萧红了。

萧红每天要来一两次，甚至一来就是一整天。要在痛苦中解放出来，实在不是容易的事。她无路可走。许广平回忆说，萧红有时倾谈得很开心，更多的是勉强谈话，而强烈的哀愁，时常侵袭上来，像是用纸包着水，总是没法不叫它渗出来。自然，她也时常用力克制，反而像是在水壶上加热，壶的外面布满水珠，一点也遮不住。

许广平为了减轻鲁迅整天陪客的辛劳，不得不留出时间在楼下的客厅里陪她长谈。但因此，对鲁迅的照料便不能兼顾，往往弄得不知所措。一次许广平陪了萧红大半天之后走到楼上，鲁迅说是刚刚睡醒，而这一天全部窗子都忘了关上，风相当的大，他因此受凉了，发起热来，害了一场病。

1935年萧红在鲁迅居所门前

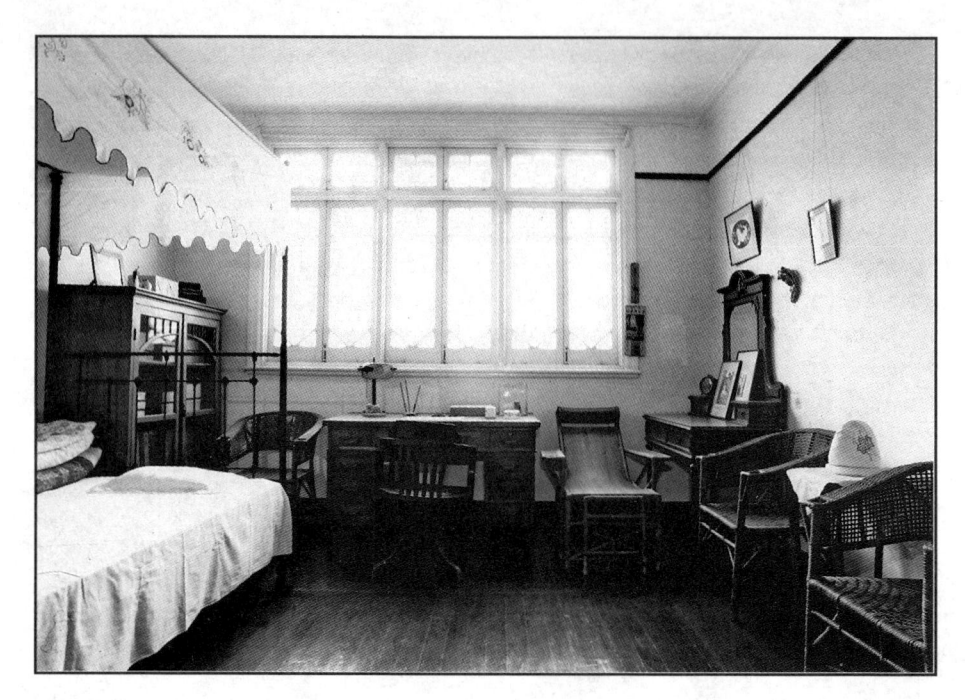

鲁迅当年的工作室兼卧室

这年夏天，胡风受了鲁迅的委托，正在帮助日本人鹿地亘翻译鲁迅的著作，便常常到鲁迅家里来。他的夫人梅志有时也跟着来，每次来到几乎都在楼下遇见萧红。这时，许广平就会让梅志跟萧红谈话，自己忙别的事情去。在梅志的印象中，萧红形容憔悴，消瘦多了，脸色也苍白得发青。她见到梅志很冷淡，有点心不在焉的样子。只是海婴缠住她玩，不停地问这问那，她才慢慢地有了一点兴致，和梅志拉拉家常。

有一次，许广平在楼梯口迎着梅志，诉苦似的说：

"萧红又在前厅……她天天来一坐就是半天，我哪有时间陪她，只好叫海婴去陪她,我知道，她也苦恼得很……她痛苦,寂寞,没地方去就跑这儿来，我能向她表示不高兴吗？唉！真没办法。"

而鲁迅是喜欢她，欢迎她来的。

一天下午，鲁迅在校对瞿秋白的《海上述林》，萧红刚走进卧室，他那张圆转椅便立刻掉转过来了。

"好久不见，好久不见。"他一边说着一边向萧红点头。

萧红一时错愕，鲁迅又转身坐在躺椅上兀自笑起来……

以鲁迅的敏感和世故，他不会不知道在两个青年人之间发生的矛盾，以及这其中所给予萧红的伤害。他也许不知道详情，大约也不便打听细节，而且也不会介入做调和的角色。但是，只要身体好，他总要陪萧红谈天，逗她快乐，像说说她的穿戴服饰之类，有时也邀她一起看电影。只有在鲁迅身边，她才会暂时忘掉忧伤，像儿时见到了老祖父一样。

梅雨季节是很少有晴天的。一天上午刚放晴，萧红就跑到鲁迅家来了，跑上楼去还喘着。

鲁迅说："来啦！"

萧红也说："来啦！"

她喘着连茶也喝不下。

鲁迅问萧红："有什么事吗？"

萧红说："天晴啦，太阳出来啦！"

她完全回到她的后花园里去了……

这一年，鲁迅特别多病，到了6月，便完全躺倒了。整整一个月，萧红都不敢上楼去。这是她最郁闷的一个月。

将近半年过去，萧红的身体更加虚弱，而精神状况也愈来愈坏。

黄源建议她到日本去住一段时期。日本距上海不算太远，生活费用也不算太贵，环境比较安静，可以一面休养，一面专心写作，有兴趣还可以学习日语。而他的夫人许粤华正在日本学日文，不到一年已经能够翻译些短文了。如果萧红愿意去，让她照顾一下是不成问题的。

这时，萧红通过白朗打听到了弟弟张秀珂正在日本留学。姐弟间好几年没见面了，当此彷徨无依之际，萧红特别希望见到他。一段时间以来，她还时时含着泪水想起逝去已久的母亲呢。

到了7月，鲁迅的身体明显好转，客人可以上楼看望他了。萧红隔了一个月没有上楼，忽然上楼心里不免有些不安，走进卧室的门，不知道该站到哪里。鲁迅大概看出她的不安来了，说："人瘦了，这样瘦是不成的，要多吃点。"这时，鲁迅又可以说玩笑话了，而且笑声是明朗的。

其实，萧红最放心不下的是鲁迅的健康，看到他恢复过来的神采，可以释怀了。关于去日本的事，不知道她有没有征求过鲁迅的意见，如果说起来，那一定是赞成的。鲁迅对日本的印象很好，他自己也曾有过赴日疗养的动念，秋天成行应当是合适的。

萧红和萧军协商的结果是，萧红去日本，萧军去青岛，一年以后再回到上海相聚。恰好这时书店为《生死场》和《八月的乡村》结算了一笔书款，这样，旅费问题也就顺利解决了。

7月15日，鲁迅在家里为萧红设宴饯行，许广平亲自下厨制馔。鲁迅总是担心萧红过于单纯，这次远行，他便讲了一些在日本应当注意的情况，以及对付的办法。萧红一直记住他临别时的叮嘱："每到码头，就有验病的上来，不要怕，中国人就会吓唬中国人，茶房就会说：'验病的来啦！来啦！'……"

次日，萧红、萧军和黄源一起吃过饭，然后到照相馆拍了张合照。萧红烫了头发，穿上西装，好像刻意要一下子改变自己的形象似的。她太想离开上海，离开萧军，太想过一种新的生活了。

7月17日，萧红终于登上轮船，独自前往异国。

蔚蓝色的大海渐渐变成了墨蓝……

萧红站在船尾，望着海，心里顿然生出了恐怖。在这一片汹涌着喧哗着的黑暗的荒海里，仿佛只剩下她一个人，孤零零的一个人怎么渡得过去啊！

入夜以后，她回到底舱的铺位，开始给萧军写信。她太需要说话了，可是找谁呢？

除了萧军，还是萧军。

1936年7月16日，萧红去日本前一日，黄源设宴送别萧红。宴后三人到上海万氏照相馆合影。左起为黄源、萧军、萧红

15 东京：沙粒飞扬

东京。

萧红找到黄源的夫人许粤华，在趣町区富士见町二丁目九一五中村方找到了一间房子。屋子是六席大的榻榻米，她觉得就像画里的房子一样宽敞、舒适，竟立刻想到萧军来到时，先在席子上打一个滚的情景。屋里的摆布简单规整，一张桌子和一张椅子都是借来的，一个人安静地耽着，于是感到了寂寞，总像屋子里缺少了一点什么。

使萧红最感到失落的，是弟弟张秀珂已经返回东北呼兰家中，而且是她来到日本的头一天走的。据张秀珂后来的回忆，他这时尚未离开日本，知道萧红到来的消息，可是怕被特务发觉，所以不敢找她。但不论如何，姐弟间的亲叙是不可能的了，这对于萧红是一个重大的打击。邻居是陌生的，说话的人一个也没有，看的书报也没有，想到街上走走吧，不认识路，语言也不通。她曾经到神保町的书铺去过一次，但那书铺好像与她一点关系也没有。许粤华每天忙于工作，两人聚谈的时间并不多，就连这样一个熟人，一个月之后也因为家事回上海去了。萧红很难过，又忧虑，时时想哭。她觉得自己像是被充军西伯利亚一样，不晓得怎样过下去，怕忍耐不住了。

她听不惯满街响着的木屐的声音，像在不断地提示着这是异国。她起了无边的乡愁，可是诉与谁呢？戏剧性的是，看来仍然是那个曾经朝夕相

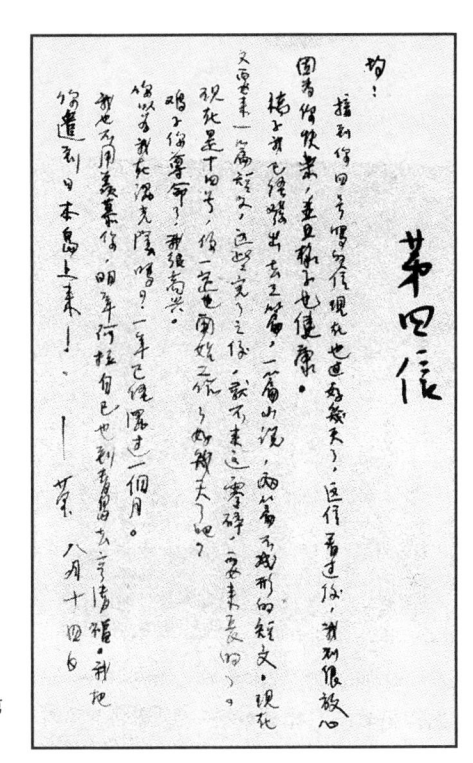

萧红在日本期间写给萧军的第四封信

伴却又急欲离去的人,在千万里外的人!

8月初,萧军已经到了青岛。萧红的第四封信,就是寄到青岛去的,信中附了她写的一首短诗:

异 国

夜间:这窗外的树声,
　　　听来好像家乡田野上抖动着的高粱,
　　　但,这不是。
　　　这是异国了,
　　　踏踏的木屐声音有时潮水一般了。
日里:这青蓝的天空,
　　　好像家乡六月里广茫的原野,

但，这不是。

这是异国了，

这异国的蝉鸣也好像更响了一些。

萧红在信中不时地诉说着寂寞，不安，灵魂的波动。纸烟许久不抽了，现在又挂到嘴上来。她买了些画，有的挂在墙上，为的是自娱，有一张画的是茅草屋里睡着的农家的小女孩，她就觉得像她小时候的样子，非常喜爱；还有的留着时常看看，消消"闲饥"，将来带回国去。她知道，这种像蛹一样被卷到茧里去的生活，萧军是不会有的。萧军粗豪，达观，总能看得见前面的大目标。而她，虽然承认生活着是为着将来而不是现在，却确信人尽靠着远的和大的生活是不行的。

当她为眼前平常的琐事所纠缠时，就不能不受伤了。她在一封信里写道：

窗上洒满着白月的当儿，我愿意关了灯，坐下来沉默一些时候，就在这沉默中，忽然像有警钟似的来到我的心上："这不就是我的黄金时代吗？此刻。"于是我摸着桌布，回身摸着藤椅的边沿，而后把举到面前，模模糊糊的，但确认定这是自己的手，而后再看到那单细的窗棂上去。是的，自己就在日本。自由和舒适，平静和安闲，经济一点也不压迫，这真是黄金时代，是在笼子过的。从此我又想到了别的，什么事来到我这里就不对了，也不是时候了。对于自己的平安，显然是有些不惯，所以又爱这平安，又怕这平安。

这又爱又怕的心情，写得很细腻，婉转而含蓄。

萧红多年来在颠沛流离中度过，确实不曾这般安闲过。想到闲静的由来，她是不能不有所怨尤的；但是直白地说出来，又怕伤害对方。作为女人，她倒是常常记挂着萧军。在她的心目中，萧军永远是一个粗人，一个对一切无所谓的人，一个不懂得收拾生活的人，所以特别留意他的饮食起居；也许共同生活的经验，也自然形成了一种体贴、照顾对方的习惯。她尤其害怕一种放纵的、无规律的生活会损害了萧军的健康，因为她自己便一直

萧红 1936 年摄于日本

为疾病所苦，来到日本也仍然患着头痛胃病发烧失眠之类，信中有关的报道是不曾间断的。所以，她得"庄严地告诉"萧军一些事，比如：不要忘记吃药，少吃些饭，日间游泳多少次；还有，要买软枕头，不要买硬枕头，买有毛的被单，若懒得买可以告诉她买了寄去；再就是买一件皮外套，等等。光是说买枕头的事就不止一次，因为她认定硬枕头是伤害脑神经的。她知道萧军平时胡乱吃东西，所以特别仔细告诉他："船上买一点水果带着，但不要吃鸡子，那东西不消化，饼干是可以带的。"这种种嘱咐无疑太琐碎了些，然而，正是这琐碎，构成了女人命运的全部，也是生活的全部。这琐碎的、细微的、不起眼的，对女人自身来说完全是瓦解性的，是不能承受之轻；但是对男人来说却是不可或缺的，重要的，蕴藏着生命所必需的润泽与温暖。

对于不同的个人，上帝所赋予的爱的份额应当是不相等的。像萧红，她的一生便充满了爱。她说爱是她的追求，因为爱，所以永远地关心着和给予着。假如她失去了所关心的对象，也就同时失去了她自己。

可是，对萧军来说，萧红关心的未免太多了。他晚年为萧红的书信作注，在嘱买软枕头和有毛的单子一节中这样写道："她常常关心得我太多，这使我很不舒服，以至厌烦。这也是我们常常闹小矛盾的原因之一。我是一个不愿可怜自己的人；也不愿别人'可怜'我！"在这里，萧军明确地把关心当做"可怜"而加以拒绝。或许，一个强硬如钢铁般的人，是无从体察弱质的心的，譬如萧军，既然他认为孤独和寂寞是"无害"于他的，又怎么可能度量这种不见形迹的精神疾患对他人的危害呢？

萧红依然无尽地诉说着。

她说，"做了一张小手帕，送给你吧"；她说，"因为下雨所以你想我了，我也有些想你呢！"她说，"你的精神为了旅行很快活吧？"她故意学了长辈的口气，说："小东西，你还认得那是你裤子上剩下来的绸子？坏得很，跟外国孩子去骂嘴！"有时又用了中学生的口气，说："我给你的书签谢也不谢，真可恶！"……

偶尔，也有近于撒娇的时候。她在一封短信的煞尾处写道：

别的没有什么可告诉的了。

腿肚上被蚊虫咬了个大包。

这就是女性的特质。在潜意识里，她在恳求："抚摩我吧！"但是，文字上却表现得很平淡，纯叙述的。

果然，萧军大不以为然。他后来这样写下对此的反应："腿肚上被蚊虫咬了个大包，她也会说一说的，好像如此一说，这'大包'就可不痛不痒了，其实我对她这'大包'能有什么办法呢？——这也是我们俩体性不相同的地方。在我是不愿向任何人谈论自己的病症或伤害的，我以为这是无益，也伤害到自尊的事，总愿意把'愉快'给予人……"

萧红说："灵魂太细微的人同时也一定渺小，所以我并不崇敬我自己。我崇敬粗大的、宽宏的！"

对于这段自白式的话，萧军注释说："我的灵魂比她当然要粗大、宽宏一些。她虽然'崇敬'，但我以为她并不爱具有这样灵魂的人，相反的，她会感到它——这样灵魂——伤害到她的灵魂的自尊，因此她可能还憎恨它，最终要逃开它……她曾写过我是具有'强盗'一般灵魂的人！这确是伤害了我，如果我没有类于这样的灵魂，恐怕她是不会得救的！"他分明以恩人自居了，接着又写道："我曾经有自知之明地评价过自己，我是一柄斧头，在人们需要使用我时，他们会称赞我；当用过以后，就要抛到一边，而且还要加上一句这样的诅咒：'这是多么蠢笨而蛮野的斧头啊！……'"

萧红所崇敬的粗大、宽宏的灵魂是能够充分包容了细微和弱小者的，如此看来，萧军并不具备这样的灵魂。而这，也正是让萧红感到失望的地方。

由于病苦的纠缠，间中自然也含有对爱情的失望，或是不祥的预感，萧红时时会无端地有坏心情来袭。她在一封信里如半空坠石一般，劈头就这样说到她和萧军的健康状况：

你亦人也，吾亦人也，你则健康，我则多病，常兴健牛与病驴之感，故每暗中惭愧。

多病从来就是造成萧红压抑、自卑的根由之一。在健康问题的背后，

> 这是同游在一个池塘里的
> 鸭子，
> 她们互相地不爱，
> 可是径自分散的一天呵！
> 分离后的鸭子
> 你们就不会再鸣咿了，
> 叫也是听不到的了！
> (5.10.'2)

萧红在日本时，萧军寄赠的照片及背后题诗

有着她对于双方平等，其实是对于被对方理解的渴求。而在萧军看来，两人的差异和矛盾是无法调和的，后来走向决裂是必然的，宿命般的。他在阐释这出爱情悲剧时，大谈"唯物主义"、健全理智、伦理道德和美感情操，最后表示说，在他那里"所余下的只是一些历史的怀念而已"。萧红呢？"在萧红或者连这些'怀念'也不愿或不敢再保存于自己的记忆中或表现于什么形式上——她恐惧它们，憎恨它们，她要做一个超历史的，从而否认历史的、光荣独立的人！"

当他如此喋喋不休的时候，萧红已经永远地归于沉默了。

在这里，萧军有一个很不负责任的，或者说很不"公正"的地方，就在于把自己装扮成一个"无事人"的样子，甚至一再回到一个"保护人"的位置上，回避了萧红赴日的直接原因。

萧红的创伤自然只有她自己知道。在通信中，她在表达爱意的同时，刻意做出矜持的姿态，而这正是伤痛的展示，只是变换了另一种形式而已。她极力克制，忍隐，退让，不愿以此牵系对方；二来，这也是她一贯自尊的表现。但是,她又不甘于保守缄默,认为有必要让对方明白:你做错了!

她有时故意写得很客气,譬如让萧军寄书,就说:"我不知你寄书有什么不方便处没有?若不便,那就不敢劳驾了。"写信于她本来是一种生理需要,但又抱怨说:"我给你写的信也太多。"萧军在信里告诉她游了崂山,她问:"逛崂山没有我同去,你想不到吗?"其实"缺席"的事实本身是暗含了一种抗议的。她说要把写好的诗寄给黄源看,不让萧军看,预料萧军看了不但不感到趣味,反而又要说她缺乏意志,非成了"寂寂寞寞"不可。"……闲饥难忍,这是不错的。"她说,"但就把自己布置到这里了,精神上的不能忍也忍了下去,何况这一个饥呢?"

萧军把一个在青岛写的短篇《为了爱的缘故》寄给萧红。这个小说用第一人称写法,是以他们两人在东北的爱情生活为素材创作的,其中女主角芹就是萧红。应当说,爱的追忆,多少给他带来一些歉悔之意。萧红看了,内心里的冰块并没有像萧军想象的那般容易消释,回信说:

> 在那《爱……》的文章里面,芹简直和幽灵差不多了,读了使自己感到了颤栗,因为自己也不认识自己了。我想我们吵嘴之类,也都是因为了那样的根源——就是为一个人的打算,还是为多数人打算。从此我可就不愿再那样妨害你了。你有你的自由了。

往事不堪回首。这里传出一个清楚无误的信息是:自两人结合至今,自己的变化太大,其实根源于爱情自身的变化太大。过去吵嘴是因为爱一个人,现在不会吵了,因为自己已经做出决定,就是:不妨碍你,把自由给你。让你去吧!潜台词是:与其无爱地生活,毋宁及早分开,互不妨害!

萧军在信中说到青岛旧地重游是如何的好,萧红回信说:"你再来信说你这样好那样好,我可说不定也去,我的稿费也可以够了。你怕不怕?我是和(你)开玩笑,也许是假玩笑。"其中,"我的稿费"是一个十分重要的暗示:如果你仍然不珍惜往日的情谊,我是可以重做娜拉的!只要娜拉有了经济权,那么她就不一定非回来不可!

然而,萧红在理智上设想过分道扬镳的未来,情感却一再回到风雨同舟的过去。她下不了分手的决心，就算暂时分开，是如约一年返国，还是延期住下呢？在信中也都是反复不定，充满矛盾的。她说："你说我滚回去，你想我了吗？我可不想你呢，我要在日本住十年。"就在同一封信里，却又说："你等着吧！说不定哪一个月，或哪一天，我可真要滚回去的。到那时候，我就说你让我回来的。"她曾经表示说，房子是没有心思装饰的，"花，不买了，酒也不想喝，对于一切都不大有趣味，夜里看着窗棂和空空的四壁，对于一个年轻的有热情的人，这是绝大的残酷，但对于我还好，人到了中年总是能熬住一点火焰的。"等到寂寞退潮时，她又详细地报道如何布置房间的情况，大有长住久安的样子："我的房间收拾得非常整齐，好像等待着客人的到来一样。草褥折起来当做沙发，还有一个小圆桌，桌上还站着一瓶红色的酒。酒瓶下面站着一对金酒杯。大概在一个地方住得久了一点，也总是开心些的，因为我感觉到我的心情好像开始要管到一些在我身外的装点，虽然房间里边挂起一张小画片来，不算什么，是平常的，但，那需要多么大的热情来做这么一点小事呢？非亲身感到的是不知道。我刚来的时候，就是前半个月吧，我也没有这样的要求……"

当萧红写下这些自知多少带了刺激的话时，便又随即感到不安了。她不愿意伤害至今仍然为她所爱恋着的人。百转千回，结果，她又得这样书写：

　　均：上面又写了一些怕又引起你误解的一些话，因为一向你看得我很弱……

女人啊！

萧红的书信始终绞缠着孤独、寂寞、思念、疾病和工作，她挣扎着，努力让工作成为日常生活的中心。

安顿下来才几天，她就打算留在家里写东西，但是根本写不下去。看来她不是那种随遇而安的人。她适应不了新环境。她说，她很难过，很想哭，她听不到萧军那熟悉的登登上楼的声音了。不要说写作，在她想要写信时，发现钢笔里的墨水没有了，怎样装也装不进去，而且抽进去的墨水一压就

1936年萧红在日本东京

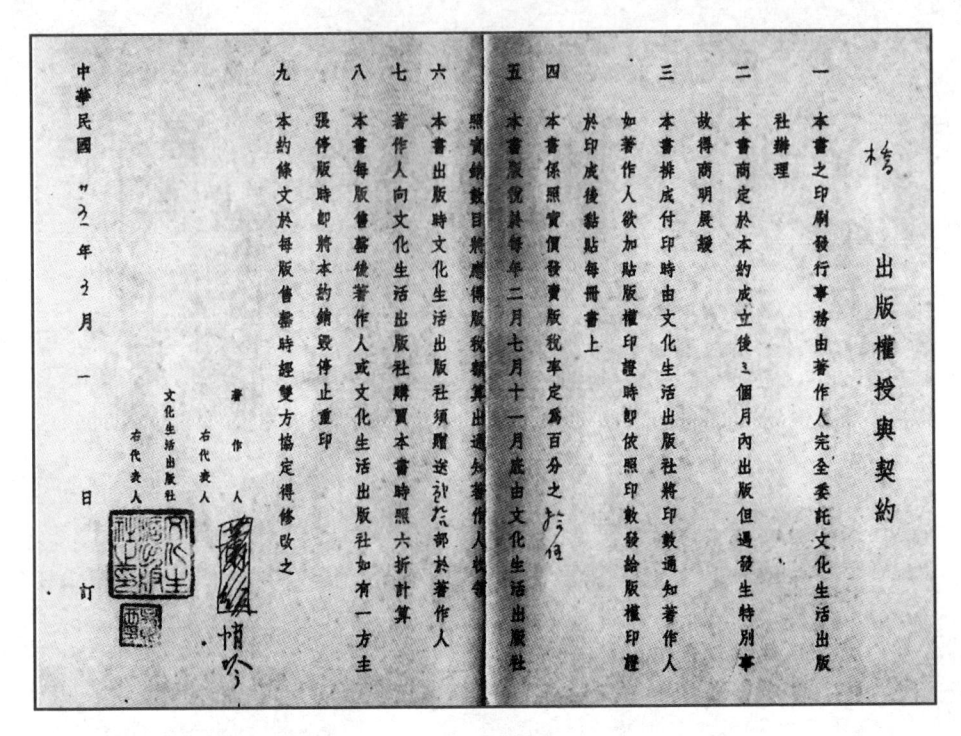

1936年5月1日萧红与上海文化生活出版社签订《桥》的出版合同

又随之压出来了……

  疲乏,头痛,不能支持。心跳过速,血流加快,在冲击着全身。就在这感觉最坏的一天,萧红写信说:"假如精神和身体稍微好一点,我总就要工作的,因为除了工作再没有别的事情可做的。"其实,各种疾病贯穿了她的整个日本的旅程,当然也贯穿了她一生的旅程,然而她一再说:"我把写作放在第一位始终是对的";"我主要的目的是创作,妨害——它是不行的。"在到东京不足一个月的时间里,她寄出去三篇短文,都是她努力挣扎着写出来的,接着计划写长东西。为了完成计划,她改变了多年早睡的习惯,晚上一直熬到十二点或者一点。风雨大作,电灯忽明忽暗,她照样写;剧烈的肚痛长达数个小时,全身发抖,吃四片洛定片也不生效,她照样写;发烧持续不退,她继续写。她回到了儿时,而忘却此刻的自己。在一个半月里写了三万字,其间,有二十多天感到呼吸困难。

  这个三万字的短篇,就是《家族以外的人》,叙述的是家中的老仆人有二伯的故事。无论写作速度还是质量，萧红都是满意的。

8月，《商市街》作为巴金主编的《文学丛刊》第二集，署名悄吟，由上海文化生活出版社出版。书的出版，对于情绪低落的萧红来说，无疑是一个鼓舞。后来，萧军信中把出版后受到好评的情况告诉她，她说是喜欢而且感谢的。11月，短篇散文集《桥》也被编入"文学丛刊"第三集出版了。

《桥》共收入十三篇作品。其中部分属于个人生活回忆性质，如《蹲在洋车上》、《过夜》、《索菲亚的愁苦》等。《索菲亚的愁苦》通过俄文教师，一位俄罗斯姑娘的叙述，展现了俄国革命后的犹太人、"穷党"、流亡者的艰难处境；对于他们为祖国所阻绝的痛苦，作者感同身受。还有一部分描写社会题材，《小六》写一个少年人过早承担家庭生活的不幸，《烦扰的一日》写一个年轻妇女求做保姆时的困窘，《桥》写一位母亲舍弃亲生儿而做了他家乳娘的内心撕裂的创痛。《三个无聊的人》揭露了一种病态的中产阶级生活，这个短篇有着较为明显的女权主义意识，其中使用的讽刺手法也是值得注意的。可见后来长篇《马伯乐》的产生并非偶然。在集子中，《手》的写作较晚，讲述的是一个家里开染衣店的女学生在学校里备受歧视，最后被逐的故事。小说结构严谨，致力于人物的刻画，似乎走的契诃夫的路子，这在萧红的写作中是少有的。

这个集子不是同一个时期创作的，材料和写法很不同，但是，都一致地表现社会或家庭中的少数、异类、弱势者和孤独者，描写他们被压迫、被剥削、被侮辱和被损害的状况，而且这些人物几乎全数是妇女和儿童。在这里，可以看到，爱和温暖，不只是萧红所追求的，也是她所给予的。

然而，对于《桥》的出版，萧红的反应并没有很高的兴致，或许她正在雄心勃勃地计划着下一步较为宏大的写作吧！问题是，她并不如萧军一类作家，写作可以像办公事一样，在一定的时间开始，按一定的速度进行，全部规定好，连稿纸也有定量。她太容易受干扰了。在日本，她的作品并不多，除了《家族以外的人》，其实只有《孤独的生活》、《红的果园》、《王四的故事》三篇短文。《永远的憧憬与追求》一篇，实际上是应刊物的要求而写的自传，只是写得漂亮，成了优美的散文了。她就这样，往往在不经意间显露出色的才华,《红的果园》也如此,全篇闪烁着印象派绘画的光彩,而意蕴深长。

因为写得少,这也就给萧红的心里增加了不少压力。她必须努力做出调整,可是,等到她把状态调整得稍好一点的时候,更大的苦痛又压过来了!

在东京住下来几个月之后,萧红对周围环境逐渐熟悉起来,房东待她很好,还常常送给她一些礼物,比如方糖、花生、饼干、苹果、葡萄之类,还有一盆花,给她摆在窗台上。虽然有警察前来光顾,此后却不见再来,日子还算平顺。书稿的连续出版,无论如何是好消息,而最使她感到快慰的是,日文进步很快,一本《文学案内》已经能读懂大半了。照这样的速度,不久就可以自由地阅读许多书;在日本,好书层出不穷,多待些日子,实在是很有好处的。

这时候,她想不到的是:鲁迅死了!

一个最威严,最顽强,然而又是最慈爱的人离开了这个世界!

萧红根本不能接受眼前这个事实。在她和萧军的通信中,第一次提到鲁迅的是10月13日。这一天,萧军正好从青岛回到上海。她告诉萧军,她在电影中看到了北四川路和施高塔路,想到了病中的鲁迅,那一刻是忐忑不安的。过了一周,她突然看见报纸上出现鲁迅的"偲"这样的题目。她立刻翻开字典查找,没有"偲"这个字。但是,文章里又有"逝世"的字眼,谁逝世了呢?她慌神了,赶忙冒雨回到家里,打开房东的格子门,可是怎样也进不去。女房东正在炉旁切萝卜,看见萧红的狼狈相,抓住白围裙,像鸽子似的笑起来:"伞……伞……"萧红这才明白,上不了阁楼,原来是自己在慌张中忘了把伞合上。

第二天早晨,她来到一家熟悉的饭馆里,又在一份报纸上看到了"逝世、逝世"的字眼,还有"损失"、"陨星"之类,都是可怕的词。她一下子难过起来,饭吃了一半就回到家里,接着乘了电车,找到唯一的朋友。那朋友正在走廊上刷一双鞋,看见萧红,不禁惊呼道:"啊!你来得这样早!"萧红说明来意,朋友说她不相信。她病了好长时间,没有看报,于是翻出了报纸,又找来日文字典查了"偲"字,知道是印象、面影的意思。朋友说,一定是有人到了上海，访问了鲁迅先生回来写的。萧红质疑道，那么为什么会有逝世的字眼在文章中呢？文章上好像还说到鲁迅的房子有枪弹穿入，而鲁迅，就安静地躺在摇椅上。鲁迅是被枪弹打死的？她记得在电影上看见日本水兵被杀事件，北四川路又是戒严，又是搬家，而鲁迅就住在北四川路。而朋友却说，"逝世"当是鲁迅自己谈过去的事情，不用惊慌的，安静地坐在摇椅上又有什么稀奇。她送萧红出门时还说："你这个人呀！不要神经质了，最近在《作家》、《中流》上面都有他的文章，可见他的身体已经在复原……"

直到22日，日本靖国神社开庙会，萧红才证实了鲁迅去世的消息。

前些日子，她还买了一本心爱的画册打算送给鲁迅的，而现在，这画册只好留着自己来看了。本来人活得好好的，和他一起吃饭仿佛还是昨天的事，临别时的叮嘱，也还这么亲切地在耳边响着，然而说死就死了！……

使她感到愧疚的，是一别三月，竟没有给鲁迅一封信。临走前，萧军说是鲁迅身体不好，不要打扰他，于是约定一年内大家都不给他写信，免使他辛苦作复。她没有细想，就应承了。回想起来，这是多么不合情理的做法呀！不给写信，不是让他更加惦记么？事实上正是这样。鲁迅去世前十四天，复信茅盾时还说："萧红一去之后，并未给我一信，通知地址……"这信萧红没能看到，大约至死也未必能看到；若果看到了，不知道该如何地痛悔！

在悲痛中，萧红给萧军写了一封信：

军：

关于周先生的死，21日的报上，我就渺渺茫茫知道一点……

昨夜，我是不能不哭了。我看到一张中国报纸上清清楚楚地登着他的照片，而且是那么痛苦的一刻。可惜我的哭声不能和你们的哭声混在一道。

现在他已经离开我们五天了，不知现在睡到哪里去了？虽然在三个月前向他告别的时候，他是坐在藤椅上，而且说："每到码头，就有验病的上来，不要怕，中国人就专会吓唬中国人，茶房就会说，

1936年10月22日下午举行鲁迅启灵祭,送殡者多达万人,沿途高唱挽歌,傍晚抵达万国公墓举行葬仪,萧红写信告诉萧军,要多多安慰许广平

验病的来了!来啦!……"

我等着你的来信。

可怕的是许女士的悲痛,想个法子,好好安慰着她,最好使她不要安静下来,多多的和她来往。过了这一个最难忍的痛苦的初期,以后总是比开始容易平伏下来。还有那孩子,我真不能够想象了。我想一步踏回来,这想象的时间,在一个完全孤独的人是多么可怕!

最后你替我去送一个花圈或是什么。

告诉许女士:看在孩子的面上,不要太多哭。

红
12月24日

鲁迅逝世后，12位鲁迅生前友人为鲁迅扶棺

    国内的刊物约萧红写回忆的文章，她告诉萧军，自己一时写不出，情绪太难处理。后来，《中流》半月刊在"纪念鲁迅先生专号"上，就用了这封信，加上题目《海上的悲悼》发表了。

    萧红的心里，一直被这个巨大的噩耗盘踞着。她写不出文章，却时时惦念着许广平和小海婴，在长达一个月的时间里，几乎每封信都必然提及。在她看来，许广平也是命苦的人，现在更孤零了，孩子又小，还不能懂得母亲，因此，吩咐萧军说，"既然住得很近，你可替我多跑两趟。别的朋友也可约同他们常到她家去玩，L①没完成的事业，我们是接受下来了，但他的爱人，留给谁了呢？"她想得很细，连鲁迅家里那两个老娘姨也记得起来，要萧军代她问候。

---

①   L即鲁迅。

她想着给鲁迅出版全集的事，认为中国人集中国人的文章总比日本人收集的方便，而日文版的鲁迅全集11月份就可以出版了。这使她佩服不已，因之也更加焦急，跟萧军说，她要找胡风、聂绀弩、黄源诸人商量立即做起来。

　　鲁迅的死折磨着萧红。在获悉死讯之后几天开始，一个月里不断地发烧，嘴唇全烧破了，一块一块的；她总是回想着鲁迅对她的种种爱护、迁就和抚慰的情形，在这世界上除了老祖父，再没有第二个人这样对待自己了，于是情感上放不下，精神烦躁得很，什么也写不下去，工作全停顿下来了。

　　她没有地方去，整天待在家里。筝声从邻居家里传过来，凄切，幽怨。她觉得脑子里有一个线团在纠缠着，非常混乱，说不出是思乡呢，还是思什么，总是想哭……

　　萧红没有按约定的期限在东京住满一年，她提前回国了。

　　12月间，大约萧军曾经写信劝她归去，所以她会在几封信里一连谈及，但是，声明还没有这个意思。当时，她的弟弟张秀珂已经到了上海。在信中，她和萧军讨论了弟弟的工作问题，表示了她的意见；元旦过后，颇有兴致地附寄了弟弟给她的信，信里有对萧军的"鉴赏"的内容。

　　就在这时，情势发生了变化，萧军再度坠入爱河了。

　　有关的原因，萧军在晚年承认说，"那是她在日本期间，由于某种偶然的际遇，我曾经和某君有过一段短时期感情上的纠葛——所谓'恋爱'——但是我和对方全清楚意识到为了道义上的考虑彼此没有结合的可能。为了要结束这种'无结果的恋爱'，我们彼此同意促使萧红由日本马上回来。这种'结束'，也并不能说彼此没有痛苦的！"其中说的"某君"，就是离日返沪的许粤华。

　　大约萧军也自有他的痛苦吧，所以，在这期间一个人拼命地喝酒。黄源把他喝酒的情形告诉了萧红，看来，萧红未必知道背后的因由，只是从他的健康着想，这样对他说："清说：你近来的喝酒是在报复我的吃烟，这不应该了，你不能和一个草叶来分胜负，真的，我孤独得和一张草叶似的了。我们刚来上海时，那滋味你是忘记了，而我又在开头尝着……"

　　这孤独而柔弱的草叶，还没有完全从死亡的大风雪中恢复过来，就又面临了一场沙暴的吹袭。这时，她写下组诗《沙粒》：

漂泊者

1

七月里长起来的野菜,
八月里开花了。
我伤感它们的命运,
我赞叹它们的勇敢。

7

从前是和孤独来斗争,
而现在是体验着这孤独。
一样的孤独,
两样的滋味。

9

绿色的海洋,
蓝色的海洋,
我羡慕你的伟大,
我又怕你的惊险。

10

朋友和敌人我都一样的崇敬,
因为在我的灵魂上他们都画过条纹。

11

今后将不再流泪了,
不是我心中没有悲哀,
而是这狂妄的人间迷惘了我了。

13

我的胸中积满了沙石,

因此我所想望着的,
只是旷野、高天和飞鸟。

20

理想的白马骑不得,
梦中的爱人爱不得。

31

从异乡又奔向异乡,
这愿望多么渺茫,
而况送着我的是海上的波浪,
迎接着我的是异乡的风霜。

32

只要那是真诚的,
哪怕就带着点罪恶,
我也接受了。

33

我本一无所恋,
但又觉得到处皆有所恋。
这烦乱的情绪呀!
我咒诅着你,
好像咒诅着恶魔那么咒诅。

34

什么最痛苦?
说不出的痛苦最痛苦。

萧红离开日本前在东京留影

　　这些断续写成的诗句，有如复沓的音乐，弹奏着爱情的苦痛。但是，眼前飞扬的沙粒，可以使心灵流血，却未曾使理性在打击下昏盲。深度的痛苦有一种促使自身升华的元素。她觉得，个人情感的天地过于狭小了，必须超越其上，进入更自由、更广阔、更高远的境界。她向往着，又疑虑着且惊惧着。然而，她毕竟能够为自己画出一个新的梦境了。

　　最值得注意的是组诗中的第 33 首。大约启程回国前夕，萧军在信中向她坦陈了自己的隐情。对此，萧红表示出了唯"五四新女性"才有的理解和宽容。她说，发生在男女之间的爱情，只要是真诚的，哪怕带着点"罪恶"，哪怕对她构成了侵犯，她也是可以接受的。其实这里包含着对于徒具婚姻形式的男女关系的一种否定，在个人的泪光里，闪耀着女性主义的纯净的光华。

　　她开始经受智慧的痛苦了。

　　她已经不再是一只迷羊。

16 回国以后

1937年1月中旬,萧红回到上海。

他们把家从北四川路搬到吕班路,住进一家由俄国人经营的家庭公寓里。吕班路很静,行人很少,连树木也没有。弄堂里是一排西班牙式楼房,里面有些空房出租,房客大多是白俄,许多文化人,包括一群东北作家都集中居住在这里。

安顿下来以后,萧红第一件事就是去拜谒鲁迅墓。

那是一个半阴的天气,她和萧军踏着沙沙落叶,走进万国公墓。在墓前,她看见了鲁迅的瓷半身像,看见了地面上许多已经枯萎的花束,看见了鲁迅家中的那只灰蓝色花瓶也站到了这里,瓶底已经丢失,四周长满了青草。她想象着,再过一些时日,墓草就将埋没了花瓶,恐怕连鲁迅的瓷半身像也要被埋没到胸口了……

萧军上前清扫了一下墓基,萧红将手中的鲜花轻轻放在上面,又在近旁拔了一株小小的花草,竖在墓边的泥土里。然后,她对着鲁迅墓深深鞠了一躬,低下头,默默垂泪。

附近的石匠在钻击着墓石,发出丁丁的空洞的声响……

离去时,刚刚走了几步,她突然急转身,奔到鲁迅墓前,扑倒在地上,放声痛哭起来……

1937年初萧红从日本归来后，到上海虹桥万国公墓鲁迅墓前祭奠。左起：许广平、萧红、萧军，前为周海婴

一个多月后，是3月8日的一天，萧红写了拜墓的诗：

……
　我哭着你，
　不是哭你，而是哭着正义。

　你的死，总觉得是带走了正义，
　虽然正义并没有能被人带走……

在纪念鲁迅的大量的文字中，多的是"国家"、"民族"、"大众"之类的大词，像"正义"这样一个伦理学的用语，大概只有出现在萧红这里。对于鲁迅，她有着独特的理解，也有着独特的感受。"正义"是一个代表弱者的词，在这里，除了社会公正性的含义之外，恐怕还带有很强烈的私人色彩，对于她与萧军之间发生的矛盾，所有的朋友都跑到萧军一边去了，谁能支持她，能够站出来说几句公道的话？

回国以后，萧红的一头烫发又变成了平顺的短发，穿着也十分朴素，完全回到了从前的样子，但是，她在文坛的地位可跟从前大不相同了。许多刊物向她约稿，许多活动请她参加，显然，她和萧军已经进入了名作家的行列。开始时，她努力振作，心情应当说是很不坏的，从梅志看来，甚至比刚到上海时还要好。有一次，她出席了一个新刊物的特邀撰稿人的小宴会，梅志见到她的情绪是高昂的。在会上，她说出自己的主张和想法，梅志才发现，她是那般热爱她的文学事业，而且那般渴望着有大的作为。

然而，这样的时间太短暂了。

萧红在回国之前所接到的萧军有关恋爱的信息，很可能是简单的，含混的，不完全的；以她回来的观察所得，实际上并非那样一回事。她所以放弃一连几个月矜持自守的姿态，从国外回来，大约心里想着，一来可以解除彼此的相思之苦，二来希望以一种退让、宽容的态度，换取萧军的爱、理解和尊重。哈尔滨时代是她所记念的，"牵牛坊"的一段日子，始终是她心里的一片抹不去的阳光。爱是单纯的。如果能回到从前那般单纯的境地里去，该有多好！可惜不但不能，相反事情是愈来愈糟。萧军太自负了！他根本就不把她放在眼里！

出于道义上，或是利害方面的考虑，萧军的"无结果的恋爱"结束了，但许粤华怀了孩子，得做人工流产的手术。这样，萧军便忙着照顾她，无暇顾及萧红了。文艺界的活动，他多是自己应酬去，编刊物也是以个人的名义进行的。他们不常在一起，作家白危在马路上见到他们，也是一前一后地走着，萧军大踏步走在前面，萧红在后面跟着，并排走着的情况很少。

这期间，他们经常闹意见。

张秀珂曾经回忆说，有一次他刚进屋，萧红就告诉他：方才他们争吵过，萧军把电灯泡打坏了。萧军马上抢过来说："是碰坏的。"并且分辩说自己是如何的有理等等。他问萧红到底为什么，萧红反而支吾着不回答了。对于两人之间的冲突，萧红一直抱持沉默的态度，即使对胞弟也不愿说出真相，甚至加以掩饰，不愿迁怨于对方。所以，张秀珂说，他当时是拥护萧军，

萧红的朋友胡风与梅志

不赞成萧红的,直到十年以后,他才知道他们所以闹意见,并不能怪怨萧红。

冲突开始出现极端的形式,强者使用暴力,弱者做心理的抵抗,以此维持家庭表面上的平静。

有一个日本作家来到上海,特别想见见许广平和一些进步作家。在一家小咖啡室里,聚集了萧军、萧红,还有另外几位。梅志,靳以,他们都见证了家庭暴力的事实。

萧红的右眼青紫了很大的一块,吸引了大家的注意。

"怎么啦,碰伤了眼睛?"

"好险呀,幸好没伤到眼球,痛不痛呢?"

"眼睛可得小心呀!"

"我自己不加小心,昨天跌伤了。"萧红平淡地回答,又补充说道,"黑夜里看不见,没关系……"

"什么跌伤的,别不要脸了!"萧军在一旁得意地说,"我昨天喝了酒,借点酒气就打她一拳,把她的眼睛打青了!"

1937年萧红、萧军在吕班路256弄公寓前留影

大家看着萧军一边说话，一边仍然挥着紧握的拳头作势，都不说话。

"别听他说，不是他故意打的，他喝醉了……"萧红说着，又凑近了梅志，轻声说道："他喝多了酒要发病的。"

"不要为我辩护……我喝我的酒……"

萧红的眼睛里立刻涨满了泪水。

时间仿佛倒退到一年以前，萧红又常常一个人往许广平那里跑。鲁迅去世以后，许广平搬家了。到了许广平家里，敏感的萧红，总是有一种物是人非的落寞之感。

她一去，又是一坐半天。她的痛苦，只能向许广平一个人倾诉。这时，许广平就像母亲一样，安慰她，让她在跟前慢慢地舔自己的伤口。当她诉说着的时候，有时遇到梅志进来，也并不避忌。她找不到可靠的亲友了。为了她的事情，许广平和梅志私下商量过，萧军是不好去规劝的，只能劝慰萧红，希望她珍惜身体。

萧红知道，许广平的哀戚还没有平复，不好太多打搅。她尽量地让自己沉浸在写作中去，以忘却一切苦痛；遇到心情特别不好时，才从屋子里溜出来，幽灵一般地在荒凉的大街上游荡……

在骆宾基的《萧红小传》里，记录着一个动人的片断，这是萧红在病中向他讲述的。

萧红往往写作到夜深，每到就寝前，窗外就会传来远处卖唱的胡琴声。这凄楚的琴声，使她对于人间的不幸起了共鸣，而益增了伤感。她打开窗子，望见卖唱的盲人走近窗下。为盲人领路的褴褛的女孩子发现她了，立刻在窗底下站住，这时盲人拉着胡琴唱起"道情"来了。萧红听不懂唱词，却为他们的身世感动了。这盲人是女孩的祖父吗？还是两个天涯沦落人在人生途中偶然的结合？她突然发觉琴声停止了，于是从桌上迅速收起所有的铜板，投到街上。为了不会抛散，她还用纸紧紧裹住那些铜板。

从此，老年的盲人和领路的女孩子，每夜都到她的楼窗底下，凄切地唱着。萧红同样每夜都当是一种新的苦诉来接受，而投下白天早已为他们准备好的小洋角子和铜板。

有一天，她回来得晚了，胡琴声寂止了。

她回到楼上，发现临出门时忘记了关灯，心想，他们一定在窗下唱了许久。当他们一无所获地离开时，该是多么的失落和悲伤呢？她打开窗子，久久怅望，然而，胡琴声是永远地寂止了……

鲁迅逝世时，许粤华同胡风、黄源、周文和萧军等一起值夜守灵；从她以雨田的笔名发表的纪念鲁迅的文章看，她对鲁迅有着很好的理解。在日本，萧红亲自感受到她对学习和工作投入的热情，对自己在生活上也有过关爱，因此，不会为了萧军与她短暂的恋爱关系而影响到对她个人的敬重之情，也没有中断彼此间的来往。

一天，萧红到黄源家去，正好遇见萧军在同黄源、许粤华夫妇说话。但是，萧红一出现，他们的谈话就突然停止了。萧红并不惊疑，因为这在女性生活中是常有的事。她向许粤华招呼道："这时候到公园里去走走多好呀！"见许粤华躺在床上，窗子敞开着，她说："你这样不冷吗？"说着，要把大衣给她披上，黄源说话了："请你不要管。"

萧红立刻从三个人的沉默而僵持的神色上察觉其间的不愉快是什么了。

她悻悻地退了出来。她想：这和我有什么关系呢？为了对待萧军，竟然拿我出气了。可是，我们之中谁和太太们的友谊不是建立在做丈夫的朋友身上呢？谁不是一旦和朋友决裂，就连同太太作为一体而被摈弃的呢？而且，当友谊破裂的时候，不管那太太有着怎样纯洁而美好的心灵，同样要遭到摈弃。这时，萧红再明显不过地看清了自己，其实包括所有女人，作为男人的附属物而存在的事实。

在日本时，她还认为，萧军的恋情只是因为两人之间的"空隙"在作祟，当她填补了这空隙，那恋情的阴影将会随之消失。对于她和萧军的爱，她还有些自信，总以为不会轻易被分裂的。她还不是那种庸俗的女人，总是用力拉拽着男人的衣角，或者拒绝别的女人在男人的身边出现。她要独立地展示自己，希望自己曾经选择的男人也同样地选择她，而且无悔于这种选择。

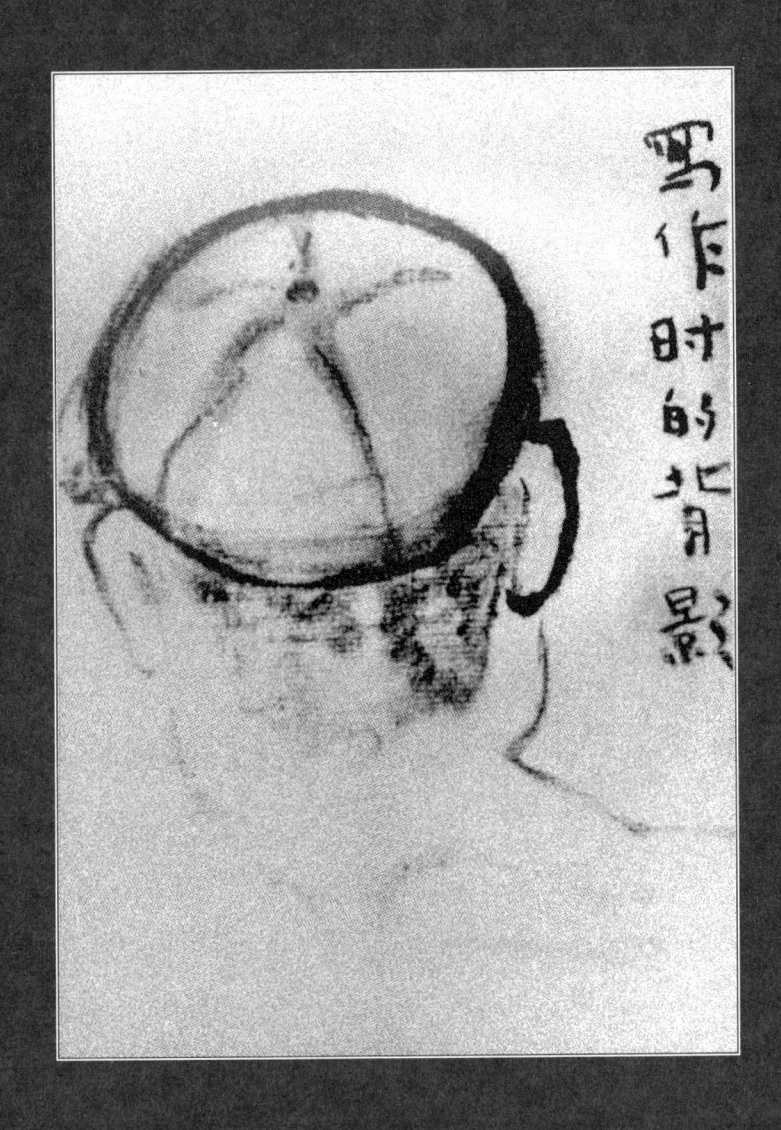

1937年萧红为萧军画的炭笔画《写作时的背影》

幻想破灭了。许粤华怀了萧军的孩子！萧红终于发现，萧军没有悔意，他不但不爱她，甚至连起码的尊重也没有。她的反抗意识迫切要求赋予它以外在的形式了。

　　齐美尔比较两性的时候说，女人是更倾向于献身的生物；但是，一个女人最完整的献身，也不会勾销那隐蔽在她灵魂里的自我归属感。对萧红来说，如果她的献身不能够获得萧军对自己的尊重，那么，她宁可从不相融的家庭里首先分裂出来。但是，她知道，她的独立行动不可能找到支持者。她在反抗萧军的同时，必须反抗社会。

　　一般而言，弱者的反抗是消极的、低姿态的反抗。萧红开始还拿不出公开决裂的勇气，作为反抗的一种自助形式，她选择了逃逸。

　　在报纸上，萧红注意到吕班路附近有一所私立画院的招生广告。她打了一个电话过去问："你们那里也有寄宿学生吗？还有床位吗？"在得到肯定的答复之后，她试探着来到画院。接待她的是一位犹太画家，说是可以随时报名的。她从画院里出来，在同一条路上遇见萧军。萧军没有注意她，她也没有向他打招呼，就径直回到家里了。

　　当时，她并没有报告。也许，思想还没有准备好。就在这天晚上，她躺在床上，还没有睡着的时候，听见萧军和他的友人的谈话。

　　萧军说："她的散文有什么好呢？"

　　他的朋友说："结构也并不坚实！"

　　这轻慢的口气，使萧红深受刺激。她觉得，萧军明明白白地在与他的朋友连成一气，和她对立。她突然走了出来，使他们餐后的快意的闲谈停顿了。

　　"你没有睡着呀！"

　　"没有。"她和婉地说，目光是冷峻的。

　　她心里想，我每天家庭主妇一样地操劳，你却是到吃饭的时候一坐，有时还悠然地喝上两杯；在背后，还和朋友凑到一起鄙薄我呀！……

　　夜深以后，当萧军和朋友都各自睡去的时候，萧红悄悄走下床来。她打开提箱，发现只有十二元法币，便给萧军留下一半，随后又备好所需的衣物，趁黎明到来时，悄然走出家门。

萧红到画院的第三天，萧军的两个朋友便追踪而至。她躲避不了。他们一样像寻找猎物般地寻找她。

"你原来是有丈夫的呀！"画院的主持者说，"如果你丈夫不允许，我们是不收的。"

萧红终于像一只被捕获的小鹿一样，没有反抗就被带回来了。

在画院的几天，萧红有可能做过黄金般的幻想。在日本的时候，她曾经写信告诉萧军，她想到巴黎学画。巴黎，那是一个多么自由的艺术的天地呀！失败之余，她又想到去北平，住一段时间再做打算。总之，她要离开上海，离开萧军，以及他的朋友们！

她把前往北平的想法正式向萧军提了出来，至于理由，仅说是出于怀念而已。从现在开始，好像她变得不那么坦白了，她已经学会把真实的意图在心底里藏匿起来。

萧军应当觉悟到这一切都出于他造成的伤害，虽然他对北平的印象并不算太好，为了弥补对萧红的过失，也就同意了她的决定，让她先到北平，自己随后再到。在近期，虽然他变得特别粗暴，但是对于两人的旧事也不是没有系念的，心想陪萧红在北平住上一段日子，或许会生出一点感情来，至少两个人的关系不至于太僵。

萧红此行是一个升级行动。去日本原是有期限的，也有较为明确的目的，如学日语之类；而去北平是没有的，只带有一种强烈的情绪。坐在火车上，身体摇动得厉害，她觉得心里很烦乱，大概会回想起当年同样当啷当啷地坐着火车去北平读书的情景吧？

在没有什么欲望的情况下，她，还是没有忘记给萧军写信。

在家庭里，她厌恶君主制、集权制，希望实行共和制、联邦制。她不是一个分裂主义者，只是争取自治而已。可是，她无法改变现有的体制，因为萧军太强大了；只要和萧军在一起，她就只能处于屈从的地位，一次又一次宣告败北。

到了北平之后，萧红立刻找住处，先到迎贤公寓，觉得不好，就到中央饭店住下。然后，她按萧军开出的地址去找他讲武堂时期的一位周姓同学，辗转多处也找不到，于是寻她的旧居。而那个曾经给她梦想、快乐和忧愁的地方，也已经改成一家公寓了。她又去找了姓胡的旧同学，门房说已经不在，意思大概是出嫁了。

北平风沙大，扬起的沙尘几乎把她的眼睛给迷住了，使她感到懊丧，一种破落的滋味随即浮上心头。

她跑到学校去找旧日的朋友李镜之，在他的家里，看到了他的一大群儿女。他带着萧红去找李洁吾，这时，李洁吾已经做了父亲，有了一个周岁的女儿了。

萧红在李镜之的陪同下来到李洁吾家，见到好友，禁不住兴奋之情，立即做了一个拥抱。这样的动作，吓坏了李洁吾，他的妻子从旁看了，大大疑惑起来，于是随即搅起一场风波。第三天清早，她说是到朋友家去，把孩子丢下就走了。李洁吾自然是不能带着孩子上课的，只好连累萧红到家里照看。

这种沉闷的家庭气氛，使萧红感到非常难受。

家庭成了思想中的一个死结。她在写信给萧军时，曾经这样谈到："坐在家里和他们闲谈了两天，知道他们夫妇彼此各有痛苦。我真奇怪，谁家都是这样，这真是发疯的社会。"说完，她还自嘲地补了一句："可笑的是我竟成了老大哥一样给他们说着道理。"

为了有一个安定的住所写作，在李洁吾的帮助下，萧红住进了灯市口一家叫北辰宫的旅馆。但是，房间不算好，房租也贵，想租民房又嫌麻烦。就这样拖延着，一周过后，还是安不下心来。

实际上，也不单是住处的问题。她的心情原先便不好，这时候更坏。在信中，她说："我一定应该工作的，工作起来，就一切充实了。"对她来说，工作确实是最重要的，然而她无法进入。她努力取悦自己，在同一天，看《茶花女》的电影，读《海上述林》，但她说，"心情又和在日本差不多，虽然有两个熟人，也还是差不多。"其实，比在日本时差得远了。

时间才过了一天，正是5月4日，她写给萧军的信简直是一场哭诉：

我虽写信并不写什么痛苦的字眼，说话也尽是欢乐的话语，但我的心就像被浸在毒汁里那么黑暗，浸得久了，或者我的心会被淹死的，我知道这是不对，我时时在批判着自己，但这是情感，我批判不了，我知道炎暑是并不长久的，过了炎暑大概就可以来了秋凉。但明明知道，明明又做不到。正在口渴的那一刻，觉得口渴那个真理，就是世界上顶高的真理。

……

这几天我又恢复了夜里骇怕的毛病，并且在梦中常常生起死的那个观念。

痛苦的人生啊！服毒的人生啊！

我常常怀疑自己或者我怕是忍耐不住了吧？我的神经或者比丝线还细了吧？

我是多么替自己避免着这种想头，但还有比正在经验的还更真切的吗？我现在就正在经验着。

我哭，我也是不能哭。不允许我哭，失掉了哭的自由了。我不知为什么把自己弄得这样，连精神都给自己上了锁了。

这回的心情还不比去日本的心情，什么能救了我呀！上帝！什么能救了我呀！我一定要用我那只曾经把我建设起来的那只手把自己来打碎吗？

萧军算是及时给萧红复信的，萧红每读一封他的信，就要哭一次；而且，几次写好了复信，都没有寄出。

在5月6日发出的信中，萧军说他一时烦乱的心情已经过去，有了工作的欲望。几日来，他把整部的精神沉浸在读书里，正在读托尔斯泰的《安娜·卡列尼娜》，发现里面的渥伦斯基，好像是在写他。他向萧红传授两个治理自己的方法：一是早晚对自己说："我要健康，我要快乐，我要安宁，我要生活……"；再就是报上介绍说的，女人每天"看天"一小时，一个星期会变得婴儿似的美丽！信中还建议萧红计划长篇或"印象记"的写作，此外，报告说他正在学一种"足声舞"，准备学好了将来教萧红的。

9日，萧红复了一信。

她说：“你来信说每天看天一小时会变成美人，这个是办不到的，说起来很伤心，我自幼就喜欢看天，一直看到现在还是喜欢看，但我并没变成美人，若是真是，我又何能东西奔波呢？可见美人自有美人在。"她心里的结不但没有解开，反而因"美人"一词的刺激给打得更紧了。她说得很含蓄，但也自知这话的重量，不愿太多地损伤萧军，于是在这话的后面加了一个括号，添上这样一句："这个话开玩笑也。"但她接着便说："我已经是离开上海半月多了，心绪仍是乱绞，我想我这是走的败路。但我不愿多说。"

在同一封信中，写到最后，萧红禁不住用了讥讽的语调，发泄久积的怨愤：

  我的长篇并没有计画，但此时我并不过于自责"为了恋爱，而忘掉了人民，女人的性格呵！自私呵！"从前，我也这样想，可是现在我不了，因为我看见男子为了并不值得爱的女子，不但忘了人民，而且忘了性命。何况我还没有忘了性命，就是忘了性命也是值得呀！在人生的路上，总算有一个时期在我的脚迹旁边，也踏着他的脚迹。总算两个灵魂和两根琴弦似的互相调谐过。

最后一句话写下来，又被她用笔画掉，然后加了一条附注："这一句似乎有点特别高攀，故涂去。"

爱得深，怨恨也深。最后被画掉的一句话，萧军大概不会感受到，它蕴含着支撑、拉拽了萧红一生的巨大的力。她是多么看重和留恋这曾经有过的两人之间的调谐，对于萧军搀扶她一起跋涉，脚迹陪伴着脚迹，她一直怀有对命运的感恩。

戏剧性的是，对于两人的关系，萧军晚年却用不调谐的音乐做比。他写道："如果按音乐做比方，她如同一具小提琴拉奏出来的犹如肖邦的一些抒情的哀伤的，使人感到无可奈何的，无法抗拒的，细得如发丝那样的小夜曲；而我则只能用钢琴，或管弦乐器表演一些 sonata（奏鸣曲）或 sinfoma（交响曲）！……钢琴和小提琴如果能够很好地互相伴奏，配合起来当然是很好的；否则的话也只有各自独奏合适于自己特点和特性的乐曲了。无论音量、音质和音色……它们全是不相同的。"

萧红应当知道,那调谐的音乐已经弹奏过了,梦一样过去了;她的悲剧就在于,她总是期待着两种不同乐器的合奏,在不调谐中奏出调谐来——因为在生命史上,确实出现过这样一段谐美的音乐!

萧军是否也曾这样期待过呢?在5月8日信中,他向萧红说教起来:"对无论什么痛苦,你总应该时时向它说:'来吧!无论怎样多和重,我总要肩担起你来。'你应该像一个决斗的勇士似的,对待你的痛苦,不要畏惧它,不要在它面前软弱了自己,这是羞耻!"他劝说萧红忍耐,说:"现在就是需要忍耐。要退一步想,假如现在把你关进监牢里,漫漫长夜,连呼吸全没了自由,那时你将怎样?是死呢?还是活下来?可是我见过多少人,他们从黑发转到白发,总是忍耐地活下来……"又说起各有各的痛苦,他继续写道:"你是自尊心很强烈的人。你又该说你的痛苦,全是我的赠与等……现在反来教训你等等……但是我的痛苦,我又怎来解释呢?"

对于这样的规劝,萧红能说什么呢?她复了一封短信,表态是:"我很赞成,你说的是道理,我应该去照做。"

萧军知道,她根本拐不过弯来,信中说的"道理",那是反话,她也不会"照做"。在她看来,他在唱高调罢了。

舒群年初便来到了北平,住在沙滩的北京大学宿舍里。听说萧红来了,非常高兴,即刻到李洁吾家里找她。随后,他们和李洁吾的太太一起游了北海。舒群经常来找她,有时一起去中山公园散步,看美国明星嘉宝主演的好莱坞电影,去听富连成小班演唱的京戏,或者去逛逛王府井大街和东安市场,去吃东来顺的涮羊肉。他们还经常坐在环行电车上兜风聊天,舒群注意到,每逢路过儿童服装店的橱窗,萧红便踟蹰不前,思念起她在医院里放弃的孩子。有一天,他们一同去看戏,回来时太晚,舒群寄宿的旅馆关门了,就在萧红房间的地板上过夜。

最后,他们还一道游了长城。"风悲日曛,群山纠纷",这伟大而悲壮的风景,震撼了萧红的灵魂。长城从历史的深处蜿蜒而来,应当不会使她产生虚无感,而能从个人的痛苦中挺立起来吧?

青年时代的舒群

15日的信刚刚发出，就收到萧军12日发来的信。信中说他连夜失眠，恐要旧病复发，如萧红愿意，请束装返沪。

信是客气的，也是恳切的。萧红不愿多想，当即动身离京。

和舒群分手时，萧红把鲁迅用红笔修改过的《生死场》的手稿送给了他。这份手稿，对作者来说本来是非常珍贵的，而今转交朋友保存，除了友情的纪念，其中有没有更深沉的生命的含义呢？

17 七月流火

男女之间的紧张关系，通过物理作用，保持适度的距离，有可能增强原有的亲和力。这是很有意思的情感实验。总之，萧红自返沪之后，同萧军的关系相对稳定了不少。5月间，她的一个短篇散文集《牛车上》出版了。其中，主要收入旅日期间的作品，这也使她得到不少精神上的慰藉。

在此后长达一年的时间里，萧红所以能够保持一种饱满的战斗者的情绪，当然主要是来自卢沟桥的炮声的感召。

1937年7月7日。民族革命战争掀起了新的一页。

8月12日夜晚，鹿地亘的夫人池田带了一只小猫来萧红家，告诉他们日本即将开战的消息。第二天早晨，鹿地就来了。他证实了池田的话，用中国话夹着日本话，一边打手势，一边讲述目击日军开枪射杀的事实。他说："日本这回坏啦，一定坏啦……"

次日，他们搬到许广平家里去住。在萧红这边不方便，邻居知道他们是日本人，还有一个白俄在法国捕房当巡捕，街上打间谍，日本警察曾经到他们从前住过的地方找过他们。在两国的夹攻之下，他们的处境非常危险，随时有可能陷进去。

过了一天，萧红和萧军一起到许广平家里看望他们。

1937年3月中旬，萧红与友人在一起。后排左起：胡风、许广平、池田幸子、萧军、萧红；前排左起：鹿地亘、小田岳夫

　　他们住在三层楼上，鹿地看上去开心得很，俨然是这家的主人。他请萧红抽烟，萧红看到他已经开始工作。一个黑封面的大本子摊开在他的面前，他说他写日记了，萧红抬头看见那边池田也在一个大本子上写东西。他们的这种状态，让萧红看了很是感佩，觉得这种克制自己的力量，中国人是很少能够做到的。

　　又过了两天，萧红去看他们时，鹿地劝说她参加团体工作，热心地说："你们不认识救亡团体的？我给介绍！"

　　"应该工作了，要快工作，快工作，日本军阀快完了！……"

　　鹿地说他们现在写文章，以后翻译成别国文字发表，有机会还要到世界各国去宣传。

　　在萧红的眼里，他们好像变成了中国人一样。

　　两三天过后，萧红又去看他们，他们已经不在了。许广平说，他们昨天下午一起出去以后就再没有回来，至于去哪里也不知道。一连几天，萧红都在打听他们的下落，然而一点消息也没有。

一个月以后，萧红正在家里准备午饭，有一个从前认识的人进来，告诉她说，鹿地夫妇昨夜又回到了许广平家里。萧红听了，正在替他们高兴，但接着听他说下去时，就不禁痛苦起来了。他们在别人家里躲了一个月，那家人非要赶走他们不可，因为住着日本人，怕被当做汉奸看待。住在许广平家里是很不便的，外界已经谣传她家是一个能容二三十人的机关，而且她又正做着救亡工作，怕被日本暗探注意到。

"那么，住到哪里去呢？"

"就是这个问题呀！"来人说，"他们要求你去送一封信，我来就是找你去送信的，你立刻到许广平家去。"

萧红送信的地方是个德国医生，池田一个月前在那里治过病，当上海战事开始时，医生太太曾经对池田说：假若在别的地方住不方便，可以搬到她家去暂住。有一次，萧红陪池田去看医生，池田问他：

"你喜欢希特勒吗？"

医生迟疑了一下，回答说"不喜欢"，并且说他不能够回德国。

池田据此判断医生是很好的人，同时又受到希特勒的迫害。萧红送完信，又带了医生的回信赶到许广平家里，鹿地夫妇打开信看，说是可以随时过去，他等待他们。

"我说对嘛！"萧红松了一口气，说："那医生在我临走时还说，把手伸给他，我知道他就了解了。"

入夜，鹿地开始乔装打扮，穿西服、白裤子、黑上衣，非常可笑，像是卓别林的样子。萧红叫来汽车，告诉他："你绝对不能说话，中国话也不要说，不开口最好，若忘记了说出日本字来那是危险的。"

汽车穿过雨幕，颠簸着到了德国医生的家。这是一幢三层的大楼，因为开电梯的人不在，大家等不及了，就提着东西跑上楼去。

医生在小客厅里接待鹿地夫妇，"弄错了啦，嗯！"

萧红感到很诧异，看看鹿地，看看池田，又看了看胖医生。

"医生弄错了，他以为是要来看病的人，所以说随时可来。"

"那么房子呢？"

"房子也没有。"池田摆了摆手。

萧红想，这回可成问题了。许广平家里是绝对不能再回去的，可是，此刻能找到房子吗？她对鹿地夫妇说："到我家里去可以吗？"

池田说："你们家那白俄呀！……"

医生还不错，穿了雨衣替他们找房子去了。在这中间，大家心里起了恐慌：他说房子就在旁边，怎么去了这么长时间没有回来呢？

池田一直担心着箱子里的文章被发现，睁大了眼睛问："老医生不会去通知捕房吧？"

过了半点钟，医生回来了，随即把他们带到他找到的房子去。这是一家旅馆，茶房极多，说着各种不同的语言，嘈杂得很。但也没有法子，即使鹿地夫妇知道这里有危险，也只得住下了。

向中国政府办理证明书的人说，大概再有三五天便可以替他们领到，可是到第七天还没有消息。他们困在那房子里边，简直像小鼠似的，寸步不能移动，也不敢大声说话。

没有人敢去看望他们，只有萧红和萧军常做"不速之客"，萧红去得最多，这使在寂寞和恐怖中度日的鹿地夫妇非常感激。

一天萧红比约定的时间迟到了，池田不在屋里。鹿地见到萧红，立即在桌上摸一块白纸条，摇摇手之后在上面写着："今天下午有巡捕在门外偷听了，一下午英国巡捕[①]、中国巡捕，从一点钟起停到五点钟才走。"萧红最受感动的是，他的纸条上出现了这样的字眼："今天我决心被捕。"

萧红问他有什么打算，他说没有办法，池田去许广平家里了。

那时候，他们已经断绝了经济来源，证明书还没有消息。在租界上，日本是有追捕日本或韩国人的自由的。然而，要脱离租界也不行，到了中国地面，又要被中国人误认为是间谍。

萧红感到，他们的生命，就像系在一根线上那么脆弱。

这一天晚上，萧红决定把他们的日记、文章和诗，包在一起带回家里保存。她对鹿地说：

---

① 英国巡捕，即印度巡捕。

"假使日本人把你们捉回去，说你们帮助中国，总是拿不出证据的呀！"

说完，她要赶快离开，把这包致命的东西带走。

鹿地握着她的手问："害怕吗？"

"不怕。"

萧红说了。至于怕不怕，就是下一秒钟也没有把握，当时，在感觉上，她就像是说给立在狼洞里边的孩子一样。

萧红去世以后，许广平在一篇追忆文章中特别提到萧红为鹿地夫妇所做的一切，把这称作"一件侠义行为"。她写道："在患难生死临头之际，萧红先生是置之度外的为朋友奔走，超乎利害之外的正义感弥漫着她的心头，在这里我们看到她却并不软弱，而益见其坚毅不拔，是极端发扬中国固有道德，为朋友急难的弥足珍贵的精神。"

萧军晚年回顾他与萧红的关系时，断定萧红不会真正欣赏他这个"厉害"而"很有魄力"的人物，却也坦言他自己"也并不喜欢她那样多愁善感，心高气傲，孤芳自赏，力薄体弱……的人"，认为两个人的结合是"历史的错误"！他说："我爱的是史湘云或尤三姐那样的人，不爱林黛玉，妙玉或薛宝钗……"萧红确实有着林黛玉般的脆弱、善感的一面，但也有着史湘云、尤三姐的倔强、刚烈、侠义的另一面。她对鹿地亘夫妇的乐于救助、勇于担当的态度，就不是一般的柔弱女子所可以具有的。在关键时刻，许广平看到而且惊叹她身上发出的炫目的光彩；而身边的萧军竟然看不见，他看到的只有阴暗。

萧红常常在独奏她的忧伤的小夜曲，萧军的说法没有错，只是他不承认她能够像他一样演奏奏鸣曲或交响曲罢了。就在她为鹿地的事情积极奔走的时候，谁会料想到她一个人在暗地里烦躁、恶心、心跳、惊恐，并且想要哭泣？

她又失眠了！

前一天，她到朋友们那里走了一趟，听到大家在诉说各自的心愿，都说如果打回满洲去，免不了先吃高粱米粥或咸盐豆，也有说自家的地豆多么大，珍珠米多么长的，还有的说如果真的打回老家去，三天两夜不吃饭，也要打着大旗往家跑，等等。受着这种乡情的蛊惑，她想起了屋前的蒿草，后园里茄子开的紫色小花，爬上架的黄瓜，等等，而在清早，太阳带着露珠一齐来了！……

只要说到蒿草之类，萧军就向她摆手和摇头，"不，我们家，门前是两棵柳树，树阴交织着做成门形。再前面是菜园，过了菜园就是门。那金字塔形的山峰正向着我们家的门口，那山梁就像蝙蝠的翅膀似的向村子的东西两方伸展开去。而后园黄瓜、茄子也种着，最好看的是牵牛花，在石头桥的缝隙爬遍了，早晨带着露水开了……"

"我们家就不这样……"萧红常常打断他。

有时，他也不等萧红说完，就接下去说。两个人各说各的故事，彼此都好像不是为了说给对方听似的。

有那么一天，萧军买来一幅《东北富源图》挂在墙上，手指就在他的家乡一带的山脉上滑动："这是大凌河……这是小凌河……哼……没有，这个地图是个不完全的，是个略图……"

"好哇！天天说凌河，哪有凌河呢！"说到家乡，萧红总想给他扫一点兴，自己也不知道为什么。

"你不相信！我给你看！"萧军立刻从书橱里把地图找出来，指点着说，"这不是大凌河……小凌河……小孩的时候在凌河沿上捉小鱼，拿到山上去，放在石头上用火烤着吃……这就是沈家台，离我们家二里路……"

第二天早晨，萧红刚刚张开眼睛，萧军就抓住她的手说："我想将来我回家的时候，先买两匹驴，一匹你骑着，一匹我骑着……先到我姑姑家，再到我姐姐家……顺便也许看看我的舅舅去……我姐姐很爱我……她出嫁以后，每回来一次就哭一次，姐姐一哭，我也哭……这有七八年不见了！也都老了。"萧红这一次没有打断他，一边看地图，一边听着。

"买黑色的驴，挂着铃子，走起来……铛啷啷啷啷啷……"他越往下说越亢奋，形容铃声的时候，仿佛铃子就在他的嘴里边含着。

"我带你到沈家台去赶集。那赶集的日子，热闹！驴身上挂着烧酒瓶……我们那边，羊肉非常便宜……羊肉炖片粉……真是味道！唉呀！这有多少年没吃那羊肉啦！"萧红看见他蹙着眉，额头上起了很多皱纹。

萧军把手从萧红的手上抽回去，放在自己的胸上，然后又反背着放在枕头底下，很快又抽出来，理了理自己的发梢又放在枕头上去。

这时，萧红对着大镜子想：

"你们家对外来的所谓'媳妇'也一样吗？"

她继续想着：买驴子的买驴子，吃咸豆的吃咸豆，而我呢？坐在驴子上，所去的仍是生疏的地方，停着的也仍是别人的家乡……

家乡这个字眼，在她总觉得不大恰切；但当别人说起来的时候，她又不免心慌了！实际上，在那块土地还没有成为日本的之前，对她来说，所谓家已经等于没有了！

她没有乡土，所有的女人一样没有乡土……

在这个世界上，女人永远是异乡人……

失眠一直延续到黎明之前，在高射炮的轰鸣声中，她听到了一声声鸡鸣，和家乡一样的震抖在原野上的鸡鸣……

金剑啸

战争的环境，不容许一个人太多地耽溺在个人的伤感里。广大的人们的灾难，战士的死亡，为共同的命运所凝聚的集体的斗争，不能不激发着萧红的工作热情。纤细而低沉的弦乐，这时被淹没在一阵宏大而急骤的鼓角声里了。

金剑啸殉国的消息传来，萧红深感悲愤，随即写成悼亡诗《一粒土泥》；接着，又写下《天空的点缀》、《火线外》二章：《窗边》和《小生命的战士》，都是燃烧的文字。在她个人，最重要的工作，是参与《鲁迅先生纪念集》的编辑事务。她希望尽力把新闻报道收集得更齐全些，校订更精准些，把属于自己的部分做得更完善些，不要留下遗憾。

上海战事发生以后，许多刊物停刊了。胡风计划筹办一个刊物，约请萧红和萧军等一些作家商谈，端木蕻良也在这里面。关于刊名，胡风原先拟定为《抗战文艺》，萧红建议改为《七月》，既有象征意味，又有诗意，后来就这样确定下来。

《七月》半月刊出版了三期，上海即将沦陷，胡风决定将刊物迁至武汉，并邀请其他同人也迁往那里，坚持将刊物办下去。

萧军和萧红最先撤退。9月28日，他们从上海西站乘火车出发了。

18 三人行

至南京，萧军和萧红下了火车，转坐轮船，驶往江汉关。

入关前，要进行例行的检疫。当检疫船靠近时，他们意外地发现检疫官是哈尔滨时代的朋友于浣非。他是东北人，也写诗，笔名宇飞。通过他的介绍，他们认识了船上的一位诗人蒋锡金。

蒋锡金是江苏宜兴人，1934年到武昌，在湖北省农村合作委员会任职。抗战开始以后，在汉口与冯乃超、孔罗荪合编《战斗》旬刊，又与穆木天合编《时调》半月刊。冯乃超和孔罗荪，每天都要去民政厅和邮局上班，跑印刷所发稿和校对之类的实际事务都由他去干，要是干不完回不了家，没钱住旅馆，他就在这检疫船上过夜。

宇飞告诉蒋锡金，萧军和萧红要在武汉长住；由于太多难民拥到武汉，住房紧张，问蒋锡金有没有办法安置。蒋锡金当时还没有读过两人的成名作《八月的乡村》和《生死场》，但他们的名字是知道的，在上海一些刊物上也读过他们一些文章，多少有点惺惺相惜的味道，于是答应把卧室腾出来给他们住，自己住书房，而且不收房钱。

萧军、萧红随即搬进了蒋锡金在武昌水陆前街小金龙巷21号寓所。

每天，萧军买菜，萧红做饭，蒋锡金也和他们一起吃饭。萧红在洗自

武汉江汉关

己和萧军的衣服时,顺带把蒋锡金的衣服也洗了。蒋锡金多数时间耽在外面,萧红忙完家务,正好利用书房的桌子写作。

这时,她写的是一部伟大的心灵史:《呼兰河传》。

按大致的计划,这小说应当写两三部的,这时,第一部才进入第二章。蒋锡金读了,惊异于框架的宏大,调子的舒缓,乡情的深阔;仿佛无须河岸,码头,登船就立即到了茫茫海面,既不见人物,也迟迟不见情节发生。他不知道萧红将怎样写下去,但是告诉她,他是喜欢的。

她的另一个知音张梅林也来到了武汉。他住的地方离小金龙巷不远,所以常来看萧军和萧红。

三年不见,张梅林发现萧红的脸色似乎比以前白净和丰满些了,握手也是西洋式的:侧着头,微笑着,伸出软垂的手。以前她跟人家握手,右手总是老粗式的有力地伸出来。张梅林事后和她谈起这西洋女性握手式时,她大声笑起来,说那是故意装出来的。

接着,端木蕻良也来了。萧军与端木蕻良是辽宁老乡,是他写信邀端木蕻良前来的。他的热情有点过分,端木蕻良来的头一个晚上,甚至邀过

萧红和朋友摄于武汉。左起：
萧军、蒋锡金、萧红、罗烽

来睡到他和萧红的床上，三个人一起过夜。蒋锡金觉得这样很不便，第二天到邻家借了一张竹床，一张小圆桌，让端木蕻良住进书房里。

从此，房门钉上了一张卡片，写着三个人的名字：萧军、萧红、端木蕻良。

张梅林初次见到端木蕻良，印象很深刻。长头发，背微驼，脸色黄白，声音嘶哑，穿着流行的一字肩的西服，还有长筒靴子。当他走了进来，从瘦细的手上除下棕色的鹿皮手套时，笑着对萧红说：

"我说手套还不错吧？"

萧红试着戴上那手套，坦直地大声嚷道：

"哎呀，他的手真细呀！这手套我戴正合适哩！"

萧军坐在一张木椅上，听了哈哈大笑……

这是萧红许久以来最忙碌，也最感快乐的日子。她参加了蒋锡金为电台组织的诗歌朗诵活动，出席《七月》同人的聚会和座谈，在家里忙大家的饭食，洗衣服，只要有空隙就写她的呼兰河。

萧红和萧军、端木蕻良是经常在一起的。遇到蒋锡金不出去的时候，四个人有时就起兴唱歌，唱中国的歌，外国的歌，萧军还会唱京戏、平戏和大鼓书，或者跳舞。萧红和萧军都会跳却尔斯顿舞，还会跳萨满舞，闹得声音大了，还经常引来邻居家孩子扒近窗户看。有时，大家一起讨论文艺问题，也讨论时事。比如，谈到武汉失守怎么办？有人便说，可以组成一个流亡宣传队，四个人多才多艺，能唱歌、朗诵、演戏、画画，能写标语和传单，还能写文章写诗，不论流浪到哪里都能多出一手；又有人说，如果不行也可以开饭馆，干重活萧军包了，上灶有萧红，其余的跑堂、保证能把顾客侍候好，还能创出几样名菜，比如说"萧红汤"易做好吃，营养丰富，内地人不会做，可是喜欢吃，这就行！……青年人凑在一块，开玩笑呀，抬杠呀，都是免不了的。

有一次，萧军提出一个问题：什么样的文学最伟大？

大家闲聊了一通，他忽然发表了一个理论，说是在文学作品中，长篇小说最伟大，中篇次之，短篇又次之；剧本要演出来看，不能算；至于诗呢，那最不足道了！他接着联系在座的人，举例说：他写长篇小说，最伟大；

恰好端木的长篇《大地的海》在江上被炸掉了，所以要写出来再看；萧红也要写长篇，但依他看，没有写长篇的气魄；锡金写诗，一行一行的，像个什么？他翘起了个小指头，故意往锡金脸上晃了晃，"你是这个！"

蒋锡金懂得萧军在逗乐，没理会他。可是萧红认真起来了，和端木蕻良一起同他争论起来。萧红最激烈，用许多理由驳斥他，也说了些挖苦的话；端木蕻良不搭他的话，却绕着弯子说萧红是有气魄的，不过那气魄还没有充分显现出来罢了。蒋锡金有时也搭上几句，说他胡言乱语。抬杠抬得厉害，后来竟有点像吵架了。

这时，胡风来了，他问大家吵什么，问明白之后，笑了笑说：有意思，你们说的都有合理的地方，不妨写出来，《七月》下一期可以出一个特辑，让读者参加讨论。又说，刊物要发稿了，你们赶快写出来，三天后我来取。

三天以后的上午，胡风来取稿，谁也没有写，萧军却交卷了。胡风坐在蒋锡金的床上翻阅萧军的稿子，边看边点头，说："对呀，对呀！"大家感到惊讶，问怎么能说对呢？

胡风于是开始念稿子，萧红一听气坏了，大叫道："你好啊，真不要脸，把我们反驳你的话都写成你的意见了！"说着就涕泗滂沱地哭了。

萧军大模大样地说："你怎么骂人，再骂我揍你！"

萧红还是哭着，握拳狠狠捶他的背，萧军弯腰笑着让她捶，说："你们要打就打几下，我不还手，我还手你们可受不了！"

萧红写过一篇短文《大地女儿与动乱时代》，记叙了另外一件因为玩笑而使她深受刺激的事情。

她借来两本外国女作家的书：史沫特莱的《大地的女儿》和丽洛琳克的《动乱时代》，想重新翻翻写点介绍的文字。她特别欣赏《大地的女儿》，那里面记载的多是粗糙的声音、狂暴的吵闹、哭泣、饥饿、贫穷，其实也都是她所经见的，而且能够为她所感受的。就在这不幸的环境之中，她清楚地看见，一个女孩子是那么坚强地离开了不幸，坚强地把自己的命运给改变了！

书放在地板上，最先被端木蕻良看见了。他用细长的手指把它拈起来，拨弄了一下，再放回到地板上：

"这就是你们女人的书吗？看一看！……"

"工车工车上……六工尺……"萧军手里捏着毛笔，口里哼着古乐谱，越哼越快，等他听萧红说《大地的女儿》写得好时，立刻停下来，笑着，叫着，用脚跺着地板，像遇到什么喜事似的急于迎上去说："有什么好呢？不好，不好……"

端木蕻良附和着他，用很细的指尖在书的封面上指点着："这就是吗？《动乱时代》……这位女作家就是两匹马吗？"说着，笑得前仰后合，"《大地的女儿》就这样，不穿衣裳，看哎！看哎……"

萧红看了看封面，那里画着一个裸体的女子，她的周围：一道红，一道黄，一道黑，大概那是地面的气圈吧？她就在这气圈里边，像是飞着的一样。

这样的议论使萧红受不了。她感到胸部隐隐作痛。她知道：眼前的两个男人都是知识分子，而且是维新而不是复古的，他们说这些话，不过在开玩笑罢了，可是大家说笑，为什么非要拿女子取乐不可呢？

她随之想到了长期以来一直压迫着她的问题。第二天，当她把事情的经过记下来时，特别提到"男权中心社会"这个词。

有一天，女漫画家梁白波到小金龙巷来找蒋锡金。

梁白波是广东人，蒋锡金少年时的朋友。二十年代她在上海中华艺大学习艺术，后来远走南洋，三十年代初回到上海，为《立报》画长篇漫画。抗战爆发后，她参加叶浅予率领的漫画宣传队。她和叶浅予是公开的同居关系，这时叶浅予还在南京，她则随宣传队先到了武汉。

蒋锡金把她介绍给萧红、萧军和端木蕻良认识了。她进门就注意到墙上钉的萧红的风景画，随即表示欣赏，和萧红谈起了艺术。萧军停下他的写作，也加入了他们的座谈。其实，萧红和萧军对梁白波这样热情，还因为她是"鸽子姑娘"，这称呼是已故的朋友金剑啸告诉他们的。她和金剑啸在上海学画时相识，感情非同一般，金剑啸回到北国以后，还写过一些怀念她的诗篇。

大家谈得很高兴，这时，梁白波提出想搬到这里同住。萧红和萧军即刻表示欢迎。蒋锡金倒为难起来：总共只有两间房，怎么住呢？萧红建议端木和他们两人住在一起，梁白波住蒋锡金的房间。蒋锡金说文艺界复杂，惹出闲话没法说清楚。梁白波说，看过我的住处，一定会同意我搬来住的。在萧红和萧军的催促下，蒋锡金当晚送她回去，顺带看了她的住处，果然破陋不堪。而且，她借住的地方是叶浅予的一位男性朋友的家，这朋友夜晚不回来睡，可是每天清早都得提前起来让给他睡。这样，蒋锡金就帮她把行李打好，雇了车，仍旧和她回到小金龙巷。

回来后，大家又忙了好一阵。

新的布局是：把端木蕻良的行李搬到萧军和萧红的大床上，三个人共睡一张床；端木的竹床让给梁白波。

两个男人加一个女人同在一张床上组建一个"合众国"，无论如何是荒诞的。虽然说是出于应付战乱的需要，但是，内乱很快便起来了。

鸽子姑娘看来是一个活泼的人，又爱美，住下来以后就和萧红一起重新布置房间。她从箱子里取出一块方格子花纹的绸子，蒙上小圆桌做台布，又掏出一个瓷瓶和一个陶钵，说是用来插花和存放烟头，不许男人随地乱扔，俨然是一位新来的主妇。萧红做饭和洗衣服她也插手，还计划着要买这买那，颇有点长住久安的样子。

表面上看，梁白波搬来以后，这里更热闹了；事实上却打乱了原先的秩序，至少对于萧军来说是不合适的。萧军粗放，却也细心，而且是一个保守秩序的人。

有一个细节。梁白波看见蒋锡金的抽屉里有画色粉画的纸和色粉，高兴极了，要给每一个人都画一张速写像。她先画端木蕻良，然后要画萧军，萧军说不要她画！这里可能隐含着抗议的性质，意味着人际关系的一种微妙的变化。

好在没有多久，南京陷落，叶浅予来到武汉，这个鸽子姑娘就随同叶浅予一起飞走了。

胡风住在武昌小朝街他的朋友处。这是一栋花园洋房，周围爬满了蔷薇花藤，种着松柏和各种树木，环境非常幽静。《七月》的同人常常借主人的客厅开座谈会，梅志称这里是"《七月》的摇篮"。

　　萧红他们的住处离这里不远，是常来的客人。对于他们，梅志记忆中有两处鲜明的印痕：一是发现了一个真正的萧红。这时萧红的身体比过去结实多了，脸色不是青白的，而是白里透出红润。初到上海时，她常常睁着两只大眼睛到处张望；现在不同了，昂着头，眼睛也发亮了，神采中有一种自信和豪迈。还有一个印象，是三个人到来时总是吵吵闹闹的。萧军和端木蕻良喜欢争论。有一次，一个自比托尔斯泰，一个以巴尔扎克自诩，吵得不亦乐乎。最后萧红出来调停，但十分灵验，他们立刻休战了。三个人在一起时，萧红显得特别活泼，如果和萧军发生争吵，端木蕻良就会自动站在她一边。

　　在两个男人中间，萧红的位置暗暗偏移了。

　　有一天下午，张梅林和萧军、萧红一同去抱冰堂，在路上，萧红去买花生米，萧军没有陪她，先走了几十步。她买好花生米，一看竟没有等她，立即转身冲向回家的路。经萧军赶去解释，她才走了回来。

　　像这种情况也许不止一次，但是，作为一种象征性的反抗，应该是少有的。平时，她的温柔和忍让没有换来体贴和爱护，在强大者面前只显得无能和懦弱。正因为这样，骆宾基在复述关于萧红的这个情节时，认为这里显示了萧红柔弱外衣里的倔强的本质，她所以这样反抗萧军的"冷淡"，是因为在她的精神上有着早已孕育饱满了的历史。他特别指出，她在这个时候，连"冷淡"也不可容忍，是她已经有了"另外的凭借"。这个"凭借"就是端木蕻良。

　　端木蕻良不只是尊敬萧红，而且大胆地赞美萧红作品的成就超过了萧军。这正是萧红所要求的。她不是要求对她的作品的廉价的谀词，而是要求在对萧军的轻蔑里所包含的对于她必要的理解、尊重和平等看待。她周围没有一个朋友对她表示的独特的友谊，像端木蕻良这般"坦白"而"直率"。

　　1937年底，孔罗荪的夫人和孩子去了重庆，他让蒋锡金和冯乃超搬到汉口三教街的家中同住，冯乃超便把在紫阳湖畔的寓所让给萧红和萧军住了。他们搬出去以后，小金龙巷就只剩下端木蕻良一个人。

　　据端木蕻良晚年在一次访谈中所述，此后，萧红和萧军还经常回来聚谈，有时两个人在一起，有时自己来。有一次，萧红邀端木蕻良到江边的小饭馆吃饭、赏月、谈创作，甚至讲到萧军在上海时有外遇的事。还有一次，端木蕻良出去办事回来，看到桌子上铺着纸，知道萧红又来练字了，这回写的是唐人张籍的诗："君知妾有夫，赠妾双明珠。感君明珠双泪垂，恨不相逢未嫁时。"最后一句重复练习了几次。萧军有时也到屋里来，有一次提起毛笔写诗，边写边念："瓜前不纳履，李下不整冠。叔嫂不亲授，君子防未然。"还写了"人未婚宦，情欲失半"八个大字。萧红见了笑道："你写的啥呀？你的字太不美，没有一点儿文人气！"萧军瞪了她一眼，说："我并不觉得文人气有什么好！"

端木的夫人钟耀群在传记中也使用了这个材料，这是确有其事呢，抑或出于杜撰呢，至今无法根究。但是，在当时，近距离接触的物理空间确实衍生出了伦理学的意义。那种叫做爱情的隐秘的情感，已经开始搅扰萧红的心。

这时，距离决裂或结合为期尚远。看来，萧红还没有来得及考虑所有这些，她更多的只是因为得到来自异性的尊重、爱和温暖而感到兴奋而已。质的变化需要量的累积，需要一个契机。

萧红对萧军仍然是挚爱着的。梅志说，一天下午胡风还在午睡时，萧红一个人气急败坏地跑过来，说是有三个流氓模样的人，说他们没有报户口，把萧军带到警察局去了。她急得连话都说不清，要胡风立即设法营救。胡风去行营找了一位熟识的处长，又托房主人朋友打听情况，得知是省党部特务组所为，便求这位朋友去找特派员，那是他过去的学生，经过一番交涉，萧军不久就出来了。实际上，党部是企图秘密捕人的，只是因为萧红跑出来报了信，才悄悄放人了事。

从此，萧红对萧军一个人外出完全放心不下了。

1937年底，阎锡山在临汾创办了山西民族革命大学，自任校长，李公朴任副校长。1938年1月，李公朴等从山西来到武汉，延聘一批有名气的文化人到临汾任教。《七月》同人的七个人，除了胡风要留守编辑刊物外，其余的六人：萧军、萧红、端木蕻良、艾青、田间、聂绀弩，都愿意到临汾去。

民族革命大学还在武汉招收了一批学生，人数大约多到几千人甚或上万人。

出发的那天晚上，胡风、蒋锡金和孔罗荪到车站送行。

天色墨黑，站台上布满了蜂群般的人，一排排，一圈圈，黯淡的灯光照耀着，人们彼此看不清面孔。歌声潮水般扬起来，又落下去，动荡着整个场面。人们要用雄壮的歌声，送他们进入大西北的浩荡的风沙里，送他们走向战场。汽笛长鸣，铁轨震动，铁篷车一列列依次开走。那散落在夜风中的歌声，听起来仍然有几分"风萧萧兮易水寒"的悲壮的况味。

萧红的情绪一直在高涨……

她在渴望回到那告别已久的北国的冻裂的土地么？在想往着未来的火热的日子么？还是为眼前的集体的热情所感染？总之她很兴奋，涨红着脸，披着她的毛领呢大衣在矫健地走着。只是在后来上车时，发现坐的是货车，才略微感到惊讶。但是，她并不计较这些，她不觉得行动中有什么不正常，一切是如此美好……

这时，她的目光已经牢牢地为不断向前伸展的铁轨所吸引了！

19 结束或开始

临汾。

民族革命大学没有校舍，只挂一块牌子。在学校里，萧红和萧军担任文艺指导，他们同其他教员和来自全国各地的学生一样，分散住在老乡家里。每天清早，全体师生为短促有力的军号声召集到一起，跑步，操练，唱《救国军歌》，展开各种训习。二月的天气是严冷的，学校的气氛却是紧张而且热烈。

不久，丁玲带领着西北战地服务团，从潼关来到临汾。

还在上海的时候，萧红就向东北老家来的朋友高原说过，很想参加抗战服务队之类的组织。而今，服务队来到身边了，而且丁玲就跟她住在同一间屋子里，真是一种奇遇。可是，两人之间的谈话毕竟太少了。丁玲回忆起来，觉得非常遗憾，尤其后悔于对萧红的生活方式所参与的意见太少，使她离开了一个富有朝气的集体，过早地失去了健康，以至生命。

萧红给丁玲的第一印象是特别的：苍白的脸，紧紧闭着嘴唇，敏捷的动作和神经质的笑声，还有自然而直率的说话。她说，萧红唤起了她的许多回忆。这意思大约是说，萧红身上保留了她未经残酷的斗争环境所改变、所异化的自由的、个性主义的东西，保留了莎菲女士及其朋友们的那份纯真和勇气，保留了"五四新女性"的许多时代性的特征。

1938年萧红（左一）与夏革非（左二）、丁玲（左三）在西安西北战地服务团住所

  对此，丁玲一方面欣赏、留恋，一方面又有所否定。正如在同一篇文章中，她一方面希望萧红能够到延安，平静地住上一个时期，致全力于著作，但是另一方面又不满于客观环境的险恶，预言萧红即使活着，也还有各种不能逐击的污蔑在等着。她以女性的直觉，把萧红当做真实的同伴，虽然也不无矜持。她很奇怪，作为一个作家的萧红，为什么会那样少于世故；于是想，大概女人都容易保持纯洁和幻想，同时显出有些稚嫩和软弱来的吧？

  关于丁玲，萧红后来对朋友约略说起来，对她为革命斗争所熏陶的思想和生活表示吃惊和不习惯。革命是萧红所向往的，但又是怀有疑惧的，她害怕组织这种庞大而规整的实体，害怕压力和限制。这时候的丁玲，从作风到文字，都是偏于粗放的，而且正自觉不自觉地受着一种纪律的约束。她们都非常敏感，在丁玲自己，同样是清楚地意识到了两人之间在思想、性格、情感，尤其在生活方式方面的差距的。

  在一起的时候，她们都很亲近，彼此并不感觉到有什么孤僻之处。她们尽情地唱歌，每夜谈到很晚才睡觉；平日里，也不会因为不同意见或不同嗜好而争吵，而揶揄。

只是相聚的时间太短了。

2月间，日军攻陷太原，进逼临汾。

民族革命大学决定撤退，招聘来的作家，可根据个人意愿，留下随校教职员工一起撤退，或者随丁玲的西北战地服务团去西安。

留守，还是离去？

对于两个一起跋涉过来的爱侣来说，竟然出现了不同的选择。这是不可思议的。是一出小小的爱情实验剧？还是家庭破裂的征兆？萧军和萧红同时站到了岔路口。然而，他们在坚持各自的选择时，都不曾想到，这是最后的决定。命运居间扮演了促狭鬼的角色，偷走了属于他们的全部时间，使他们根本没有机会对决定作出修正。

结局是：等到他们再度相逢时，已经变作陌路人了。

萧军要留下来和学校师生一起打游击。萧红则想到"八路军办事处"之类的地方，有一个较为安静一点的环境，继续进行写作。一武一文，一动一静，的确是有点相悖的。结果是谁也说服不了谁。

早在哈尔滨时代，萧军就想打游击去，到了上海，仍然有过投笔从戎的想法。他是不安于做一个"作家"的。始终向往着一种有声有色、轰轰烈烈的大事业。叶紫曾戏称他为"土匪"，他家乡一带确实也是以惯出土匪闻名的；而他又当过年限不算少的兵，于是"兵气"和"匪气"混合到一起。而且，这是与他先天的生命气质相契合的。正如康德形容某种性格类型的人那样：他是暴烈的，像麦秸一样迅速地燃烧起来。在他那里，占统治地位的欲望是荣誉欲，表面上宽宏大量，但不是出于爱，而是出于骄傲，因为他更爱的是自己。

萧红却是从来憎恶战争和流血的，说到家中萧军那装在红色牛皮套子里的短刀时，她便说："对于它，我看了又看，我相信我自己决不会拿着这短刀而赴前线。"在题作《火线外》的两篇短文中，有一篇写到一个兵士：怀中抱着孩子，腰间正好也佩着短刀。她说那刀子，总有点凶残的意味，但又同时注意到，他也爱那么小的孩子，于是援笔写道："即使那兵士的短刀的环子碰击得再响亮一点，我也不能听到，只有想象着：那紧贴在兵士胸前的孩子的心跳和那兵士的心跳，是不是他们彼此能够听到？"显然，在她看来，战争与爱、生命和未来是有联系的。没有爱，战争是可诅咒的；只有为了爱而奔赴战争并牺牲自己的人，应该受到无限深沉的致敬。她在另一篇短文中，设想萧军和她一样，"战争是要战争的，而枪声是并不爱的。"其实，像萧军这样热衷于作战的血性男儿，怎么能不爱枪声呢？

  毫无疑问，萧红是热爱写作的。在抗战的年头，对于一个作家来说，具体对于她个人来说，萧红也认为是只能够从事写作的。她不会赞同以牺牲个人的理想，独特的才能，以及全部的价值而融合到集体的事业之中。在任何时代里，社会上都不应该只有同一类角色，重要的是选择好适合自己的角色并且胜任它。对于萧军，她同样认为，写作是他身上所拥有的最大价值，而不是做一个游击队员。在民族大义面前，在救亡面前，在潮水般行动的群众面前，她坚持保留作为一个知识分子作家的独立性。

  萧军当然希望萧红能够跟他一起留下来。当时，他们的关系趋于和平，虽然萧军认为萧红个性过于倔强，没有"妻性"，不合适做他的妻子，但也并不想就此诀别，何况萧红这时已经怀了孩子。虽然，萧红去意已决，而他，似乎也没有做出特别挽留的表示。大约这同他的"爱便爱，不爱便丢开"的"爱之原则"有关。从事实上看，他并没有留在临汾，也没有打游击，倒是听从丁玲的劝说，跑到五台山去了。应该说，他执意要留下，很大的成分恐怕正在于萧红。他把这个时机当作对萧红的一种考验，也可以说在两人关系上押了一个赌注，即把主动权完全交给了萧红：如果跟端木蕻良走以后，"西线无战事"，终于回头找他，那么还可以继续爱下去；但如果此去就同端木蕻良在一起，那么，所谓"爱"就宣告完结了，他自己也就可以毫无挂碍地丢开了。

  这时，萧军在内心里是极端地嫉恨端木蕻良的，所以，他急于了结此间的纠缠，用他的话说，就是要看个"水落石出"。

  在这个问题上，萧红看来比萧军单纯和率性许多，她大约不知道萧军心里还有那么多复杂的想法。直到这时，她还不曾想到，更没有决定要离开萧军。所以她苦苦劝说，哀求，甚至说："三郎，我知道我的生命不会太久了,我不愿生活上再使自己吃苦,再忍受各种折磨了……"

然而,萧军始终不为所动。

一天,萧红突然让端木蕻良和萧军一起留下来打游击。她说萧军太鲁莽,她不放心。端木蕻良还没有表态,这时,萧军大声说:"我谁也不用陪,我身体好,到哪儿也不怕!"

萧红生气地说:"那么,你决定一意孤行了?"

"你管不着!"萧军也生气了,说完便掉头走开,把萧红撇在那里。

聂绀弩走了过来安慰萧红说:"萧军就是炮筒子脾气!"萧红默然无语,随着聂绀弩走开了。

她能说什么呢?

是临汾的最后一个夜晚。

萧军和萧红并排躺在一面炕上,各人看着棚顶,说着说着,又争吵开了:

"你总是这样不听别人的劝告,该固执的固执,不该固执的你也固执……简直是'英雄主义'、'逞强主义'……你去打游击吗?那不会比一个真正的游击队员的价值更大一些,万一……牺牲了,以你的年龄,你的生活经验,文学才能……这损失,并不只是你自己的呢。我也不仅是为了'爱人'的关系才这样劝阻你,以致引起你的憎恶和卑视……我想到了我们的文学事业……"

"人总是一样的。生命的价值也是一样的。战场上死了的人不一定全是愚蠢的……为了争取解放共同的奴隶的命运,谁是应该等待着发展他们的'天才',谁又该去死呢?"

"你忘了'各尽所能'的宝贵言语,也忘了自己的岗位,简直是胡来……"

"我全没忘。我们还是各自走自己要走的路吧,万一我死了——我想我不会死的——我们再见,那时候也还是乐意在一起就在一起,不然就永远地分开……"

"好的。"

争论到此平息。两个人都被自己的结论给堵住了。

这时,丁玲插了进来,要来取铺在炕里的被子到外面睡,好让这两个情侣继续他们的谈话。萧军一直很亢奋,夺过被子,让丁玲留下来。等丁玲的鼾声响了起来以后,他伸手试着摸了摸萧红的脸和眼睛,"睡吧。"

萧红闭着眼,面上是润湿的。当萧军的手指触到她那饱满的眼睑时,她慌忙把脸扭向另一边,也说:

"睡……吧!"

第二天,萧红就要和丁玲等人前去运城,留下来的只有萧军一个人。晚上,萧军专程赶到车站送行。

萧红倚着窗口坐着。

萧军就近买了两个梨子,趁她不防备递进她的手里,萧红并不吃梨,茫然地接过去看着萧军,泪水充满了眼眶。

她抓住萧军的手,说:

"我不要去运城了啊!我要同你们进城去……死活在一起吧……若不,你也就一同走……留你一个人在这里我不放心,我懂得你的脾气……"

"不要发傻!"萧军掐紧了她那细瘦的手指,摇动着说,"……你们先走一步……如果学校没有变动仍在这里……你们就再回来……这是一样的啊!也许……马上我也来运城……一同去那里工作,或者去西安,不然就到延安汇合。你和丁玲他们一道走比较安全,他们有团体。我强壮……应该留在这里……学校已经单独成立一个'艺术系'了……这是好的啊!我们的人,怎能一个不留在这里呢?这是说不过去的。我们来的目的,不就是要在'这个时期'工作吗?"萧军勉强笑着,装出愉快的样子;接着,感到有点酸楚,差点要流泪了。

"你太关心他啦……嘻嘻……"端木蕻良开着玩笑。

"他比我们强壮……打游击可以打,跑也跑得比我们快……他是应该留在这里哪!"聂绀弩其实是不赞成萧军的决定的,于是也趁势讥讽着说。

"你们也并不软弱啊!为什么不留一个在这里?"萧红却认真起来,转过脸去,冷冷地向他们说道。

"哪里……嘻嘻……我们怎能同萧军比呢……这正是他建功立业的时候啦……嘻嘻……"端木蕻良继续说笑。

"怎样,你也要留下来吗?留下来吧!……这里还有一千多个学生呢!"萧军知道他不会留下来,故意说话激他。

"不啊……不……我要到运城去喽!这样牺牲掉,在我是不值得的呢。"

萧军本来就憎恶端木蕻良,好些天来没有和他交谈了,现在也兴不起辩论的兴趣,其实连时间也没有了,只好专意劝慰萧红,"不要犯傻了……还是好好去运城……我们不久会再见的……"

萧红恳切地说:"说过一千遍了……就算我不是你的'爱人',仅仅是同志的关系,也不乐意你这样……你总是不肯听从我的话……你……"她仍然在做最后的努力,希望说服萧军,眼泪不由自主地流下来。

"不要紧的!我不是经过许多该死的关头没有死掉吗?我自信我是死不了的……"萧军笑着摸一摸萧红的脸,萧红避开了。

"这怎么比先前呢?你总是这样……我真不赞成……"萧红提高了声调,刚说了两句就说不下去了。她从萧军手里抽出自己的手指,用手巾揩着鼻子和眼睛说,"随你的便吧……你总没有好好听过我的话……"

萧军这时变得粗鲁和激动起来,极力为自己辩护:"一切还不是为了工作吗?第一,我们要工作……不然为什么我们要到这里来?你们到运城去不也是为了工作吗?……"

"随你的便吧……"萧红说着,扭过头,和聂绀弩、端木蕻良交谈去了。

萧军离开了那窗口。端木蕻良说:"你让他留在这里吧……他不比我们更愚蠢……他是懂得怎样处理自己的……嘻嘻……你真是太关心他了……"

聂绀弩也说:"这样,被爱的人会不舒服的……"

"不是这样说……"萧红哽咽着,声音停顿了。

萧军急忙找到丁玲,说萧红身体不好,又不善处理人事,希望丁玲能够多照顾她,让她跟上团体到西安去;如果她乐意,就送她上去延安的车。总之,不要让她单独一个人行事。

说到底,他仍然放心不下萧红,怕她跟端木蕻良一起跑了。但是,据他的印象,萧红是不喜欢端木蕻良的,甚至比自己还要憎恶。想到这里,他很快就平静下来了。

火车将要开行的时候,聂绀弩陪萧军在月台上蹀了好一会。

最后，两人还是谈到了萧红。

萧军对聂绀弩说："萧红和你最好，你要照顾她，她在处世方面，简直什么也不懂，很容易上当的。"

"以后你们……"

"她单纯、淳厚、倔强，有才能，我爱她。但她不是妻子，尤其不是我的！"

"怎么？你们要……"

"别大惊小怪！我说过，我爱她，就是说我可以迁就。不过这是痛苦的，她也会痛苦，但是如果她不先说和我分手，我们永远是夫妇，我决不先抛弃她！"

深夜九点。机车开始喘息。萧军留在车厢里，和萧红依依话别。"你回去吧……再晚就不能进城门了。"萧红揩着眼泪，接连催促萧军下车。

"不忙，等车开动了我再走……"

"那何必呢？明天还要回来……还是早一点儿进城吧……太晚了这里的车是不开的……"萧红脸色苍白，头慢慢地垂了下去。

"那么……我就回去了……"萧军把右手举了起来。

这时，丁玲组织她的团员为萧军唱起了送别的歌，人们高喊着"萧军万岁……"

汽笛响了。车身移动了。当一切都在萧军的视线中模糊起来时，他竟没有看到萧红……

告别萧军以后，萧红的心渐渐晴朗起来了。

这时，端木蕻良更加主动地亲近她，迎合她。虽然她有时也会觉得他有点矫情，做作，但是依然是喜欢的。她好像从来没有像现在这样得到男人的柔情的关顾。爱情是迷幻药。她知道青春早已死灭，却又在少女般缤纷的想象中一点一点地迷失了。

铁轨向前伸展。火车向前开。车厢里除了端木蕻良，还有聂绀弩，和许多新认识的朋友：丁玲、田间、塞克等。萧红是喜欢朋友的，可是，在上海几乎就没有，她找不到像"牵牛坊"那样的地方。现在，她又有了可以毫无拘束地一起谈笑的朋友，可以过一种集体式生活了。习惯了孤独的

1938年萧红与友人在西安八路军办事处前合影。左起：塞克、田间、聂绀弩、萧红、端木蕻良，后排为丁玲

寂寞的人，有可能安于这种生活，甚至产生病态的喜欢；但同时，也会因害怕而渴望逃离。

工作着，对此刻的萧红来说，当然是最大的鼓舞。

队伍在运城稍作停留，接着向西安开拔。在行进的途中，丁玲要求同行的作家、戏剧家为西北战地服务团写一个剧本。他们答应下来以后，马上进行讨论，拟定角色，安排情节，分出场次，由战地服务团的团员做记录。到了西安，由塞克整理完成整个剧本，取名《突击》，写的是一群逃亡的中国老百姓奋起抗击日本侵略者的故事。话剧演出非常成功，使全体编剧者都为自己以文字所做的社会动员感到振奋，这其中就有萧红。

萧红知道，这是宣传，不是文学。她总是希望，在这动荡的战争环境里有一块安静的地方，让她独自书写。

萧红的文学是什么文学呢?

有一次,她跟聂绀弩闲聊,聂绀弩说:"萧红,你是才女,如果去应武则天的考试,究竟能考多高,很难说,总之,当在唐闺臣前面,决不会和毕全贞①靠近的。"

萧红笑道:"你完全错了。我是《红楼梦》里的人,不是《镜花缘》里的人。"

"我不懂,你是《红楼梦》里的谁?"

"《红楼梦》里有个痴丫头,你都不记得了?"

"不对,你是傻大姐?"

"你对《红楼梦》真不熟悉,痴丫头就是傻大姐?痴与傻是同样的意思?曹雪芹花了很多笔墨写了一个与他的书毫无关系的人。为什么,到现在还不理解。但对我来说,却很有意思,因为我觉得写的就是我。你说我是才女,也有人说我是天才的,似乎要我自己也相信我是天才之类……我不是说我毫无天禀,但以为我对什么都不学而能,写文章提笔就挥,那是大错。我是像《红楼梦》里的香菱学诗,在梦里也做诗一样,也是在梦里写文章来的,不过没有向人说过,人家不知道罢了。"

谈到鲁迅时,聂绀弩说:"萧红,你会成为一个了不起的散文家,鲁迅说过,你比谁都更有前途。"

萧红笑了一声,说:"又来了!你是个散文家,但你的小说却不行!"

"我说过这话吗?"

"说不说都一样,我听腻了。"萧红正色道,"有一种小说学,小说有一定的写法,一定要具备某几种东西,一定写得像巴尔扎克或契诃夫的作品那样。我不相信这一套。有各式各样的作者,有各式各样的小说。若说一定要怎样才算小说,鲁迅的小说有些就不是小说,如《头发的故事》、《一件小事》、《鸭的喜剧》等等。"

"我不反对。但这与说你将成为一个了不起的散文家有什么矛盾呢?你

---

① 聂绀弩《回忆我和萧红的一次谈话》原注:唐闺臣,本为首名,武则天不喜她的名字,把她移后十名。毕全贞,末名。

为什么这样看重小说，看轻散文呢？"

"我并不这样。但是人家，包括你在内，说我这样那样，意思是说我不会写小说。我气不忿，以后偏要写！"

"写《头发的故事》、《一件小事》之类么？"

"写《阿Q正传》、《孔乙己》！而且至少在长度上超过他！"

聂绀弩笑道："今天你可把鲁迅贬够了。可是你知道，他是多么喜欢你呀！"

"是你引出来的呀！"萧红也笑了起来，"说点正经的吧。鲁迅的小说，调子是很低沉的。那些人物，多是自在性的，甚至可以说是动物性的，没有人的自觉，他们不自觉地在那里受罪，而鲁迅却自觉地和他们一齐受罪。如果鲁迅有过不想写小说的意思，里面恐怕就包括这一点理由。但如果不写小说，而写别的，主要的是杂文，他就立刻变了，最开始到最后都是个战士，勇者，独立于天地之间，腰佩翻天印，手持打神鞭，呼风唤雨，撒豆成兵，出入千军万马之中，取上将首级如探囊取物！即使在说中国是人肉的筵席时，调子也不低沉。他指出这些，改革这些，和这些东西战斗。"

聂绀弩笑道："依你说，鲁迅竟是两个鲁迅。"

萧红也笑道："两个鲁迅算什么呢？中国现在有一百个、两百个鲁迅也不算多。"

聂绀弩大笑："你这么能扯，我头一次知道。"

他们谈到《生死场》。

聂绀弩说："萧红，你说鲁迅的小说调子低沉，那么，你的《生死场》呢？"

萧红说："也是低沉的。"沉吟了一会，又说："也不低沉！鲁迅以一个自觉的知识分子，从高处去悲悯他的人物。他的人物，有的也曾经是自觉的知识分子，但处境却压迫着他，使他变成听天由命，不知怎么好，也无论怎样都好的人了。这就比别的人更可悲。我开始也悲悯我的人物，他们都是自然的奴隶，一切主子的奴隶。但写来写去，我的感觉变了。我觉得我不配悲悯他们，恐怕他们倒应该悲悯我呢！悲悯只能从上到下，不能从下到上，也不能施之于同辈之间。我的人物比我高。这似乎说明鲁迅真有

1938年萧红在西安

高处，而我没有，有的也很少。一下就完了。"

"你说得好极了。可惜把关键问题避掉了，所以结论也就不正确了。"

"关键在哪里呢？"

"你真没想到，你写的东西是鲁迅没有写过的，是他的作品所缺少的东西吗？"

"那是什么呢？"

"那是群众，集体！对吗？"

"你说吧！反正人人都喜欢听他爱听的话。"

"人人都爱拍，我可不是拍你。"

萧红笑道："你是算命的张铁嘴，你就照直说吧！"

"你所写的那些人物，当他们是个体时，正如你所说，都是自然的奴隶。但当他们一旦成为集体时，由于处境同别的条件都起了变化，从量变到质变，便成为一个集体英雄、人民英雄、民族英雄了。用你的话说，就不是你所能悲悯的了。但他们由于个体的缺陷，也还只是初步的、自发的、带盲目性的集体英雄。这正是你写的,你所要写的,正为这才写的;你的人物,你的小说学,向你要求写成这样。而这是你最初没有想到的。它们把你带到一个你所未经历的境界,把作者、作品、人物都抬高了。"

"这听得真舒服!"

"你的作品,有集体的英雄,没有个体的英雄。《水浒》相反,鲁智深、林冲、杨志、武松,都是个体英雄,但一走进集体,就被集体湮没,寂寂无闻。《三国演义》里的英雄,有许多是终身英雄。没有使集体变为英雄。其实,《三国》里的英雄都不算英雄,不过是精通武艺的常人或精通兵法的智士。关键是,他们与人民无关,与反统治无关,或反而是反人民的,统治人民的。他们所争的是对人民的统治权,不过把民国初期的军阀混战推上去千多年,而又被写得仪表非俗罢了。法捷耶夫的《毁灭》不同,基本上是个人也是英雄,集体也是英雄,毁灭了更是英雄。但它缺少不自觉的个体到英雄的集体这一从量到质的改变。比《生死场》还差一点儿。"

"你真说得动听。"萧红笑道,"你还说你不抢!"

"且慢高兴,马上要说到缺点了。"聂绀弩说,"不是有人说,你的人物面目不清,个性不明么?我也有同感。但这是对小说,对作品应有的要求。如果对作者说,我又不完全同意。写作的第一条守则:写你最熟悉的东西。你对你的人物和他们的生活,究竟熟悉到什么程度呢?你写的是一件大事,这事大极了。中国的民族革命、民主革命的成功,不可知,一定要经过无数的不自觉的个体到成为集体英雄。集体英雄又反过来使那些不自觉的个体变为自觉的个体英雄。可是,你这作者是什么人?不过一个学生式的二十二三岁的小姑娘!什么面目不清,个性不明,以及还有别的,对于你说,都是十分自然的。"

萧红掩着耳朵说:"我不听了。听得晕头转向的。"一面说,一面就跑了。

月色朦胧。

聂绀弩和萧红一起外出散步,在正北路的大马路上来来回回地走。他第一次听萧红说了那么多的话,像水一样从心底里流出来的话;想不到在一个看似柔弱却也活泼的人的身上,原来隐藏着如此可怕的、沮丧的阴影。

"你知道吗？我是个女性。女性的天空是低的，羽翼是稀落的，而身边的累赘又是笨重的！而且多么讨厌啊，女性有着过多的自我牺牲精神。这不是勇敢，倒是怯懦，是在长期无助的牺牲状态中养成的甘愿牺牲的惰性。我知道，可是我还是免不了想：我算什么呢？屈辱算什么呢？灾难算什么呢？甚至死算什么呢？我不明白，我究竟是一个人还是两个；是这样想的是我呢？还是那样想的是。不错，我要飞，但同时又觉得……我会掉下来。"

萧红穿着酱色的旧棉袄，外披黑色小外套，毡帽歪戴着，帽外的长发在夜风中飘动。她一边走，一边说，一边用手里的小竹棍敲着路过的电线杆子和街树，像一个顽皮的小孩子一样。其实，她心里不宁静，说话似乎心不在焉的样子；走路也像小麻雀一样一跳一跳的，脸色跟月色一样苍白。她说到萧军，感叹道：

"我爱萧军，今天还爱，他是个优秀的小说家，在思想上是个同志，又一同在患难中挣扎过来的！可是做他的妻子却太痛苦了！我不知道你们男子为什么那么大的脾气，为什么要拿自己的妻子做出气包，为什么要对自己的妻子不忠实！我忍受屈辱，已经太久了……"

接着又谈到和萧军共同生活的一些实况，谈到萧军在上海和别人恋爱的经过……所有这些，聂绀弩虽然也曾零星地听说过，但是并不知道详情；听萧红谈起，才知道一个家庭在美好的外壳下，蕴含着多少苦痛和酸涩！

这时，聂绀弩不禁想起在临汾车站月台上和萧军的谈话。

有意味的是，他们两个人在不同的场合里都同时说到两个单词：一个是"爱"，一个是"痛苦"。当时，听了萧军的话，聂绀弩还以为只有萧军蓄有离意，今天他才知道萧红其实也跟萧军一样。这样，他想，临汾之别，大概彼此都明白是永久的了。

最后，萧红突然说：

"我有一件事要拜托你！"

随即举起手中的小竹棍，递过去给聂绀弩看："这个，你以为好玩吗？"那是一根二尺多长，二十几节的软棍儿，只有小指头那么粗。萧红说过，棍子是在杭州买的，带在身边已经一两年了。

就在白天，端木蕻良要萧红把小竹棍送给他，萧红答应说是明天再说。

她对聂绀弩说："明天，我打算放在箱子里，对他说是已经送给你了。如果他问起，你就承认有这回事，行吗？"

聂绀弩不假思索地马上答应了。

凭聂绀弩的印象，萧红是讨厌端木蕻良的，常常说他是胆小鬼、势利鬼、马屁精，一天到晚在那里装腔作势的。但是，马上又想到，他这几天似乎没有放松每一个接近萧红的机会，莫非他在向她进攻吗？

聂绀弩想起萧军临别时的嘱托，说：

"飞吧，萧红！记得爱罗先珂童话里的那几句话吗：'不要往下看，下面是奴隶的死所！'……"

萧军和聂绀弩都有一个明显的判断上的错误，就是认为萧红是讨厌端木蕻良的。其实，她那是故意夸大的，或者纯粹就是戏说。与此相反，端木蕻良倒有很多为萧红所喜欢的地方。

端木蕻良原名曹汉文，出生于辽宁省昌图县的一个大地主家庭。母亲是佃农女儿，是被他的父亲强抢成婚的。他同情和依恋出身贫苦的母亲，学生时代使用的笔名随同母性，发表的第一篇小说就叫《母亲》。十一岁起到天津读书，"九一八"以后，因要求抗日而被校方秘密除名。后来到了北京，一度参加绥远抗日部队。1932年加入左联，随后进入清华大学历史系就读，并开始文学创作。1936年到上海，专事写作，发表系列短篇小说，在《文学》杂志上连载长篇《大地的海》。他认识萧红的时候，正值创作的盛期。

从出生到"九一八"，端木蕻良过的完全是少爷的生活。据说他在无意中发现《红楼梦》的作者也姓曹时感到非常得意，跟贾宝玉一样，从小就在脂粉堆中找伴儿。从两篇回忆性文字《初吻》和《早春》看，他是一个性早熟的少年，痴情，任性，却又喜新厌旧。

端木蕻良曾经说，在人类历史上，给他印象最深的是土地，他活着仿佛就是专门为了写出土地的历史而来。土地传给他荒凉、辽阔、生命的固执，有一种力量也有一种忧伤。在他的性格中，"彻骨的忧郁"与"繁华的热情"是并存的，这样便形成了一种内在的张力，一种心灵的压迫和性情的奔流。在创作上，他同样怀有雄心，宣称巴尔扎克是他热爱的文学英雄，但是，并不把写实主义奉为天经地义，愿意从美的角度来看真，或者可以说爱美甚于爱真。

他熟悉西方文学、电影和音乐，为西方文化艺术中的自由精神和形式美所吸引。他颇有点浪漫骑士派头，对妇女抱有同情心，然而缺乏的是抱打不平的勇气和自我牺牲的决心。堂·吉诃德那样大战风车的疯狂，他是全然没有的。相反，他依然一副公子哥儿的脾性，视贵族特权为当然。

从审美的角度，萧红是喜欢特异性和弱质性的。端木蕻良外表的文弱，包括发式与着装，一副前卫艺术家的样子，恐怕一开始就获得萧红的好感。在文学才华方面，应当说，他是胜于萧军的，而且更带阴柔性质。萧红就说过，她不喜欢太阳，因为太阳只是一个毫无情趣的男子。论作品，端木蕻良与萧红都具有乡土感。他向往大地、海、草原，世上宏大的事物；已经写出的《科尔沁旗草原》也确实是宏大的，但是事实上，却无法克服那种在当时常常被称做小布尔乔亚的东西。而这种东西，又恰恰构成作为女人的萧红所喜欢的日常生活中的情趣。端木蕻良对萧红是欣赏的，萧红作品中的诗性特质，与他的小说有更多相通的地方；这种抒情性，是萧军的小说所缺少的。萧红对他最抱好感的是，无论在公开场合还是私下里，都不掩饰对自己的欣赏，而且乐于交流。在他这里，萧红获得了一种知己之感，多年来不断遭到伤害的自尊心，得到了最大程度的满足。

即使仅仅得到对方的尊重，萧红便可以不顾一切地去爱，哪怕他是魔鬼！

日本军队占领了风陵渡，不时地隔河炮击潼关，随时有过河的可能。但此刻，西安是平静的。

丁玲有事回延安，约聂绀弩和她同去。临行的前一天傍晚，聂绀弩和萧红在马路上遇上了。

"吃过晚饭没有？"萧红问。

"没有。正想去吃。你呢？"

"我吃过了。但是我请客。"

"何必呢？"

1938年萧红在西安

"我要请你,今晚,我一定要请!"

进了饭馆,萧红要了两样菜,都是聂绀弩平时爱吃的。并且要了酒。她不吃,也不喝,隔着桌子静静地望着聂绀弩。

"萧红,一起到延安去吧!"

"我不想去。"

"为什么?"

"说不定会在那里碰见萧军。"

"不会的。以他的性格,他不会去,我猜他到别的地方打游击去了。"

聂绀弩吃饭时,萧红不说话,只是目不转睛地默默望着,像是窥视久别了的兄弟是不是还和从前一样健饭。显然,她一直在想心事。

出了馆子,萧红对聂绀弩说:"要是我有事情对不起你,你肯原谅我吗?"

"你怎么会有事对不起我呢?"

"我是说你肯吗?"

"没有你的事,我不肯原谅的。"

"那个小竹棍儿的事，端木没有问你吧？"

"没有。"

"刚才，我已经送给他了。"

"怎么，送给他了！"聂绀弩突然感到是一个不好的预兆，"你没有说已先送给我了吗？"

"说过，他坏，他晓得我说谎。"

沉默。

聂绀弩说："那小棍儿只是一根小棍儿，它不象征着别的什么吧。"

"你想到哪里去了？"萧红扭头望着别处，"早告诉过你，我怎样讨厌谁？"

"你说过，你有自我牺牲精神！"

"怎么谈得上呢？那是在谈萧军的时候。"

"萧军说你没有处事经验。"

"在要紧的事上我有！"

不知道是聂绀弩重提萧军的话触痛了她，还是因为她已经单方面出了与萧军分手的决定，她的话说得坚决而艰难，听得见声音在发颤。

"萧红，"聂绀弩提醒她说，"你是《生死场》的作者，是《商市街》的作者，你要想到自己文学上的地位，你要向上飞，飞得越高越远越好……"

其实，对她来说，离开萧军就是自由，就是向上飞。萧军执意将自己留下来，而把萧红当成包袱一样让丁玲和聂绀弩托管。他应当知道，人究竟不是物，是不能被决定、被负责的，有自己的意志和行动能力。而今，包袱从受托人那里自行挣脱出来了。自己的问题由自己解决，萧红觉得，这才叫远离了"奴隶的死所"。

离开萧军以后，萧红的头脑变得清晰许多。同端木蕻良的频密的接触，虽然让她迷醉于关于个人自由与幸福的联想，但是梦幻并非是无益的。正是这新生的情感经验，推动了她的理性选择。

第二天，萧红为丁玲和聂绀弩送行。人丛中，聂绀弩向萧红做出飞的姿势，又用手指着天空。萧红会心地笑着点头。

大局已定。

萧军、丁玲和聂绀弩先后把一段短窄的时间和空间留给了萧红和端木蕻良，使他们有了无障碍的、全方位接触的机会。开始，意味着另一种结束。事情变得不可逆转。

雪莱在一篇论爱的文字中引用斯泰恩的话说：假如他身在沙漠，他会爱上柏树枝的。谁叫萧军给她制造了这样荒凉的沙漠呢？何况端木蕻良也还不是一根枯燥的柏树枝。

关于萧红和萧军两个人最后见面的情形，有几种不同的说法。和平的分手是合乎逻辑的。

丁玲和聂绀弩走后半个月，突然回到西安，而且当中多了一个萧军。原来萧军在去五台山的中途折到延安，和他们碰着了，后来计划再去五台山，形势已经不容他成行，只好随他们一道到西北战地服务团里来。

这时，萧红和端木蕻良正寄居在团里。

三个人这么快又凑齐了回来，是他们意想不到的。当丁玲一行刚刚走进团部的院子里，就听见丁玲的团员喊：

"主任回来了！"

萧红和端木蕻良一同从丁玲的房里走出来，一看见萧军，两个人都愣了一下。端木赶忙过来和萧军拥抱，聂绀弩看见，他的神色是含有畏惧、惭愧等复杂的意义的。聂绀弩走进自己的房间，他又赶了过来，拿起刷子给聂绀弩刷衣服上的尘土，低着头说："辛苦了！"但聂绀弩听那声音却像在说，"如果闹什么事，你要帮帮忙！……"

这时，聂绀弩已经看得非常清楚：那大鹏金翅鸟，被她的自我牺牲精神所累，从天空，一个筋斗，栽到"奴隶的死所"里去了！

萧军一回来，谁也不加理会，只顾洗涤头脸上的尘土。萧红走近他的身边，微笑着对他说：

"三郎——，我们永远分手吧！"

"好。"

萧军一面擦洗着头脸，一面平静地回答。接着，萧红很快就走出去了。

对于这出喜剧的闭幕式，萧军在由延安到西安的路上就准备好了的，但他没想到幕布会落得这样快！他想，这可能是萧红自己的决定，也可能出于端木蕻良的主张，但不管怎样，他们的关系既然已经确定，就一定会宣告出来，争取公开和自由，免得引起某种纠纷。对此，自己原先是有过约定的，而这回又由她主动提出分手的要求，如果说双方还曾有过什么契约的话，也算自动解除了，还有什么废话可说！

萧军说，他从来没有向萧红这个没有"妻性"的人要求过"妻性"。有意思的是，他在对聂绀弩说话时，和萧红一样使用了"痛苦"一词，并且说虽然痛苦，仍然可以"迁就"。明明白白的，所谓爱情，对他而言，只是迁就而已。

实际上，萧军是一个"主权者"，顺从、妥协、迁就最多的，还是萧红。当然，这不是萧红所愿意的。她向着这主权者做出各种反抗，也不能说反抗毫无效果，尤其在"出走"日本之后，控制与反控制的关系似乎趋向于几何学的平行关系，她赢得了更多一点的独立性；但是，他们之间仍然没有出现重叠或相交的亲密关系。这是两条孤离的直线，其中的一条，唯靠屈折起来保存自己。所以说，端木蕻良的出现是一个结果，或者说只是一个诱因，而不是导致分手的根本原因。

从感情到凝聚为行动，需要一个过程。然而，对于同端木蕻良的结合，萧红并没有充分的准备。就在临汾，萧红写下散文《记鹿地夫妇》，笔调是轻松的，说到萧军时，还使用了昵称"军"。萧军走后，萧红在内心里的冲突发生了，而且肯定愈来愈剧烈。她把小竹棍交给聂绀弩，应当看做是主观上力图抵制来自端木蕻良的诱惑的一个标志性行为。但是，当聂绀弩这位在西安团队中几乎是唯一的可倾谈的老朋友也要离她而去时，她的情绪波动了，一种孤独感袭击了她。什么爱情和友谊，在她看来，都是如此脆弱，不堪信任。在世界上，一个人有什么可以依靠的呢？是的，她需要抚爱、保护和温暖，其实，这又有什么可非议的呢？她失去了亲人，情人和朋友也相继离去，她什么也没有。她害怕一个人过日子，害怕遭到世界的冷落甚至强力的压迫。此刻，身边只有一个人，就是端木蕻良。萧红不是那种深谋远虑的人，她关注的只是现在，如果现在给予她真诚的爱，阳光，或者野火，她愿意在瞬刻之间融化自己，哪怕从此永远在草间流失！

要说背叛就背叛吧！要说报复就报复吧！她已经受够了！

当萧红做出了脱离萧军的决定以后，表现出了从来未有过的自信；面对萧军的时候，始终保持一种镇静，甚至有一种居高临下的威严。这里包含了一种母性，这时，她除了保护自己，还要保护端木蕻良免受萧军的侵犯！

在萧军的眼中，萧红是一只柔弱的温顺的小羊，虽然有时也使用了她的犄角；想不到过去一个春季，竟长成了一只豹子！

在双方达成和平协定之后，因为一些遗留的问题需要解决，萧红和萧军还有过好几次接触。当然，这都是萧军采取主动的。

据说有过一次关于孩子的谈话。萧军知道萧红已经怀孕，所以建议她生下孩子以后再分手。可是萧红去意已决，不接受他的劝告，也不愿意把孩子给萧军。不过，萧军不留萧红而留孩子，也是很有意思的事，不知是出于生物学的动机，还是先祖的遗教？

骆宾基根据萧红的讲述，在小传里记下了这样一段最后的故事：

萧红见了萧军，向他警告说："若是你还尊重我，那么你对端木也需要尊重。我只有这一句话，别的不要谈了。"

她说完，愉快地走向丁玲的房间去了。

萧军仍然有些话要说，即使是长此诀别。当他找机会同萧红约见的时候，萧红说，到外面散步也可以，只是不能就单独的两个人。只要她去，就一定要约端木陪同。

她知道这是萧军不能接受的屈辱条件，实际上是不愿意再谈话。

"那么你把那些给我保存的信件拿来吧！"萧军最后说。

"在那边的房间里，我去拿。"

他们两人走进了隔壁的房间。当时，战地服务团的团员们都注意到了，他们在院落里悄悄地站着，注视着，希望两个人会谈完毕，能带着愉快而幸福的脸色走出来。

一进房间，萧军就在她所要开启的那具箱子上坐下来，"我有话说。"

"我不听。"萧红说，"若是你要说话，我就走。"

"你听！只……"

"我走啦！"

萧红匆匆走出来，在丁玲的那些年轻团员的注视中，她低着脸走过去。随后，萧军也沉默着肃然出现……

深夜。月亮还没有上来，四周黑黝黝的。萧军、萧红和端木蕻良在路上散着步，沉默地各自走着，气氛很沉闷。萧红这时注意到，他们是走在莲湖公园的大门前面了，于是提议道："我们到公园里去走走好吧！"

"这么晚了，到里边去走什么！"

"我要去。"萧红说。

"要去，你一个人去。"

"端木来！"

"你不能去！"萧军说。

萧红一个人愤愤地走进了树木森然的公园。她想，你以为我一个人害怕吗！她快步向林阴深处一直走去，突然，发觉背后传来萧军的脚步声了。她立刻离开走道，躲到一棵树的背后，隐遁起来，悄悄地侦听着。那熟悉的、健捷有力的脚步声，急促地传来。

"悄吟！"

萧军停住，一连呼唤着。萧红默不作声，等萧军走过去，才轻悄地沿着来路独自走了出去。在公园门外，她会同端木蕻良走开了。

萧军终于没有获得两个人单独会面的机会。

在与萧军的关系彻底破裂之后，萧红约端木蕻良到公园里去，把情况告诉了他。

"这么说，你自由了！"

端木蕻良想不到萧红听了，竟掩面痛哭起来。随后，她告诉他说，她已经怀孕了。

这是萧红与萧军的爱情的"遗产"。这笔遗产，是端木蕻良迷醉于他的爱情之后的意外的发现。无论在感情方面，还是在实际处理方面，让他接受起来都不是轻松的。要知道，这是一个出身于大地主家庭的少爷，从小受着家族的保护，在生活上从来不曾经受到艰苦的磨炼，又没有身为人

1938年萧红与端木蕻良在西安

端木蕻良作萧红小说《小城三月》插图

父者的经验，当他听到萧红的诉述之后，即使不是尴尬的、忧虑的，反应也是复杂的。从日后的事实证明，对于这遗产的处理，他采取了回避政策。这遗产在相当一段时间内将成为他与萧红之间在生理上达致亲密的一重阻障；即使在行动上可以不负责任，至少在心理上，他无法摆脱这份沉重的负担。

在此之前，萧红生活中的一个切近的目标是：同萧军分手。为了赢得个人自由，她确实下定决心，全力以赴。但是，当她到达目的地以后，很有可能会顿然觉得混乱，甚至茫然。

命运是如此地戏弄着她：开始和萧军生活时，怀的是汪恩甲的孩子；将要和端木蕻良生活时，孩子的父亲却是萧军！男人都不会喜欢孩子的，因为没有血肉的关联，尤其是别人的孩子。萧军不爱别人的孩子，端木也不会。如果失去了父爱，即使孩子艰难而平安地长大，也不会感到幸福。可是，如果家庭多出了一个累赘的孩子，男人会感到幸福吗？女人呢？假如没有了孩子，只有男人和女人，所谓幸福，就会永远和他们厮守在一起了吗？……

萧红一定会想到许多，然而一样不会有明确的答案。为了一个小小的伦理学试验，她深知，人生每走一步，都要付出高昂的代价。

而现在，虽然疑虑，也不无伤感，她已经无所畏惧，也无从畏惧了。道路再艰难，她也得走下去，也许今天两个人走，明天还是一个人走，正如走过的路一样……

20 重返武汉

1938年4月，在萧军决定随丁玲去延安之后，萧红和端木蕻良乘火车返回武汉。

在西安，萧红曾经收到池田幸子的信，要她南下武汉，他们在武汉等她。这时，鹿地亘夫妇都在军事委员会政治部第三厅工作。于是，在绿川英子的一篇回忆文章中，萧红后半生悲剧的这一页，就有了一个非常清晰的投影：

……逃难的人群如濡湿的蚂蚁一般钻动。萧红夹在其中，大腹便便，两手撑着雨伞和笨重的行李，步履迟缓。旁边，是轻装的端木蕻良，手里捏着司的克，神态从容。萧红并不企求帮助，只是不时地用嫌恶与轻蔑的眼光，瞧了瞧自己那隆起的肚子……

到了武汉之后，萧红和端木蕻良一起到小金龙巷找蒋锡金，希望解决端木蕻良的居住问题。

蒋锡金问起萧军的去向，他们说是到兰州去了，便没有细问下去。蒋锡金说：这房子还租着，不过已经有三个月没有付房租，目下也拿不出这笔数目；现在只要能付一个月的租金，就可以住进去。端木说他能付，蒋锡金就把房间的钥匙交给了他。接着，蒋锡金问，萧红怎么办呢？回答说是住到池田那里去。

过一段时间,蒋锡金回到原住处交房租,捎带取些衣物。由于梁白波的妹妹曾在里间住过,蒋锡金的东西都放在外间,取完东西,和端木略谈了一会,正打算离去,听得里间有个女声叫他,问他为什么不进去。他一听这是萧红的声音,就推门进去了。

端木蕻良留在外屋,没有跟进去。

萧红躺在床上,盖着被子,睁大了眼睛,脸色苍白,好像有些害怕的模样。

蒋锡金明白了,这是萧红要向他公开与端木蕻良的关系。萧红拍拍床沿,让蒋锡金坐下,告诉他自己怀孕了,要他帮助找一位医生做人工流产。

蒋锡金知道,做人工流产是犯法的,医生要负刑事责任,便说这件事确实没有办法帮忙。随后,他问几个月了,说是五个月了;又问是谁的,说是萧军的。他说晚了,流产有生命危险的;况且,是萧军的更应该生下来,这是一条小生命!

萧红流泪了。

她说,自己一个人要维持生活都很困难,再带一个孩子,就把自己完全给毁掉了。说罢,泣不成声。

蒋锡金说,认识的医生只有宇飞,你也认识的,请他来商量一下怎么样?萧红大声说,不要,我不要找他,不能找他!蒋锡金只好抚慰她说,不要太担忧,孩子生下来总能有法子,这么多朋友也不能看着你不管,可以托人抚养,也可以赠送给别人,还是好好生下来吧……

爱是沉重的。对于萧红来说,这时候,她至少有着双重的负担:一是孩子;二、连爱本身也成了问题。在文化圈内,没有一个人对她的行动表示认同。

她到胡风家里,告诉他和梅志,她跟萧军分离了,现在同端木蕻良在一起。他们并不感到突然,但是没有任何祝贺的话。胡风向她说:"作为一个女人,你在精神上受了屈辱,你有权这样做,这是你坚强的表现。我们做朋友的,为你能摆脱精神上的痛苦感到高兴。但是,又何必这样快呢?你冷静一下不更好吗?"

池田见到梅志,这样说到萧红:"我请她住在我家,有一间很好的房子,她也愿意。谁知晚上窗外有人一叫,她跳窗逃走了。"说着,又气恼地补上一句，"嘀！像夜猫子一样，真没办法！我真的没办法！"

胡风夫妇的态度应当影响到池田，何况，萧军也是她的老朋友。总之，对于萧红的爱情生活，她是有看法的。

张梅林不常去看萧红，他不愿意因小金龙巷的那间曾经热闹一时的房子引起不快的联想；许多时候是萧红到他的住处闲谈，偶然会和萧红一同去蛇山散散步。

"是因为我对自己的生活处理不好吗？"有一次，萧红见到梅林，突然这样发问。

"这是你自己个人的事。"

"那么，你为什么用那种眼色看我？"

"什么眼色？"

"那种不坦直的，大有含蓄的眼色。"

梅林一时语塞。

"其实，我是不爱回顾的，"萧红说，"你是晓得的，人不能在一个方式里生活，也不能在一种单纯的关系中生活。现在我痛苦的，是我的病……"

萧红说的"病"，即怀孕的意思。她听说梅志和房东的太太一起去找医生准备打胎，也跟随着去了；结果因为医生要价太高，只好沮丧着离开医院。快乐和幸福转瞬即逝，不幸的事物却是植根太深，想拔也拔不掉。隆起的肚子不能不提示着自己去想萧军，说是不爱回顾，其实太爱回顾，她的几乎所有的文字不都是忆念的文字吗？然而，对于两人的往事，而今已不堪回首，但也没有"新生活"可以述说，只好孤立地、游离地生活在朋友之中，把苦痛埋在心底。

她要作为一个独立作家的身份出现，并不为大家所接受，而必认定她是某某的妻子，或曾经是某某的妻子。即使这段婚姻结束了，情况不会改变；即使新的婚姻开始，也无非重复原先的那种潜命名方式。总之，她从此再也无法恢复女性的本来身份。

女人是谁？一个符号，一种标签，而且只有在阐释男人的时候，才可能获得附带的意义。关于女人存在的价值，权利与尊严，在文化圈里，恐怕没有别的女性比萧红的认识更深，因为她在男人世界中所受的伤害是过

1938年萧红（右）与梅志（左）在武昌

于惨重了！

这么多的所谓的朋友，为什么关心的只是萧军的妻子，而不是一个叫萧红的女人？为什么只是指责分手，而不问引起分手的根由？为什么只是究诘与某个男人的结合是否合适，而不考虑对于爱的追求本身是否必要？男女之爱，只有一个真实与否、忠诚与否的问题，而根本不存在正确与否的问题。当一个人已经获得独立，并且全身心爱着的时候，为什么要阻挠她、而不是鼓励她呢？爱情本来就是为了追求个人的自由和解放，而不是使她从一种束缚走向另一种束缚，为什么要向你们的朋友抛出这么多冷酷的绳索呢？……

萧红没有一个纯粹属于自己的朋友，所有的朋友都是同萧军一起认识的，或者原来就是萧军的朋友。因此，当他们不是同情她、支持她，反而疏远她、反对她，甚至谴责她的时候，她便把他们都看做是萧军的袒护者，是一个保卫旧思想旧道德的敌对集团,从而极力抗拒。其实,她何尝不知道朋友的存在对于自己的重要呢?但是如果他们非要把端木蕻良从自己这里拉开不可,然后中伤他,孤立他,那么她宁可从他们那里自动脱将出来,让自己最先遭到孤立!

在朋友的包围中,萧红成了世界上最勇敢的女人!

一个颠簸流浪了多年的人,一个刚刚经受了家庭风暴震荡的人,一个失去了对话空间的人,多么需要找寻一间语言庇护所,安顿自己的灵魂。自从决定和端木蕻良一同南下武汉的时候起,萧红就渴望能够安静地写作。只要能够写作,所有的朋友离开自己,不信任自己,鄙夷自己,对萧红来说,都可以忍受下来,甚至可以变得无所谓——只要身边守着一个为自己所深爱,也深爱着自己的人!

为了自己的爱人,萧红一直做着牺牲,现在仍然愿意做这牺牲。她知道,萧军是强的,而端木蕻良是弱的。她已经失去了任何庇护,但也不需要庇护,她已经成熟了,她可以庇护别的人了。也许,萧红会暗暗自觉了内心的强大,并且以这强大为满足。而这,也就是她在新的环境中,遭到朋友的冷遇而能保持一种明朗、奋发的斗争姿态的力的源泉。

六七月间,日军分成五路包围武汉。

国民党政府发出"保卫大武汉"的口号,但是,那些党国要人却带头迁往重庆方面了,一些工厂企业、机关团体也纷纷西迁。中华全国文艺界抗敌协会总部由姚蓬子去重庆筹备搬迁,第三厅也准备着迁移的工作,一些文化人扶老携幼陆续走了不少。大灾难的阴影笼罩着整个城市,人心惶惶不安。

当此危难之际,萧红和端木蕻良之间,在今后的去向问题上很可能发生过一些摩擦。

端木蕻良一直有着做一名战地记者的梦想,这时开始与某家名报社接洽,想只身去前线。这种想法,实际上等于重复了萧军半年前打游击的决定,是与两人共同建造文学事业的契约相违背的。萧红一定会感到非常失望,何况怀孕在身,用她的话说是一个有病之人。

有一天，天空阴沉沉地下着小雨。张梅林从武昌乘船过江，在舱口里，恰好发现萧红披着斗篷一个人坐在那里。

"怎么，你一个人呢？"

"一个人不好过江吗？"萧红开始和他谈天。等到知道了他和罗烽将要订票入川的时候，她突然神色焕发地说："那我们一起走，好吗？"

"你一个人吗？"

"一个人。"她说，"我到哪里去不都是一个人呢？"

"这要和端木商量商量。"

"为什么要和端木商量呢？"萧红睁大了眼睛说。

她立刻感到了作为一个女人的从属性。她觉得，她与端木是同居的关系，这是一种自由的对等的关系，当端木执意要当他的记者时，她就完全有权利由自己安排自己。可是，连梅林这样的老朋友，也不能承认自己的个人权利，他的两只脚，仍然要站在端木的一面！——心地正直的朋友啊！她不禁在心里呼喊起来了。这正直是怎样的可怜！

给萧红施以最大打击的，还不只是名分上的从属性，等到船票到手之后，端木蕻良要求梅林让他上船，说是萧红不走，要留下一些日子另外等船。这样，他便把船票作为己有，和梅林、罗烽一同启程入蜀了。

骆宾基在写到萧红一生中的这个关键的时候，把端木蕻良的做法，直截了当地写作："遗弃。"

萧红坦然地负起两个男人先后留给她的重轭。

日军开始进攻武汉。大轰炸使萧红感到恐惧，第二天，她把蒋锡金的被褥、床单和枕头打了个铺盖卷，带上小提箱，雇了人力车径直开到汉口三教街中华全国文艺界抗敌协会所在地。

她找到蒋锡金，说要搬到这里来住。

蒋锡金问："端木呢？"

"去重庆了。"

"怎么不带你走？"同样的男性台词。

"为什么我要他带？"

蒋锡金觉得她说得也对，没有理由非他带不可，于是让她坐下，给她分析了文协的住房情况：整栋房子楼下的两间住的是《大公报》社长兼主笔赵惜梦一家，楼上两间由孔罗荪租用，另有一间做文协对外联络的场所，根本没法子住。

"我住定了，"萧红的口气简直是不容讨论的，说，"我睡走廊楼梯口的地板，去买条席子就行。"

蒋锡金说："席子倒有，可是那是人来人往的通道，你睡不稳的，别人行走也不方便。"

萧红不管这些，向蒋锡金要了席子，打开铺盖铺平了就随即躺下。她实在太累了。

萧红就这样住了下来。

平时，萧红总是在地铺上躺着。一天，老朋友高原来找，她便坐在席子上谈话。

高原是因为寻找自己的组织关系联系人，从延安到武汉来的。武汉的夏天特别炎热，高原看见她的床铺空空的，没有帐子，边上只摆着一盘尚未燃尽的蚊香。言谈中知道，萧红这时已经囊空如洗，高原便把自己仅有的五元钱给了她，她也就毫不客气地收下了。她穷困到如此地步，使高原心里暗暗吃惊。谈到端木蕻良的时候，高原说听人家说是脸上有明显的天花疤痕，萧红取出她和端木蕻良的合影给高原看，高原觉察到，她的神情很不自然，也不愉快，并不热心谈到端木蕻良。

对于萧红同萧军分手一事，高原是有怨言的。他批评萧红处理自己的生活问题太轻率了，不注意政治影响，不考虑后果，犯了不可挽回的严重错误，诸如此类。萧红听了很反感，说高原从延安回来，学会了几句政治术语就训人。

前不久，就因为舒群执意劝说她去延安，她同舒群争吵了一个夜晚。她说她不懂政治，在党派斗争问题上，总是同情弱者；又说她崇拜的政治家，只有一个孙中山。不知是不是因为萧军的缘故，总之，到了后来，她好像并不喜欢延安。

毕竟是老朋友，高原还是经常在晚上去看她。面对江风渔火，朋友间无所顾忌地交谈，对她来说无论如何是好的。

有一天，有几个人喊着蒋锡金的名字上楼，要蒋锡金请他们饮冰。蒋锡金说没有钱，你们请客我便去，他们说大家凑吧。萧红从地铺上一骨碌爬起来，说："我有钱，我请。"

一群人高高兴兴到了胡同口一家新开的饮冰室。萧红说大家可以随便要，各人要了饮冰、冰激凌和啤酒，一共用了两元多钱。萧红从手提包里拿出高原给她的那张五元的钞票付账。女侍者送回多余的钱，她挥了挥手说不要了，女侍者连连称谢。

出了饮冰室，大家一哄而散，各自走了。

蒋锡金埋怨萧红太阔气了，为什么这样大手大脚乱花钱？萧红说，反正这是她最后的钱，留着也没用了，花掉它也花个痛快。蒋锡金批评她说，这太没有道理，现在兵荒马乱，武汉还不知道能保卫几天。日本军队不过在田家镇按兵不动罢了，如果一旦发动进攻，你想想那会是个什么场面？她说，反正留下两元多钱也是什么都用不上，你们有办法我也有办法。蒋锡金说，最紧张的时候可能我人在武昌，江上的交通断了，我能顾得上你吗？她说，人到这步田地，发愁也没有用，反正不能靠那两元多钱！

这样一来，蒋锡金不能不为她发愁了。

他到生活书店，向曹谷冰借了一百元；又去到读书生活社，向黄洛峰借了五十元。他说明是代萧红借的，由她用稿子还，如果她不还就用自己的稿子还。他把钱拿回来交给萧红，说明钱的来历，让她好好保存着供逃难用，不许乱请客！

萧红苦笑着收下了。

蒋锡金还是放心不下，又去找冯乃超，说萧红这样留在武汉不行，应当想法子把她送走。冯乃超表示同意，说他的夫人李声韵过几天去重庆，可以让她们结伴同行。

萧红是孤寂的。

可是，她现在已经能够把灰黯的心情隐藏起来而不露痕迹了，何况她的性格本来就有着明朗的方面。在众人面前，她的状态很好，不会有人怀疑她是一名生活的战败者。

随着敌机频繁的轰炸，文协的人大都已经内迁，空置下来的房子于是成了留在汉口的朋友的聚会场所，有时还煮点咖啡，夜袭时，开个有趣点的晚会。但是到了后来，人越来越少，原来留下来的客厅，便又成了朋友临时的宿舍了。

开始时，生活还算有秩序的，因为有一个女仆烧饭和做些打杂的事，所以在这个临时的"收容所"里，还能过上相当舒适的日子。可是没有几天，客人中失掉了一笔巨款，最大的嫌疑人是女仆；等到判定是她的时候，她已经逃掉了。于是，这个小小的集团便失却了秩序。

由于船票难买，萧红和李声韵只好暂时住下来。萧红不肯住在客厅，独自在一间小过道里搭了地铺住。

没有人烧饭，大家便要安排着每顿饭的节目，往往吃午饭的时候，就要计划晚餐。住在这里的冯乃超和其他的人是不赶回来吃饭的，剩下来要解决吃饭问题的便只有孔罗荪、萧红和李声韵三个人。锦江的砂锅豆腐，冠生园的什锦窝饭，都是他们物美价廉的餐所。逢到精神好的时候，萧红便去买了牛肉、包菜、土豆和番茄，烧好一锅汤，吃着面包。这是他们所享用的最丰盛、最富有风味的午餐了。

最后，往往是闲谈。

萧红独自吸着烟，非常健谈，话中谈到她的许多计划和幻想。

"人需要为着一种理想而生活着。"烟雾散漫在她的面前，有如一种神秘的憧憬，增加着她的幻想。

"即使是日常生活中很琐细的小事，也应该有理想。"她继续说下去。

这时，李声韵往往是默笑着，孔罗荪喜欢斜躺在租来的长沙发上，享受着这难得的悠闲，"那么，我们就来谈谈最小的理想吧。"

"我提议，我们到重庆以后，开一座文艺咖啡室，你们赞成吧。"萧红睁大了眼睛，挺了挺胸，吹散面前的烟雾。

"唔。"李声韵微笑着，点着头说："你做老板，我当伙计，好吧！"

三个人都笑了起来。

"这是正经事，不是开玩笑。"萧红突然一本正经地说，"作家生活太苦，需要有调剂。我们的文艺咖啡室一定要有最漂亮、最舒适的设备，比方说：灯光、壁饰、座位、台布、桌上的摆设、使用的器皿，等等。而且，所有服务的人都是具有美的标准的。而且我们要选择最好的音乐，使客人得到休息。哦，总之，这是一个可以使作家感觉到最能休息的地方。"说完，她满满地吸了一口烟，又把它远远地喷了出去。

果然，他们都沉浸在这个美丽的计划之中了。

"这不会成为一间世外的桃源吧？"

"可以这样说。"萧红肯定地回答说，"要知道，桃源不必一定要同现实隔离开来的，现实和理想需要互相作用……"

"哟！理论家又来了！"李声韵笑起来。

"你们看见有一天报纸的副刊上登过一篇文章么，题目叫《灵魂之所在咖啡室》，说在马德里有一家《太阳报》，报馆里有一间美丽的咖啡室，专供接待宾客及同事之用,四壁都是壁画，上面画了五十九位欧洲古今的名人，有王侯、有文学家、有科学家和艺术家，而每一个人物都能表现出自身的个性和精神。这些壁画，可以使它的顾客沉湎在这万世不朽的、人类文化所寄托的境界里，顿起追崇向上之心。你们看，我们的灵魂难道不需要有这样一个美丽的所在吗？"萧红说得兴奋了，脸颊浮上了两片红云，引起小小的一阵呛咳。

她大约有点疲倦了，让整个身子陷入沙发中，抬头望向天花板，也不吸烟，尽让那卷烟夹在手中，袅袅地升上一缕青灰的雾线……

休息了片刻，她没有改变她的姿势，轻声地继续说：

"中国作家的生活，是世界上第一等苦闷的。而来为作家调剂一下的，还非得我们自己亲自动手不可！"

"我完全赞同，好，我们现在到'美的'去安顿一下我们兴奋的灵魂吧。"孔罗荪提议说。

"不，现在很累，还想在这里休息一下。"萧红和李声韵几乎同时说道，似乎她们为这美丽的计划而倦着了。

船票终于买到了。

萧红和李声韵一起离开了汉口。船到宜昌，李声韵突然病倒，由《武汉日报》副刊编辑段公爽送进了医院。这时，途中只剩下萧红孤零零的一个人了。

她独自去找船。天还没有放亮，她在码头上被纵横的绳缆绊倒了。这时，她怀着将足九个月的胎儿，衰弱而且疲倦，手上还提着行李，倒下以后几次挣扎着要爬起来都是徒劳，她全身已经没有一点气力了。她只好平静地躺着。

后来，她这样向骆宾基述说当时的心境：她躺在那里，四周没有什么人，她感到从来没有过的一种平静，望着天上寥落的星星，心想："天快要亮了吧！会有一个警察走过来的吧！警察走过来一定有许多人围着，那像什么呢？还是挣扎着起来吧！"然而她没有力量，手也懒得动，算了吧！死掉又有什么呢！生命又算什么呢！死掉了也未见得世界上就缺少我一个人吧……

她向骆宾基说："然而就这样死掉，心里有些不甘似的，总像我和世界上还有一点什么牵连似的，我还有些东西没有拿出来。"说的时候，她的眼睛润湿了。

……她就那么躺着。天亮了，有一个赶船人走了过来，到底，她在这个人的扶助下站了起来。

9月中旬，萧红艰难来到重庆。见到梅林，她说：

"我总是一个人走路，以前在东北，到了上海后去日本，现在到重庆，都是我自己一个人走路。我好像命定要一个人走路似的……"

21 雾重庆，雾日子

先期到了重庆的端木蕻良，当不成战地记者，却在迁至重庆的上海复旦大学谋了一份教职。由校方安排，他住在昌平街黎明书店的楼上，是复旦大学刊物《文摘》的门市部。大约因为这住处不大方便，也因为自己的产期将近，萧红按照罗烽在船上写给端木蕻良的住址，设法联系上了白朗，很快地便住进了江津白朗的家里。

白朗是萧红同萧军结缡未久便相识了的朋友，可以说是萧红命运的见证人。在哈尔滨，每当她走进他们那不见阳光的小屋，都会看见两张比阳光还要灿烂的孩子般的脸，贫困的压迫没有让他们低下头来。即使在他们怄气的时候，她也觉得那是幸福的争吵。到了上海，她看见，一切仿佛都没有变样，他们依然那么坚定地从事于写作，而贫穷又永在尾随着他们。可是，萧红的脸色却见出了病态，精神也不似以往愉快，她感觉到他们那只注满的幸福之杯已经开始倾泻了。她是喜欢萧红的，包括既温柔又爽朗的性格，还有对事业和爱情的忠诚，却不大能接受那过度的忍让。她体验到，萧红的爱的热情并没有得到真挚的答报，相反，常常遭到无情的挫伤。但这些伤痛，萧红都是一个人隐忍着，对她也很少诉说。几年来，大家都在流亡，也还有相遇的机会，每次见面交谈，她都感觉到萧红内心的忧郁逐渐深沉了，总像是有一个不幸的黑影在远处伺伏着。果然，幸福之杯粉碎，萧红和萧军终于分手了。

接着，她听到传说，萧红爱上了一个她并不喜欢的人。

到底萧红怎样了？朋友来到面前，白朗反而困惑起来，她不明白一个人为什么会变得这么反常。

在一个房子里，两人同住了一个多月，萧红从来不向白朗谈起和萧军分开之后的生活和情绪，一切都埋在心里，对于一向推心置腹的朋友也不肯吐露真情。白朗看得出来，在萧红那里，显然一直被一种隐痛折磨着，连平日的欢笑，也总是使人感到是一种忧郁的伪装。

萧红变得暴躁易怒了。有两三次，为了一点小事竟例外地跟白朗发起脾气，直到理智恢复，发觉白朗不是报复的对象时，才慢慢沉默下去。

有一次，萧红对白朗说：

"贫穷的生活我厌倦了，我将尽量地去追求享乐。"

白朗感到奇怪：为什么萧红对一切似乎都怀着报复的心理呢？也许，她的新生活并不美满吧？那么，无疑地，同萧军的分手，应当是她无可医治的创痛了。

行将分娩时，白朗把萧红送到附近的一家小医院。不久，萧红顺利地生下一个男婴。白朗到医院看过，婴孩又白又胖，前额很低，长得和萧军一样。可是，过了三天，婴孩便死了。关于这婴孩的死亡，医院没有医疗档案可供查证，据说萧红本人的反应是冷淡的，并且阻止白朗找大夫理论。还有一种近于暗示性的说法，说是孩子死前的一天，萧红曾经以牙痛为由，向白朗要过一种德国产的强力止痛药"加当片"。但无论孩子死于何故，萧红的内心都是痛苦无告的。鲁迅在文章中曾经为农妇的溺婴做过辩护，说这些悲惨无助的妇女，倘若由她们亲手溺杀了生下的女婴，其实是因为爱得太深，唯恐孩子长大以后的处境比自己更悲惨。

医院里只有萧红一个产妇。她害怕一个人待着，闹着要出院。但是，白朗的房东不让她再住进来。按照当地的旧俗，未出满月的女人是有邪气的，住在家里不吉利，房东说，如果要住的话，就要在屋内铺满红布。白朗觉得房东有刁难之意，只好买了船票，直接把萧红送到去重庆的船上。

在最后握别的时刻，萧红凄然地说：

"莉，我愿你永久幸福。"

"我也愿你永久幸福。"

"我吗？"萧红惊问道，接着苦笑了一声，说，"我会幸福吗？莉，未来的远景已经摆在我的面前了，我将孤寂忧悒以终身！"

萧红出院以后，住进歌乐山云顶寺下的一间租定的房子里。端木蕻良在复旦大学教书，同时编辑《文摘》副刊，一般不住在山上。在这里，环境是幽静的。萧红开始恢复她的写作。

这里有一家著名的歌乐山保育院，是国民党妇女指导委员会设立的，院里收养的小朋友多是汉口一带的流浪儿童。音乐家沙梅、季峰夫妇在保育院工作，他们有时会遇见一位妇女挎着篮子，从山坡顶上的房子里走下来买菜。她穿着旧旗袍，外套背心，衣服不甚整洁，头发有点蓬乱，脑后挽着一个小发髻，脸色是苍白的。他们打听出来，这位陌生人就是萧红。

季峰很早就读过萧红的《生死场》，非常仰慕，很想上前同这位女作家交谈，但是，萧红似乎并不愿意和人说话，路上偶遇，寒暄两句而已。照顾萧红的人也说她很怪，平日里窗子和帘子通通关上，好像连空气也不要似的，也不爱搭理旁人。端木蕻良有时去看她，常常不走保育院的大道，而从旁侧的小路上坡。

失去了孩子，远隔了朋友，连同端木蕻良的关系也不像情人那般的亲近，倒像有点不尴不尬、若即若离的样子。总之，萧红这时的心情并不好，她的生活对外界来说也仍然是一个谜。

不知出于什么原因，萧红不久就搬到了重庆的一条不见阳光的名叫米花街的小胡同里居住。房子是池田租的，邻居有绿川英子。

早在"八一三"战事后的上海，绿川英子就曾同萧红做过一个多月同屋的房客。绿川英子原名长谷川照子，开始从事世界语运动，后来同中国留学生刘仁结婚，逃出日本，从事反战工作。为了避人耳目，绿川英子没敢去拜访萧红，每天只在灶披间烧饭洗衣的时候，看见过她几回衔着烟嘴的面孔，听见过她在楼上的谈话声。

247

1938年岁末，两人相遇在重庆街上。

这时的萧红，和往日一样闪烁着一双大眼睛，发出响亮的声音，可是从她的身上，绿川英子却有着一种不是相隔一年而是相隔数年的感觉。

"你的名字漂亮，你的文章漂亮，而你本人更漂亮啦！"

萧红以娴静的微笑，代替了初次和异国女子见面时的酬答。

直到这时，萧红在绿川英子的心目中，还不过是通常的一位所谓"女作家"罢了：有优雅的文章和罗曼蒂克的生活，以女色出现于文坛，跟着女色的消失，也一并在文坛上销声匿迹……

这种印象，随着共同的生活和交往，便渐渐为实际情形所修正了。

汉口陷落后，战争暂告一个段落。绿川英子、池田和萧红，三个女人日里在重庆所特有的享乐生涯中度过，夜里又落在与战争无关的闲谈中。在这些场面中，绿川英子发现，萧红竟是一个善于抽烟、善于喝酒、善于谈天、善于唱歌的不可少的角色。另一方面，除了写作，她还常常为临盆期近、不便自由外出的池田煮她拿手的牛肉，像亲姐妹一样关心池田，陪池田闲聊。她为池田所做的一切，池田是感激的，但因此，也就为她感到惋惜，打抱不平。池田曾经好几次对绿川英子发过这样的感慨：

"进步作家的她，为什么又那么柔弱，一股脑儿被男性所支配呢？"

1939年春天，大约是萧红在重庆期间的黄金季节。

她在山下可以自由地去看望朋友，衣着也开始注意了，好像她有了余暇装扮自己，讲究美和享受。表面看来，她是洒脱的。其实，这是长期被压抑的一种宣泄，是对于过去的贫穷生活的报复，但也未始不是失望的茫然的心境的一种麻醉，一种装饰。

真实的她躲在她那里，人们看不透她。

夏天，萧红搬到北碚嘉陵江边复旦大学文摘社的宿舍里，用绿川英子的话说，是离开她们和端木蕻良过"新生活"去了。

有意思的是，最初萧红并不承认和端木蕻良有同居的关系，而端木蕻良在朋友面前也始终加以否认。尽管这样，他们还是结合到了一起，而且萧红对端木蕻良的从属性似乎明显地一天一天增强了。她很少参加活动，

1939年9月10日中华全国文艺界抗敌协会北碚联谊会成立。前左起：端木蕻良、方白、王浩之、陈子展、阜东、萧红、靳以、魏猛克、胡风

朋友们看见她那明亮的眼睛，听见她那响亮的声音的机会也就日渐减少，她后来就完全自囚于两个人的小世界中了。

开始一段时间，萧红还会常常一个人去看胡风夫妇。梅志刚刚产下一个女孩，她就是穿着一件别致的黑丝绒的长旗袍，手执一株一尺多长的红梅前来探望的。梅志看见她的脸色不像从前苍白，淡淡地有了一点绯红了。

"你倒比过去胖了，精神也好，穿上这衣服可真漂亮。"

她高兴地告诉梅志，这衣服的衣料、金线，还有铜扣子，全是她在地摊上买的。梅志还见过她穿的另一件毛蓝色布旗袍，也是她自己亲手缝制的，那上面还有她用白丝线绣的人字形花纹，把一块粗布料显衬得既雅致又大方。

萧红对于衣饰的讲究，居然作为一种消息，传到上海许广平那里去了。在重庆，据说进步的文艺界也颇多非议，把这当成是小布尔乔亚的表现，不革命的表现，仿佛她生来就只配拥有吃苦的权利似的。

但是，这些舆论似乎并不太影响萧红，或许她也并不留意世间还有这样的舆论。她我行我素，有时也还去看胡风他们。

一天，萧红又一个人爬上三层阁楼里来了。

胡风不在家，她留了下来，在竹制的圈椅里坐下，一边喘气，一边抱怨这山城出门行路的艰难。

梅志为她倒了茶，随即坐下来闲谈，话间，忽然想起日前收到的萧军的来信，便不假思索地从抽屉里取出来给她看。

萧红仔细地看了信，也看了照片。照片是萧军和一位姑娘的结婚照。两个人双双坐在一处山石上，身边还有一只狗，那姑娘看起来很年轻，很健康，也很漂亮。她翻过照片的反面，上面写着："这是我们从兰州临行前一天在黄河边'圣地'上照的。那只狗也是我们的朋友……"她手里拿着照片，一声不响，脸上也毫无表情，刚来的红潮也退去了，露出白里透青的颜色，像石雕似的呆坐着。

这时，梅志失悔了，想不到一张照片能够如此强烈地搅动她的思绪！

后来，萧红也像是醒过来似的，却没有任何的表示，只是说：

"那我走了，同胡风说我来过了。"

说完，就像逃避什么似的匆匆地走了。

这一年冬天，萧红和端木蕻良搬到黄桷树镇上秉庄的房子里。

这是镇上唯一的一栋新式楼房。当时端木蕻良已是复旦大学新闻系教授，另外还有几个教授也住在这里。靳以就住在端木蕻良的楼上，因为在上海时就认识萧红，也写文章，所以时有往来。

这时候的萧红，身体和心情都开始变坏，消瘦，咳嗽，脸上失去血色，也失去了笑容。她完全把自己封闭起来了。这个一生都在追寻爱和温暖的女人，看来对四周的世界已经不抱太大的希望，只想在过往的记忆中讨回她的生活。如果说她还没有放弃最后的幻想，就是写出自己的作品；对于未来的创作，她还是向往和期待着的。

当她一旦进入她的记忆和想象的时候，她就变成了另一个人。

据说，复旦大学的教务长孙寒冰曾经找过萧红，请她担任一两节文学

许地山夫妇赠送萧红、端木蕻良自制的贺年卡

课,她谢绝了。要写作,就必须赢得支配自己的自由。她所以主动远离重庆文艺界,自然包含了为大家所知的理由,就是她和端木的关系得不到同情和理解,讨厌看到那对着她却是闪烁不定的、不坦率的、寓有责问的目光,甚至有可能从根本上憎恶这个男人集团。除此之外,恐怕还有一个重要的原因,就在于写作本身。

她会认为,写作是个人的事,是在独立的房间里进行的;种种的文艺活动,实际上与创作毫无关系,而且会造成损害。在武汉,她曾经参加过两次文艺座谈会,在会上,她的意见就相当的孤立。关于文学与时代和生活的关系,她强调的是时代中的作家个体,强调生活的积淀及其思考,而不是进行中的生活;强调作家的精神、情感质量、沉静的写作状态;强调相对完整的时间。在一批具有左翼倾向的作家群中,她声称:"作家不是属于某个阶级的,作家是属于人类的。"文学的功能之一,她认为,就是同人类的愚昧做斗争。有各种各样的愚昧:国家中心意识是一种愚昧,男权中心意识也是一种愚昧。过去写《生死场》,今天写《呼兰河传》,都在持续着阐释这个母题。如果说过去的认识多少偏于经验和感受,那么现在显然注入了更多的理性，思路更清楚了，写作也更坚定了。

现在，她已经不需要哪一个权威肯定她，给她鼓动。真正的权威已经死了。随着鲁迅的去世，什么真理，什么正义，什么爱，这所有一切在萧红看来都已不复存在。所以，在返回故乡呼兰河的同时，她要重现他的生命，他的生活，他的少为人知的人性的方面。一个人，只要怀着人类的梦想，内心充满自由、爱和温暖，他生存于这个世界本身，就是一种斗争。

她一而再地回到这样的一场斗争里。呼兰河和鲁迅，凝聚了人类的苦难、爱和抗争，这时构成了她生命的全部。回忆和写作使她充实。她愿意让自己陷入这中间。在实际生活中，和端木蕻良在一起，并不使她感到快乐，而是愈来愈疲乏、痛苦和沮丧。

关于萧红和端木蕻良在秉庄的生活，知道的人很少。邻居靳以提供的两个情节，对于了解萧红，包括端木蕻良是颇有参考价值的。

端木蕻良一派自由艺术家风度，拖着长头发，入晚便睡；次日十二点钟起床，吃过饭，还要睡一大觉。在炎阳下东奔西跑地办事情，在道路崎岖的山城里走上走下看望朋友，烧饭洗衣，全是萧红。早晨，端木蕻良迟迟不起来，她还得饿着肚子等候。

有一次，端木蕻良把一个四川的泼辣的保姆打了一拳，惹出是非来，也要萧红一个人去接洽调解。她气愤不过，跑到楼上对靳以说：

"你看，他惹了祸要我来收拾，自己关起门躲起来了，怎么办呢？不依不饶的在大街上闹，这可怎么办呢？……"

原来那保姆在他们的窗台上放了一把茶壶。窗外是过道，其余教授的保姆也常常在他们的窗台上放盘子放碗的，端木已经警告过多次，然而无效。正当端木蕻良和萧红因为什么事情彼此生气默坐的时候，窗口上竟又出现了一把茶壶，端木蕻良就伸手一推，茶壶碎了。那保姆就推门进来吵，端木向外推她出去，她借势立刻倒地。于是，纠纷也就起来了……

又要到镇公所回话，又要到医院验伤，结果是赔些钱了事，可是所有这些繁琐的、麻烦的事，都靠萧红一个人奔走。端木蕻良一直把门关得紧紧的，正如萧红所说的那样："好像打人的是我，不是他！"

靳以说他很少到他们的房间里去，去的时候，总是看到端木蕻良蜷缩在床上睡着。萧红或者在看书，或者在写东西。

又有一次，靳以进了屋里，萧红才放下笔。靳以怕惊醒端木蕻良，低声问萧红："你在写什么文章？"

萧红一面把原稿纸掩上，一面也低声地回答说：

"我在写回忆鲁迅先生的文章。"

轻微的声音，可真的把睡着的人弄醒了。他一面揉着眼睛翻身爬起来，一面用略带轻蔑的语气说：

"你又写这样的文章，我看看，我看看……"

他果真凑近脸看了看，便又鄙夷地笑起来：

"这也值得写，这有什么好写？……"

他不顾别人难堪，奸狡地笑着。这时，萧红的脸红了，对他说：

"你管我做什么，你写得好你去写你的，我也害不着你的事，你何必这样笑呢？"

端木蕻良再没有说什么，可是还在笑。

靳以觉得不平，又不好插话，便默默地走了。

爱情是在一种最令人感动的姿态下出现的。然而，这时对萧红来说，感动已成过去。多么短暂。同居是以一种亚婚姻的方式组建的男女二人共同体，如果说一定要以牺牲个人为代价来确保相关者的自由与安全的话，那么这种牺牲应当是等量和等价的。在这一意义上说，爱和公正是一回事。因此，在现代家庭中，是不能有代表者和被代表者、支配者和被支配者、服务者和被服务者的。萧红决然和萧军分手，这种勇气来自个人的尊严，来自她对爱情的理解和渴望。用她的话说，她克服了作为女性的长期的"自我牺牲"的"惰性"。而今，这惰性又鬼魂般地附在她的身上了！

为了两个人的生存，萧军和萧红在不同的位置上，各自做出了牺牲。端木蕻良是不肯牺牲自己的。自私，矫饰，畏葸，不负责任。两个男人，两个极端。两个房间是一样的阴暗。

到了这时，萧红仍然默默地做着牺牲，默默地忍受着。

爱一天天丧失……

1940年萧红去香港前与哈尔滨东特女一中同学张玉莲（左）相遇在重庆

在镇上大街，有时也会出现萧红和端木蕻良的身影。他们可能出来散步，或者到对岸北碚去，但是从来不曾有说有笑地并肩走在一起。梅志就看见他们两个一起走路的情景：男的穿着他常穿的咖啡色夹克，像过去一样斜着肩低着脑袋，在街上走着；相隔两米远的后面，萧红也低着头，尾随着走。他们像路人一般，各走各的，也不高兴和人招呼。

萧红有一段时间没有同胡风夫妇往来了，他们去靳以家，也不曾下楼看过萧红。有一次梅志去接小孩，在大学的操场边上遇到萧红。她热情地邀请萧红到家里做客，萧红犹豫着，终于以一种委婉的方式拒绝了。

这时，梅志看见萧红瘦多了，抬着肩，缩着脖子，背还有一点佝偻；从背部看过去，真不像是一个只有二十多岁的少妇的身影。她不禁在暗地里感叹，时间是多么快地改变着一个女人！如今，再也看不出几年前那个在上海昂着头，挺着胸，用劲地蹬响皮鞋在马路上赛跑的年轻的北方姑娘了！

萧红为了参加苏联大使馆在枇杷山举办的十月革命纪念节的庆祝活动，

从北碚来到重庆，住进一家旅馆里。

据说，曹靖华前来看过她。见到曹靖华，萧红会感到亲切的，因为他是鲁迅的朋友，读过他翻译的《铁流》。而且，他长期在苏联，跟中国文艺界没有太多的关系，至少不是萧军的朋友小圈子，所以交流是没有窒碍的。

她向曹靖华敞开了关闭已久的精神世界的窗户，详细地谈到她走过的道路和所受的屈辱。

"认识了你，我才认识了生活。"曹靖华听了，感动地说，"以后不要再过这种生活了……"

当萧红和端木蕻良一起去探访他的时候，他注意到端木蕻良的小说《大江》原稿上是萧红的字迹，奇怪地问道：

"为什么像是你的字呢？"

"我抄的……"萧红说。

"你不能给他抄稿子，他怎么能让你抄呢？不能再这样。"曹靖华坦率而认真地说。

几个月来，日军加紧了对重庆的轰炸，文化人又开始陆续向周边或远处撤离了。

萧红和端木蕻良都在各自写他们的长篇。躲警报确实是令人焦烦的事，尤其是萧红，简直是恐怖。

这时，孙寒冰来找端木蕻良，希望他去香港编"大时代文艺丛书"；在港的东北著名的民主运动人士周鲸文也邀请他去香港办《时代批评》。他的小说《大江》正在香港的报纸上连载，这里有一笔可观的稿费收入，可以保证有一个安定的环境写作。于是他们决定一起到香港去。

一般而言，这个计划应当是端木蕻良提出来的，至少他是极力主张，主动促成的。在重庆的熟人朋友中，他们征求意见的只有一个人，就是《新华日报》前主编华岗。显然，这是端木蕻良的关系。当时，华岗正在乡下养病，看见他们来访，非常高兴。他赞成他们去香港，说香港的文化阵地也需要人，许多事情等着他们去干；又告诉他们香港的东西很贵，经济方面要有充分的保证才行。他们说明在香港可以发表文章，生活不成问题。华岗便说："那么就去香港吧。"

直到成行前夕,萧红才把它当成是一个决定,向梅林公布了。

"过几天,我要去香港。"

"你自己?"

"两个人。你别告诉别人。"

过了几天,萧红果然和端木蕻良一道乘机飞往香港了。

他们走得很匆忙,却又分明有着计划。胡风说是"行止诡秘",也不是毫无根据的。他们没有向朋友告辞,连楼上的靳以也不告诉,甚至连保姆也没有辞退。

22 梦绕呼兰河

1940年1月19日，萧红和端木蕻良飞抵香港。

他们最先在九龙尖沙咀金巴利道纳士佛台找到一间住房，不久便搬到不远处大时代书店隔壁。房间不大，放置着一张床，一张写字台。一年过后，再搬到乐道大时代书店二楼。房间一样不大，放置着一张床，一张写字台。

香港文艺界为他们的到来举行了欢迎会。

这时的萧红，简直成了明星，应邀参加了各种活动，做过多次关于抗战、妇女问题和文艺问题的讲演。随着社会上的救亡运动的推动，萧红的心情很有点亢奋，3月间，还曾起意编辑出版一种大型文艺刊物，名目就叫《鲁迅》。在她的计划中，这刊物有长篇，有短篇，也有散文和诗，但一定要每期都有关于鲁迅的文章。她想到三部分的工作，一是收集稿子，二是弄出版关系，最后还想由自己去弄钱。其中重要的是组稿，为此，她还特意写信给许广平，希望得到具体的赞同。

可是，朋友呢？

等到她平静下来之后，大约会想到，这种依靠团体力量做的事情，她自己是做不来的。她唯一能做的，只有写作。

原来有限的几位朋友，都因为端木蕻良的关系彼此疏远了，其中包括胡风。但是，对于曾经关心过自己的人，她依然感念。来港之后，她陆续写信给重庆的几位，报告自己的行止。

在给梅林的信中，她解释飞港的原因，说是想安静地写点比较长些的作品，其次是怕听警报。到了下半年，香港的空气因不时传出日本南进的消息而呈一种疟疾式的紧张，每到这时，她立即写信说正在购机票回重庆，要梅林给先找房子，但紧张空气一过，她又以写作或生病为理由延宕下来了。

她也有信给靳以，感谢他对自己的关切之情，其中说到身体的状况：没有什么大病，但是身体衰弱，贫血，走在路上有时会晕倒。又表示说：这都不算什么，只要生活能好一些，这些小病就不算事了。

写信给华岗时，也说："我来到了香港，身体不大好，不知为什么，写几天文章，就要病几天。大概是自己体内的精神不对，或者是外边的气候不对。"因为华岗不是过去朋友圈子里的人，所以从中捎带发泄了一通对胡风向许广平说她"秘密"飞港一事的不满。她并不认为胡风存心侮陷，但是这种不顾后果随便说话的"损人而不利己"的态度，她是不以为然的。她和华岗相交未久，华岗来信时时表现出对她的身体和创作的关心，无疑使她在陌生的孤岛里感到特别欣慰。她把长篇写作的计划告诉华岗，同时惦念着华岗的著作《中华民族解放斗争史》在上海的出版情况，特地托人到沪地代为考察。这也正如她在信中说华岗的，"远在万里之外，故人仍为故人计"。她是一个重情谊的人。

说到打算写的长篇，是一个关于革命和恋爱相冲突的故事，内容是写她的一个同学，为追求革命而把恋爱牺牲了。两个人彼此都曾对革命抱有很高的热情，却又都把握不了那革命，所以悲剧是注定了的。他们一度感受到的幸福就像薄纱一样被风吹走了。结果是一个东，一个西，不通音信，男婚女嫁。说到两人在小说中的分离的结局时，她写道："在那默默的一年一月的时间中，有的时候，某一方面听到了传闻那哀戚是仍会升起来的，不过不怎么具体罢了。就像听到了海上的难船的呼救似的，辽远，空阔，似有似无。同时那种惊惧的感情，我就要把他写出来。假若人的心上可以放一块砖头的话，那么这块砖头再过十年去翻动它，那滋味就绝不相同于去翻动一块放在墙角的砖头。"她的写作动机，很可能出于对萧军的想念而起的惊惧与哀戚。后来，小说没有写成，她把时间用来写鲁迅的哑剧了，而最大的可能还在于，她没有力量去翻动放在心上的那一块砖头。

在有限的朋友中，显然，萧红对白朗的信任超乎所有人之上。女性信任女性，看来是合乎萧红的原则的。像下面这样的话，在其他信件中不曾出现过：

> 不知为什么，莉，我的心情永久是如此的抑郁，这里的一切景物都是多么恬情和幽美，有山，有树，有漫山遍野的鲜花和婉转的鸟语，更有澎湃泛白的海潮，面对着碧澄的海水，常会使人神醉的，这一切，不都正是我往日所梦想的写作的佳境吗？然而呵，如今我却只感到寂寞！在这里我没有交往，因为没有推心置腹的朋友。因此，常常使我想到你，莉，我将尽可能在冬天回去……

她在暗暗哭泣。

孤独是不带面具的。心灵一旦敞开，便暴露了她的生活的秘密，即使她曾经极力设法掩盖它。

萧红和端木蕻良维持着一种不冷不热、忽冷忽热的关系。

倘若换一个角度，从萧红的身体的阶段性变化看两个人之间的离合关系，是很有意思的。

在端木蕻良只身离开武汉时，萧红已是一个大腹便便的孕妇；用他们的朋友孙陵的说法，这时端木蕻良对萧红似乎已经生厌了。在重庆，他们见面之后也不是马上同居的，这里有消除隔阂重建信任的可能性。萧红生产是在没有端木蕻良照顾的情况下进行的，及至产后，也不像当年爱上萧军那样形影不离，而是另行居住到完全恢复了健康，全身洋溢着为梅志所称羡的那样一种青春美感的时候，才开始去过她的"新生活"。当然，萧红的行动首先体现了她对爱的追求，而不是被动地接受端木蕻良的追逐；因为爱着，所以给予，这也就是她所说的"自我牺牲"。可是，到了后来，当她发觉爱的对象已经发生蜕变，她那在与萧军决裂前后所形成的对爱情和友谊，包括对自己的健康状态的悲观主义态度，便又突破脆薄的自我抑制机制而冒了出来。但因此，也就使她反而能够接受这一切冷遇并保持平静。她一面牺牲着，将就着，忍耐着，一面又与这种她称之为"惰性"的态度做斗争。

在生活的平静的表面，始终覆盖着不散的阴云；在云层的背后，又有了新的雷电和风雨的积聚。

然而，无论如何，萧红的健康已经完全被毁坏了，再也无法恢复了。她最没有自信的地方，令她最感忧郁、痛苦和不甘的地方就在这里。而这时，她还不到三十岁。

端木蕻良依样的风流倜傥。他的贾宝玉式的少爷本相，不但在生活中时时表现出来，在创作中也必然显露出他的才子气和脂粉气。

他说他喜欢巴尔扎克更甚于莎士比亚。莎士比亚是宿命的、神祇的，继承了希腊悲剧精神的。至于巴尔扎克，那社会学式的宏大叙事，他所得其实只有皮毛：感兴趣的是自然主义的手段，对于人物的特殊的情欲的暴露性描写。端木蕻良不知引用谁的话，这样说："巴尔扎克的小说是凯旋的情欲的记事诗，人是情欲的玩具。"就在他写作《大江》的同时，又写了《新都花絮》，叙述一个发生在重庆的浪漫的略带伤感的情爱故事，抗战的事实在这里只是一种点缀。这时，《科尔沁旗草原》那样的气派和激情，在作品中已经不复得见了。他写下《初吻》和《早春》，接着是《女神》，都是典型的"花间派"风格。在他的作品中，早期的土地气息渐渐消散，更多地表现了一种轻佻、甚至猥亵的成分，与萧红的同期作品是很两样的。

可怕的是，他的《初吻》，一个关于在封建大家庭里被娇惯大的小少爷"天天在女人们跟前混"的自叙性的香艳故事，居然在萧红死去半年便拿出来发表！

端木蕻良的生活态度和美学趣味，随着两人的同居生活的展开，肯定愈来愈充分地显示出来，从而加强了萧红的排斥和厌倦情绪。但因此，也就随之加深了两人之间的隔阂。

比如，从萧红对朋友们所述说的健康状况来看，当时已经非常恶劣，端木蕻良事后仍然说是"没有太多症状"；他只看到她喜欢喝酒抽烟，看不到实际上连这些习惯的延续也是苦闷的表现。他无视情侣在生理上、心理上的许多衰败的变化，更说不上设法帮助她解除这其中的苦痛。他的朋友、斥资给他办《时代批评》和《时代文学》的周鲸文说起头一年认识的印象，就是"端木对萧红不太关心"，又说他自己"在精神上却同情萧红"。对于端木蕻良，周鲸文还说过，他"有一套软中硬的手法"，意思是阴柔的、工于心计的，一旦出手将是无情的、不顾一切的，当然这些都不是贾宝玉式的糊涂虫所可以比拟的。这种"硬"，从他在关键时刻决然撇开萧红的单独行动中可以看出来。

早在重庆的时候，萧红就产生过离开端木蕻良、换一种生活方式的想法。据她后来同骆宾基的谈话，所以没有实行，是因为她自觉周围没有一个真挚的朋友；她是女人，而社会关系都在男人身上，哪里都有"封建"这个罪恶力量的存在。女人不管走到哪里，都逃不出男人的天罗地网。

就这样，她拖延着残存的爱而不忍舍弃，或竟无力舍弃。她不能过一种无爱的生活。然而，理想的爱情在哪里呢？爱是一种追求，但也是一种邂逅。而她，一直碰的是"鬼打墙"。

她最终不曾摆脱屈辱的境地，还有一个原因，就是端木蕻良知道她渴望健康和安静的写作环境，告诉她将来可以到北平他的三哥那里去养病。在这个世界上，确实也没有第二个人这样具体地关注她，为她的未来做出这般实际的设想。她因过度的疲乏、痛苦而陷入了梦幻般的状态。要知道，梦幻也是一种力量。

按照骆宾基的记载，萧红后来对于离开重庆来香港，曾不止一次表示过遗憾。曹靖华是她敬重的前辈，她去见他时，他并没有肯定地说，"你不要去，想法在重庆住下来休养吧。"她说，只要他这样说一句，她一定会留下来。

当然，到了香港以后，也不能说萧红就把个人的命运系在端木蕻良那里。要是这样，就不是自由的萧红。她矛盾着，一面满足于这个庇护的憧憬，一面又设法逃离。其实，她的一生都在逃。从通信中可以看出，她是时时计划着返回重庆的；端木虽然也计划着离开香港，未来的落脚点却选择了昆明。明明白白，这是两条不同的路线，所以说，两人应当是各有打算的。

次年，萧红还曾做过一次尝试。当她从史沫特莱那里获知日本进攻香港的军事动态之后，即动员来港的茅盾和她一同去新加坡。除去安全的考虑，这里有一个明显的目的，就是趁机摆脱端木蕻良。茅盾事后回忆说："我不知道她之所以想离开香港，因为她在香港的生活是寂寞的，心境是寂寞的，她是希望由于离开香港而解脱那可怕的寂寞。并且我也想不到她那时的心境会这样寂寞。"

这寂寞的来由，对于萧红，首先是爱情的幻灭，是同居者的冷漠，自己的无助，相互间的交流已经趋于枯竭！

美国女作家卡森·麦卡勒斯有一个著名的中篇小说，叫《伤心咖啡店之歌》，写的是爱者遭到被爱者的报复，爱不但不能解救自己，反而摧毁自己的故事。其中有一段关于爱情的议论说："首先，爱情是发生在两个人之间的一种共同的经验——不过，说它是共同的经验并不意味着它在有关的两个人身上所引起的反响是同等的；世界上有爱者，也有被爱者，这是截然不同的两类人。实际上，被爱者仅仅是爱者心底平静地蕴积了好久的那种爱情的触发剂而已。每一个恋爱的人都多少知道这一点。她在灵魂深处感到她的爱恋是一种很孤独的感情。她逐渐体会到一种新的、陌生的孤寂，正是这种发现使她痛苦。因此，对于恋爱者来说只有一件事可做。她必须尽可能深地把她的爱情禁锢在心中；她必须为自己创造一个全然是新的内心世界——一个认真的、奇异的、完全为她单独拥有的世界。"作者创造了一个关于爱情的愤世嫉俗的故事，她强调爱者使被爱者有被剥夺感，即是说被人爱是无法忍受的。事实上，她赞美的唯是爱情的孤绝的品质——看，谁配享受爱情的果实？谁在纯真地爱着呢？

萧红是爱者，然而，她一直遭到被爱者的剥夺。永久的孤独属于她，最后的毁灭也属于她。

萧红是不是还记得，二十几年前，当她跟随小朋友们走出大门，站在行人车马匆匆来去的街上，心里完全为一个问题所吸引：

是不是我将来一个人也可以走得很远？……

为了寻找爱和温暖，终于来到了天之涯，地之角，一个陌生的孤岛上。回不去了。没有一个亲人，也没有一个朋友，身边只有一个影子和一个影

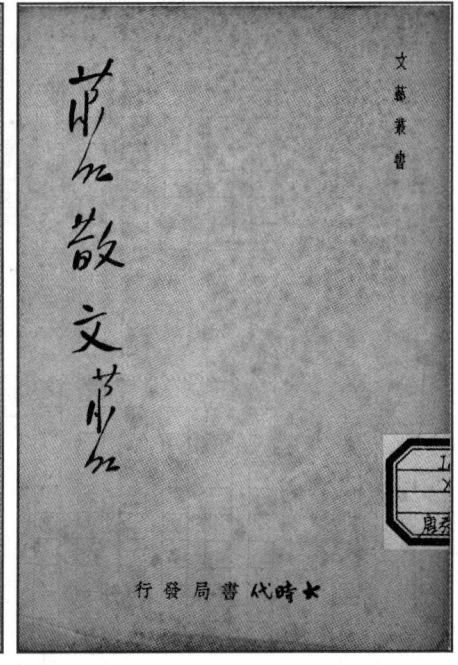

萧红短篇集《旷野的呼喊》，桂林上海杂志公司.1940年3月出版

《萧红散文》，重庆大时代书局1940年6月出版

子样的人。多么寂寞。

在梦想中长大的孩子是极端孤单的。现在，她只能在纸上奔跑，掉过头来寻找失去的乡土，不但寻找自己，也寻找亲人，寻找穷人、妇女和儿童，那许许多多卑贱的人。童年是一粒遗忘的火种，在《生死场》之后，又见它在缓慢的书写中静静地呼吸，静静地燃烧起来。记忆之火是如此温暖，连父亲的形象也因它的照耀而变得慈和。她在火光中数着过去的日子，在重庆，自己写得多么少啊！愧疚之余，她复为升起的热情所鼓舞，奔跑得更快了！

但是，空气太冷冽了。寂寞有一种新增的厚度，有如覆盖的冰雪，火焰不但不能使它消融，反而在酷寒中渐渐黯淡下去。

她加紧写作，寂寞和抚慰都来自写作。写作于她是一种挣扎，火与冰的纠缠，自我内部的搏战。1940年，她出版了几种著作：短篇小说集《旷野的呼喊》、散文《回忆鲁迅先生》、《萧红散文》；接着，又写了短篇《后花园》、

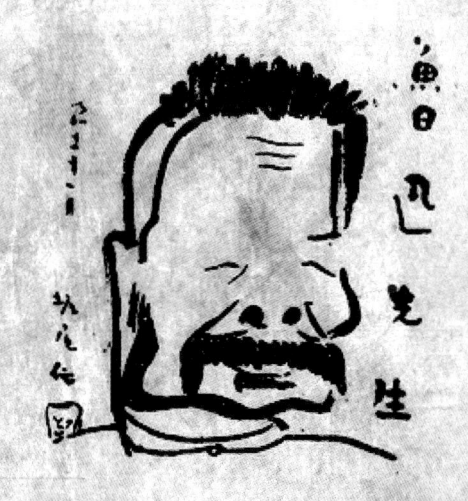

萧红散文《回忆鲁迅先生》，重庆妇女生活社1940年7月出版

纪念鲁迅的哑剧《民族魂》，长篇《呼兰河传》也终告完成。1941年她写下短篇《北中国》和《小城三月》，后者是在病枕上写成的；连续发表长篇《马伯乐》，可是疾病不允许她写完，作为一个作家的生活就此终止了。

《后花园》、《北中国》、《小城三月》，可以读作萧红的思乡三部曲。调子是缓慢的、低沉的、凄婉的；而且那故事，也一样的曲终人散。

《后花园》开始于园子的热闹，住在园中的磨倌冯二成子却是孤僻的。他暗恋着邻家的女儿，但是没有勇气说出来，只好默默地看着她出嫁。从此，他移情于她的母亲赵老太太，细心照顾，直到迁走。后来他同王寡妇成婚，有了孩子，就在生活开始有点温暖的时候，母子相继死去，到头来还是一个人过日子。环境变了，后花园换了主人，冯二成子的命运没有任何改变。在送别赵老太太的路上，他顿生人生的虚无之感："在这茫茫的人间，让他走到哪方面去呢？是谁让人如此，把人生下来，并不领给他一条路子，就不管他了。"故事是一种实生活，也是一个寓言：追求是没有结果的，眷恋也没有用处，爱和温暖原本就是一场梦幻。

《北中国》以伐木照应前后，就像《后花园》里园子的荣衰一样，是一个象征。小说写到耿家三代人，耿大先生是故事的主角，也是唯一出场的人物。因为儿子投身抗日活动，一去不返，引起他精神失常，封之为"大中华民国抗日英雄"，一旦发起病来就写信。妻子害怕被日本人看见，只好把他监禁起来；而且，关禁的地方也变得越来越狭窄，终至于因炭烟中毒窒息而死。小说借了管家的眼睛看家族历史的变化，原先那种开拓的精神烟消云散，"一切都是往败坏的路上走。"家宅的周围，到处响着伐树的"扔扔扔"的声音，一种被无情抛弃的声音。"樱桃树不结樱桃了，玫瑰树不开花了。泥大墙倒了，把樱桃树给轧断了，把玫瑰树给埋了。樱桃轧断了，还留着一些枝杈，玫瑰竟埋得连影都看不见了……"

三个小说中，《小城三月》最富有古典的意味。主人公翠姨是以萧红童年的挚友开姨为原型的。这是一个美丽善良而又柔弱的姑娘，她暗恋着表兄，却没有勇气反抗父母之命、媒妁之言，结果郁郁以终。翠姨说："我的命，不会好的。"后来又说："我小时候，就不好，我的脾气总是，不从心的事，我不愿意……这个脾气把我折磨到今天了……可是我怎能从心呢……真是笑话……"这些话，不妨看做是作者本人对自己的命运的讲说：虽然无力反抗社会，却足以毁灭自己。故事揭开了整个男权中心社会的冷酷面目，它用杀人不见血的刀子，对一个自由反抗的现代女性实行了恶性报复。

萧红的小说，根本无意塑造什么典型人物，或如《红楼梦》的宝黛一般。她是在写抒情诗，抒发内心的不平、寂寞与哀愁。小说安排了一段"尾声"，开始便说翠姨坟头的草籽已经发芽，显出淡淡的青色，常常有白色的山羊跑过来了。接着，有人吹响柳哨，大街小巷到处呜呜呜地响，但一转眼，吹哨人不见了。又接着，杨花飞起来了，榆钱飘了一地……至此，萧红用了整页的篇幅写春天：

> 在我的家乡那里，春天是快的。……春天就像跑的那么快。好像人能够看见似的。春天从老远的地方跑来了，跑到这个地方，只向人的耳朵吹一句小小的声音："我来了呵"，而后很快地就跑过去了。
> 春天来为什么它不早一点来，来到我们这城里多住一些日子。而后再慢慢地到另外一个城里去，在另外一个城里也多住一些日子。
> 但那是不能的了，春天的命运就是这么短。
> 年轻的姑娘们，她们三两成双，坐着马车，去选择衣料去了，因为就要换春装了。她们热心地弄着剪刀，打着衣样，想装成自己心中想得出的那么好。她们白天黑夜里忙着，不久春装换起来了，只是不见载着翠姨的马车来。

春天是生命、青春和梦想的象征，然而，这所有一切都无法为人留驻。年华易逝。爱和温暖可以永远追寻下去吗？人生的意义在哪里？萧红在病中又回到了追求与败亡的悲剧主题。在这里，她可能再度萌生了死亡的预感。一种悲苦的可怖的心境，竟被她装点得这么轻松！

萧红的心魂早已回归呼兰河。

在白日梦里，《呼兰河传》断断续续地写了三年。心绪平静时，她自会

萧红著《呼兰河传》，上海杂志公司（桂林）1941年5月出版

20世纪20年代的呼兰县关帝庙

提笔描写童年时的人物，风景，故事，传奇；在太寂寞的时候，或许也会把笔去写，写着写着，情绪就又随之高涨起来……整部作品没有《生死场》的湍急，却如大河般的开阔，浩荡，舒缓，然而流动的依然是无尽的忧伤……

回到了呼兰河就回到了体内。呼兰河是她的伤痛，纯个人的伤痛。她不能不把自己同众多的文学同行隔离开来，不理会文坛永远的喧嚣，不理会不知道从哪里跑出来的形形色色的理论，而专注于她的世界。当作家们都在呼啸着向前，赶写"抗战文学"的时候，她频频回首于出生地，日本的旗子最早在那里倨傲地飘扬；当作家们把战场之外的生活都看做边缘，她却视奴隶的因袭的生活为中心；当作家们忙于塑造遍身光辉的抗战英雄的时候，她去写阳光永远照耀不到的底层的卑贱的人物；当作家们在高唱战歌的时候，她一个人慷慨悲歌，为广大的劳苦者和死难者编写哀词。历史穿过现实植入她的心中，她生活在记忆深处，并为记忆而生活。

美国小说《飘》的末尾，女主人公郝思嘉在系列悲剧故事完成之后，想起父亲对她说的一句话："世界上唯有土地与明天同在。"萧红确信：呼兰河的土地是一部大书。她知道文学是什么。她知道自己。

《呼兰河传》原计划是更为宏伟的。据蒋锡金说，后来的格局缩小了，现在看来，依然是一部大作品。它虽然写的是一座小城，一个院子，周围的几个人或一群人，但是揭示了整个中国乡土社会的面貌；奇异的风俗习惯，

灰黯的日常生活，畸形的文化心态，由生存的主题罗织到了一起。文学家的所谓"宏大叙事"，是指题材与重大的历史性事件或时代性命题相关，同时要求形式上有相应的框架与长度。像《呼兰河传》这样的文本，所叙是凡人琐事，而且又是散文化的写法，很可能被巴尔扎克、托尔斯泰的中国弟子们看不起的。可是，世界上的文学主题，有什么比人的生存本身更为"宏大"的主题呢？

小说共分七章，带一个小小的尾声，交代时间和人事的变化。作者特别说明，她写的并非什么优美的故事，但因此，也就特别使人难忘。

开头一章写的是呼兰河的环境、街区、市民和循环经过的四季。有特写、近景和远景。大泥坑是特写，标志般地展示这个小城的落后和愚昧，不同街区的居民，连同街道、店铺等等，都采取类似电影摇镜头的办法，一一加以展现。整个的灰调子。

萧红转而写小城人们的精神生活，它是通过复活古老的风俗和礼仪来表现的。一年到头为鬼而做的各种迷信活动，如跳大神、唱大戏、放河灯，四月十八的庙会，场面都是十分盛大的。第二章可以说是整部小说的华彩乐章，用语十分华丽。作者善于在氛围的渲染中勾勒细节，在流畅的叙述中生发议论，大喜大悲，亦喜亦悲，恰如一位油画家在画布上豪奢地倾倒他的颜料，又如一位盲音乐家一般地特别敏锐于各种声音，从歌哭、器乐、喧呼、昵语，直至于静默。写到夜里跳大神，萧红这样描述由热闹到凄楚的情景：

> 跳到半夜时分，要送神归山了，那时候，那鼓打得分外地响，大神也唱得分外地好听；邻居左右，十家二十家的人家都听得到，使人听了起着一种悲凉的情绪，二神嘴里唱：
> "大仙家回山了，要慢慢地走，要慢慢地行。"
> 大神说：
> "我的二仙家，青龙山，白虎山……夜行三千里，乘着风儿不算难……"
> 这唱着的词调，混合着鼓声，从几十丈远的地方传来，实在是

冷森森的，越听就越发悲凉。听了这种鼓声，往往终夜而不能眠的人也有。

　　…………

　　满天星光，满屋月亮，人生何如，为什么这么悲凉……

在这些人鬼相纠缠的情节中，其实所说的无非是人间苦，当然最苦的莫过于女人了。在写到唱大戏的一节，萧红用了许多笔墨，细说儿女之情：

　　比方嫁了女儿，回来住娘家，临走（回婆家）的时候，做母亲的送到大门外；摆着手还说：
　　"秋天唱戏的时候，再接你来看戏。"
　　坐着女儿的车子远了，母亲含着眼泪还说：
　　"看戏的时候你回来。"……

小说还写到，一家有几个女儿都出嫁了，亲姐妹两三年不能相遇的也有，便都趁看戏的时候相会了。第一次相见，不知从何说起，竟会显出异常的冷落，不是相对无语，就是找些不相干的话开头，关于别离了几年的事情，连一个字也不敢提。表面上看来不像姐妹，其实心里早已沟通着，在接到看戏的消息时，就预备好了送给姐姐或妹妹的礼物了：

　　…………
　　"这麻布被面，你带回去吧！"
　　只说了这么一句，看样子并不像送礼物……这等乡下人，糊里糊涂的，要表现的，无法表现，什么也说不出来，只能把东西递过去就算了事。
　　至于那受了东西的，也是不会说什么，连声道谢也不说，就收下了。也有的稍微推辞了一下，也就收下了。
　　"留着你自己用吧！"……

令萧红魂牵梦萦的呼兰河

在这些十分委婉、细腻、充满着亲情的私密的语言里，萧红深深感叹着女人的命运的惨淡。当故事过渡到男婚女嫁时，她终于忍不住换了讽刺的口气，直接抨击男权社会：

"这都是你的命，你好好地耐着吧！"

年轻的女子，莫名其妙的，不知道自己为什么要有这样的命，于是往往演出悲剧来，跳井的跳井，上吊的上吊。

古语说："女子上不了战场。"

其实不对的，这井多么深，平白地你问一个男子，问他这井敢跳不敢跳，怕他也不敢的。而一个年轻的女子竟敢了，上战场不一定死，也许回来闹个一官半职的。可是跳井就很难不死，一跳就多半跳死了。

那么节妇坊上为什么没写着赞美女子跳井跳得勇敢的赞词？那是修节妇坊的人故意给删去的。因为修节妇坊的，多半是男人。他家里也有一个女人。他怕是写上了，将来他打女人的时候，他的女人也去跳井。女人也跳下井，留下来一大群孩子可怎么办？于是一律不写……

在这一章里，作者表现了一个民俗学者和社会批评家的双重立场：一面记录、欣赏，一面观察、批评。文字的基调是热烈酣畅、温润而悲凉的，却又不时有讽刺切入。小说是复调的，交响的，弦乐之外有尖锐的号声。

第三章写自己的家，后园和祖父是小说中唯一的温暖。第四章写到院子里租住的人们，他们的生活非常困顿，即使像粉房里的工人那样歌唱，那歌声也不是从工作中得到的愉悦，而是像含着眼泪在笑似的。他们不知道光明在哪里，却实实在在地感到寒意就在他们身上，他们本想击退这寒意，结果是更加凄凉。

萧红集中了所有的悲愤和笔力写作第五章。这一章篇幅最大，最有分量，写来也最惊心动魄。院子里老胡家娶了个小团圆媳妇，八岁订下婚，一订是八两银子，到十二岁用火车把她从老远的辽阳接过门。她的婆婆为了给她一个下马威，开始打她，甚至是吊打。她一边哭，一边叫，院子里天天有哭声。接着跳大神，跳了一个冬天，把她跳出毛病来了。再接着，请神，看香，赶鬼，吃偏方，野药，扶乩，兢兢业业积攒下来的钱一吊一吊地往外拿，却不怎么奏效。小团圆媳妇白天发烧，夜里说梦话，嚷着要回家。"回家"听来就是回阴间地狱，极其不吉利的，于是婆婆又折磨她。她试图逃跑，力气大得惊人，声音喊得怕人。于是，不但她的婆婆，全家的人也都相信她的身上一定有鬼。于是就又跳神赶鬼、看香、扶乩，场面非常热闹。

老胡家跳大神奇极了，用大缸给团圆媳妇洗澡，而且脱了衣裳，当众就洗。开水烧滚以后，她被抬进大缸里去。大缸里满是滚熟的热水，她在大缸里叫着，跳着，要逃命似的狂喊。后来她不叫了，倒在大缸里了，再抬出来浇一点冷水。一个晚上就被热水烫了三次，烫一次，昏一次。经过这样酷刑般的折磨，一个活蹦乱跳的孩子终于死掉了。

周围的人们呢？一做帮凶，二当看客。他们给老胡家出主意，贡献各种奇方妙药整治小团圆媳妇，其实带有共谋性质。跳大神的时候，他们赶过来围观，个个眼睛发亮，人人精神百倍，不但没有一个人上前去帮忙她，而且满怀奥秘地期待更残忍也更新奇的场面出现。当没有热闹可看时，有关小团圆媳妇是小妖怪的奇闻，就又在他们中间远近传播开来了……

在这一章里，萧红表现了特别强烈的性别意识。作为一个女性主义者，她并不像西方的激进的女性主义者那样，热衷于组织和参加各种抗议活动，争取诸如选举权之类的政治权利，她只有通过文字抗议，要求女人能够获得平等的看待，有爱和温暖，有免于遭受歧视、暴力和恐惧的自由，在一个正常的社会里，像男人一样做一个正常的人。

在妇女解放的道路上，她不是看不到性别与阶级、等级制度和文化传统的纠缠。正如她所描写的，在迫害小团圆媳妇的人们中，最直接、最狠毒的莫如她的婆婆，同样的一个女人。这个女人唯要做婆婆的特权而已，可是其他的看客要什么呢？第六章写到有二伯，家里的老仆人，活在世上就不被当人看，却对小团圆媳妇的惨死无动于衷。他穷得要偷，又藐视冯歪嘴子"一身穷骨头穷肉"；他最看不顺眼的，是一个"灰秃秃的磨倌"居然可以讨媳妇。愚昧是盲目的。愚昧不但蒙蔽了女人，也蒙蔽了男人，蒙蔽了良心、爱和正义，蒙蔽了包括自身在内的生存处境的真实性。在萧红这里，有一个看法是明确的，就是：要解放妇女，必须最先从蒙昧中走出来。

冯歪嘴子是最后一章的主角。他确实不幸，好不容易讨来一个女人，却在产后死了，扔下两个孩子，一个四五岁，一个刚生下来。他可怎么办？东家西舍都等着看热闹。作者用赞美的态度叙述说：

> 可是冯歪嘴子自己，并不像旁观者眼中的那样地绝望，好像他活着还很有把握的样子似的，他不但没有感到绝望已经洞穿了他。因为他看见了他的两个孩子，他反而镇定下来。他觉得在这个世界上，他一定要生根的。要长得牢牢的。他不管他自己有这份能力没有，他看看别人也都是这样做的，他照常地负着他那份责任。
>
> …………
>
> 他在这世界上他不知道人们都用绝望的眼光来看他，他不知道他已经处在了怎样的一种艰难的境地。他不知道他自己已经完了。他没有想过。

他虽然也有悲哀，他虽然也常常满满含着眼泪，但是他一看见他的大儿子会拉着小驴饮水了，他就立刻把那含着眼泪的眼睛笑了起来。

　　他说：

　　"慢慢地就中用了。"……

　　在萧红的笔下，冯歪嘴子怀着爱、责任和自信，无比坚韧地生活着。时间的绵延，生命的绵延，也是一种精神的绵延。萧红的目光始终注视着中国大地，注视着地底下。如果问：中华民族的脊梁在哪里？萧红回答说：在冯歪嘴子们的身上。

　　这是一种自觉的平民意识。

　　萧红为她的小说留下了一个"光明的尾巴"，虽然是单弱的尾巴。

23 一只马虻:《马伯乐》

萧红在完成《呼兰河传》之后,立即投入《马伯乐》的写作。

她只是写,从来不曾对写出的作品附加说明,像其他的作家那样。或许在她看来,作家是唯有靠作品说话的。但因此,读者也就无由推测,她何以能够在那么短的时间内,完成两个不同类型的文本在主题、调式和风格方面的切换?《呼兰河传》是田园的,衰败的,寂寞的,连她自己也被故事的场景卷了进去;但是,在《马伯乐》里,她始终与她叙说的人物及其城市背景保持着距离,并投以讽刺。她有可能在呼兰河的氛围里过于压抑,就像在深水中潜伏太久需要浮出水面换气一样,为自己置换一个艺术空间,寻求生命的释放;也有可能在抗战环境中受到某种刺激令她做出了一个及时而迅速的反应。在《民族魂》里,她强调鲁迅个人的遭遇,"一生受尽了人们的白眼和冷漠","看穿了人情的奸诈浮薄",因此也把改良民族性当成第一要着,意在使中国这老大的民族转弱为强,于是,创制一个《阿Q正传》的抗战版,自觉继承鲁迅的"思想革命",也就成为一种可能。但也许什么也不是,而仅仅出于文学事业上的雄心:在男性作家的鄙夷的目光下,她要写出一部男性的作品,不,是超越男性的作品。或者可以干脆这样认为,一部《马伯乐》,就是以男性中心社会——包括身边的男人在内——为讽刺对象的。

萧红的创作动机不容易弄清楚，其实也不必过于深究；重要的是，她脱手放出了一只马虻，一只犀利无比的马虻！

鲁迅笔下的阿Q是乡下人，一无所有的流浪汉。他的劳动权是被剥夺了的，即使大家说他"真能做"，也不能维持温饱的生活。他只好去偷，最后懵懵懂懂走上"造反"之路。萧红写的马伯乐，出身于一个崇洋的绅士家庭，颇有教养，因为大背景已经由革命置换为战乱，遂奔逃于城市与城市之间。阿Q与马伯乐，本来是很不相同的两个人物，可是他们却有着大致相同的精神病症：自私、卑怯、麻木，一样的精神胜利。

马伯乐的父亲是个纯粹的中国老头，穿着中国古铜色的大团花长袍，礼服呢千层底鞋，手上养着半寸长的指甲。但是学说外国话，常常向儿子们宣传外国人的好处，让儿子也学外国话，提倡穿西装，还教孙儿们读《圣经》。外国话和《圣经》成了马家传统。马伯乐的太太是不信什么耶稣的，每天都拿着本《圣经》摆起架子来。因为她听父亲说过，谁对主耶稣忠诚，将来的遗嘱上就是谁的财产最多。马伯乐本来叫马保罗，是父亲给起的外国名字，他觉得不大好，所以自己改了的。他反对他父亲的意见，说外国人没有好东西，可是又常常骂中国人：

"真他妈的中国人！"

其实，这是一个没有信仰的、伪善的家庭。马伯乐的父亲雇用一个带病的孱弱的洋车夫，据说是看在上帝的面上，心里却是另有一番利害的盘算："若是跑得快，他能够不要钱吗？主耶稣说过，一个人不能太贪便宜。"有一天，车夫倒地不起，眼看着人不行了。

马伯乐主张把他抬到附近的医院去。父亲说：

"那是外国人的医院，得多少钱！"

马伯乐说：

"不是去给他医治，是那医院里有停尸室。"

父亲问：

"他要死了吗？"

马伯乐说：

"他要死了，咱们家这么多的孩子，能让他死在这院子吗？"

家里的女佣人建议把车夫抬到屋里去，老太爷说：

"我主耶稣，不喜欢狭窄的地方……"

老太太站在大门里，揩着眼睛，很可怜车夫的样子。当她听到女佣人又说要把人抬进屋里时，擦擦眼泪，立刻制止说："多嘴！"

那车夫只好留在大门外边，暴晒在太阳底下，让上百人围观。

马伯乐在家里过着少爷的生活，可是又得不到实在的，就甘心和奴仆们站在一起，恨有钱的人，喜欢嘲笑当地士绅，骂父亲是守财奴、看钱兽、保险箱、石头柜等等。他完全厌恶了这个家庭，于是一再出逃。有趣的是，他既要同家庭决裂，却尽可能地多带家里的东西，有用的，无用的，都塞进箱子里；当他即将逃开家庭的前一会工夫，却又起了无限的留恋。他的处世哲学恰如他的口头禅所表述的："万事总要留个退步。"

所谓"退"就是逃。凡一件事，他若觉得势头不好，就先逃掉。逃到哪里去呢？连他自己也不知道，先逃了再说。说"退"，是一种体面的逃跑主义。对于逃跑，他的辩护词总是无懈可击；遇到问题和麻烦，都设法绕开去，用"这是什么时候啊！这是逃难的时候"一类的话为自己开脱。失败主义与精神胜利是一枚铜币的两面。在马伯乐的思想和行为中，可以随处发现阿Q的身影，仿佛是一对连体兄弟，在民族命运巨变的拐点上走到一起来了。

卢沟桥事变一发生，马伯乐就从青岛逃到上海。他看到到处热热闹闹，太太平平，稳稳当当，便大为不平，心想：这样的民族怎么可以！他看到卖航空奖券的铺子挂满了红招牌，门前聚集着忠实的人群，心想：日本人快打上来了，你们还不去做个准备，还在一心想发财；要是到了小日本上来的时候，国家、民族都没有了，看你们怎么办吧！于是不禁悲悯起来。他以"国难"为由，将就着过日子，从烧饭的小白铁锅到吃饭的用具，从衣裳、帽子到鞋袜，一律不洗。他一样堂堂正正、大大方方地走在大街上，并没有因此而感到羞怯，却往往看了那些皮鞋锃亮、头发闪着油光的而生出一种蔑视之心，在心里向他们说："都算些个干什么的呢？中国人若都像你们这样，国家没有好……中国非……非他妈的……"他恨自己不是官员，若是的话，当立刻下令凡穿亮皮鞋的，都得抓到巡捕房去。心想：这是什么时候，小日本就要上来了，你们还他妈的，一点也不觉得，我看你们麻木不仁了。"

马伯乐在南京路上一边走一边骂，看什么都不顺眼。小说有这样一个近于街头剧般的情节：

> 马伯乐的眼前飞了一阵金花，一半是气的，一半是电灯晃的。在这之间，旁边来了一个卖荸荠的，剥了皮白生生地用竹签串着。马伯乐觉得喉里很干，三个铜元一串。他想买一串拿在手里吃着，可是他一想，他是在逃难。逃难的时候，省钱第一。于是他没有买。卖荸荠的孩子仍在他的旁边站着不走，他竟用眼睛狠狠地瞪了他一眼，并且说：
> "真他妈的中国人！"
> 他想，既然是不买，你还站在这儿干什么？他看他是一个孩子，比他小得多，他就伸出脚来往一边踢着他。
> 在这之间，走来一个外国人，马伯乐的鞋后跟让他踩了一下。他刚想开口骂：
> "真他妈的中国人！"
> 回头一看，是个外国人，虽然是他的鞋子被人家踏掉了，而不是踏掉了人家的鞋子，因为那是外国人，于是连忙就说：
> "sorry sorry！"

马伯乐最后是纯粹为了逃难到上海来的，比起前次开书店的境况相差太远，所租的房子狭窄而黑暗。为了省钱，他不到外边吃饭，自己动手做，开始在公用厨房里做，后来把炉子也搬到屋里来，在床头上开了伙。满屋子摆着油罐、盐罐、酱油瓶子、醋瓶子……这个长期过着寄生生活的人，根本上没有自立的能力。用不了多久，他当不成街头观察家了，看到满车子染着血渍的中华民族的战士从身边经过也感到厌恶，他的爱国主义的高调再也唱不起来了，战争反而成了他摆脱窘境的救星。他思忖着：日本人怎么还打不到青岛？不打到青岛，太太是不会出来的，太太不来，不是没有人带钱来吗?……

于是,他忧愁而且不满起来:

"日本人打中国是要打的,可是想不到打得这样慢……"

在小说中,对于马伯乐,有一段近于意识流的描写:

> 马伯乐的悲哀是有增无减的,他看见天阴了,就说:
> "是个灰色的世界呵!"
> 他看见太阳出来了,他就说:
> "太阳出来,天就晴了。"
> "天晴了,马路一会就干了。"
> "马路一干,就像没有下过雨的一样。"
> 他照着这个格式想了下去:
> "人生是没有什么意思的,若是没有钱。"
> "逃难先逃是最好的方法。"
> "小日本打来,是非逃不可。"
> "小日本打到青岛,太太是非逃上海来不可。"
> "太太一逃来,非带钱来不可。"
> "有了钱,一切不成问题了。"
> "小日本若不打到青岛,太太可就来不了。"
> "太太来不了,又得回家了。"
> 一想到回家,他就开口唱了几句大戏:
>> 杨延辉坐宫殿,自思自叹——
>> 想起了当年事,好不惨然——

但马伯乐终于有一天高兴起来了,那就是他看见了北四川路络绎不绝的搬家的车子,打听到日本人要打闸北,人们着实开始逃难了。这一天,凡他所宣传过的朋友的地方,他都去了一遍,一开口就问:

"北四川路逃难了,你们不知道吗?"

他千方百计把太太从青岛骗了过来,但不久,就又筹划着向武汉,向更安全的内地转移了。

《马伯乐》最早在《时代批评》连载，写作时，萧红已在病中。很难想象，一个带病工作的人怎么可能在郁闷的笼罩中发出如此尖锐、洪亮的笑声，想必在马伯乐出现以后，作者一直跟踪着；讽刺的热情把她整个人给燃烧起来了。

作为一部讽刺小说，《马伯乐》不但对中国文坛来说是一个异数，在萧红的作品中也是一个异数。过去，她偶尔使用过讽刺，如《三个无聊的人》、《逃难》等，却不像《马伯乐》这般集中地加以运用，而且深入到日常叙事与心理描写的每个部分，使之扩展成为一种具有相当规模的打击力量的艺术构型。其手段的丰富与纯熟，使人不敢相信，一个讽刺作家和一个抒情诗人竟然出现在同一个女性的身上。伍尔芙说，小说对于一个女性作者来说，并不像是一个石子那样无端地落在地上，而是像蜘蛛网一样，总是四角附在人生上面。《马伯乐》其实累积了萧红多年生活在流离颠沛中的忧愤，自汉入川，感触太深。马伯乐不是观念中的人物。

鲁迅说到西方的"摩罗诗人"，有这样一句话："哀其不幸，怒其不争。"鲁迅和萧红，可以说都是摩罗诗人。如果说萧红的《呼兰河传》备极哀情，那么，《马伯乐》则已出离愤怒。"从前恨男人，现在恨小日本子。"读者会记住《生死场》中那个女人说的，"我恨中国人呢！除外我什么也不恨。"可以说，这同时也是叙述者的语言。鲁迅说他写《阿Q正传》，是在画中国的寂寞的魂灵。萧红以"逃"的意识集中了国民的劣根性，摹拟鲁迅在小说中的悲剧喜剧化的手法，继续描写中国的魂灵。

国难当头。在上世纪三十四年代，"逃难"是中国的一大政治文化景观。对此，萧红以一个现代民族国家的奴隶身份，通过马伯乐这一讽刺性形象的刻画，对抗战以及民族出路问题做出深入的省思。

应当看到，这是萧红对于中国文学的一个重大而又独特的贡献。

不幸的是，"五四"过去了。启蒙思想，其中包括改造国民性的思想，这时已经变得不合时宜。在欧洲，有"抵抗运动"，也有"抵抗运动文学"，但这也只是文学之一种，文坛依然保持着一种多元态，并不存在所谓的"中

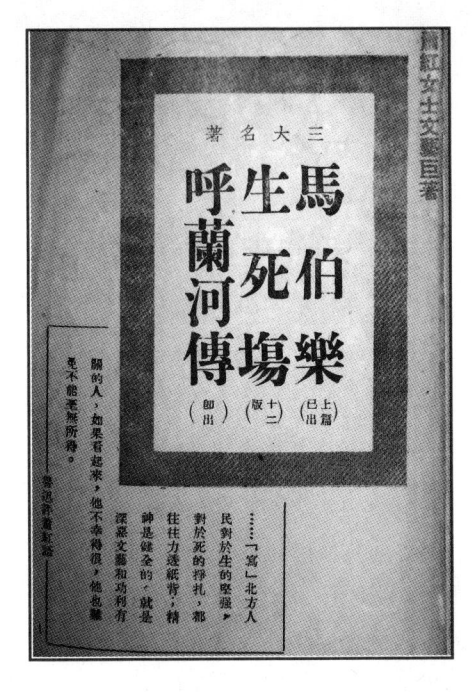

端木蕻良在《时代文学》杂志为萧红著作设计的广告

心主题",或因保证"中心"的存在而否弃其他。在中国,早在抗战前夕,便先后有了"民族主义文学"及"国防文学"的口号,以民族、国家的文化身份取消文学。在这种风气之下,抗战时被推举为中华全国文艺界抗敌协会总务主任的老舍,即放弃了早期的讽刺文学的经验,以通俗的大众形式,写起宣传动员抗战的新式颂歌文学。在这个时候,文学怎么可以写与抗战无关的题材呢?怎么可以暴露和讽刺"人民"呢?

萧红不但这样书写,而且借她的小说,把这种主流理论附在马伯乐的身上,再三加以讽刺。马伯乐声称自己"最中心的主题"是"打日本","要用文章挽救中华民族"。他的思路是:"现在这年头,仍然不写'打日本',能有销路吗?再说你若想当一个作家,你不在前边领导着,那能被人承认吗?"萧红就这样顽强地表现自己,勇敢地挑战主流意识和霸权话语。作为一个故国沦亡、漂泊天涯的奴隶,她一刻也不曾忘记身受的屈辱和仇恨,但是,对于文学在"国防"、"爱国"、"民族"的旗号下趋于一体化,甚至由于集体意识的强化而形成外在于作家个体的文坛势力,一种系统的操控力量,以至个人自由创造的空间被缩减和被剥夺,她是不满的。这种绝对

萧红著《马伯乐》，重庆
大时代书局1941年1月出版

权威化的现象，实质上是父权制的变种，她不会姑息而不加反对的。

但因此，她的文学探索及成就，也就必然为广大的文学同行所忽略、回避和贬损。在正统的意识形态对于文学的日趋严重的干预之下，如果不是因为她曾经为"民族魂"鲁迅所称许，且又刚刚去世的话，很可能成为斗争的靶子。

实际情况也是这样。

文坛主将茅盾在《呼兰河传》出版后，发表过著名的评论。他把小说的价值局限在作为田园牧歌式的美文上面，而无视它的思想价值。相反，他寻找美的"病态"，"思想上的弱点"，批评小说在北方人民的生活那里，卸下了封建剥削和压迫，以及日本帝国主义侵略这样"两重的铁枷"。他指出，萧红所以如此，是因为"感情富于理智"，被"狭小的私生活的圈子"所囿，把自己同"广阔的进行着生死搏斗的大天地"完全隔离开来。他批评萧红"一方面陈义太高，不满于她这阶层的知识分子们的各种活动，觉得那全是扯淡，是无聊，另一方面却又不能投身到工农劳苦的群中"。他忽视了萧红的底层生活经验，和她与底层大众的固有的精神联系；忽视了作品对底层人物，尤其是女性日常事件的悲剧意义的发掘。从茅盾的这些不带个人感情的健全音调说出的理念，可以看到，四十年代早期在延安，中期在重庆，后期在香港，以至五十年代以后多次政治运动中对知识分子和文学艺术的简单粗暴的批判的阴影。

至于《马伯乐》，从发表的四十年代直至八十年代前夕，有关的专题评论，只有一篇而已。

救亡遮盖启蒙，政治遮盖文学，集体遮盖个人。《马伯乐》，一只生动有力的马虻，遂这般悄然卷入并沉没在主流的漩涡之中！

24 向上的翅膀掉下来了

1941年2月，史沫特莱、夏衍、范长江一行到港，香港文协分会在思豪大酒店设茶会欢迎。

萧红被邀做了临时主持人。

她礼节性地致了简单的欢迎词，会上很少说话。

过了些天，史沫特莱到萧红的住所探访。

她对萧红说："你这房子像鸽楼一样，空气也沉闷；这样住下去，对你的身体不会有利的。"她劝萧红去玛丽医院疗养，并说可以代为接洽，尽量少收住院费。然后，她接萧红到她的住所一同吃晚餐，又送了一套紫红色大衣、女装上衣和西式裙子。她看起来是粗人，心思却很细，还把萧红介绍给香港主教，希望对萧红有所照顾；并且表示说，回美国之后，一定设法为萧红筹款养病。

谈话期间，史沫特莱介绍了国际形势。她分析说，战火不但不会很快熄灭，而且有蔓延的趋势，香港并非久留之地，不如去南洋，她答应可以为萧红联系去新加坡。

4月，茅盾夫妇来到香港。萧红确曾动员他们去新加坡，由于茅盾不同意，又没有别的合适的伙伴，史沫特莱算是白费说辞了。

与这个最勇敢、最坚强的"大地的女儿"的实际接触，在萧红的内心，想必引起强烈的躁动。史沫特莱的奋斗史，促使她回顾自己的道路：梦想、出走、漂流、恋爱、家庭、生病与写作……透过一连串纷乱的脚印，她看见了什么？她发现自己是前进了，还是站在原地里呢？最具有讽刺意味的是，个人的尊严、自由和幸福，并没有被扼杀于旧家庭，反而一再为自己的伴侣、新文化的实践者所扼杀！所谓"五四新女性"，一代人委实奋起抗争过，可是今天都到了哪里？……

　　恰好"五四"纪念日到了，萧红借机写了一篇短文，题目叫《骨架与灵魂》。她为新文化的历史做了一个近于虚无主义的结论："在我们这块国土上，过了多少悲苦的日子。一切在绕着圈子，好像鬼打墙，东走走，西走走，而究竟是一步没有向前进。"对于"五四"，二十多年过去，都是形式主义崇拜。她提出：要在旧的骨架上装起灵魂来！什么是旧骨架？是"五四"。谁是那骨架的灵魂？是我们，是"新'五四'"！

　　"新五四"是什么意思呢？萧红并没有做出解释，文章就结束了。

　　这些文字，显示了她的思考；但是，她会痛苦地感到，"新'五四'"不是一个人的问题。连最低限度的自由，也不是一个人的问题。

　　5月下旬，史沫特莱订了返国的船票，随后到萧红处告别。她向萧红要文章，带回美国发表。萧红给了她一个短篇《马房之夜》，同时，又拿出一册《生死场》，题签后交给她，请她赠给辛克莱。临走时，史沫特莱留下自己的地址，希望互相通信，还特别叮嘱萧红去一次玛丽医院。

　　不久，史沫特莱回到美国。她将《马房之夜》介绍给斯诺的前妻海伦·福斯特，小说很快被译成英文，发表在《亚细亚》月刊上。辛克莱收到萧红的赠书后，写信向萧红致谢，并且回赠了近作《合作社》，通过邮路，迢迢寄往香港。

　　史沫特莱走后，忧郁又像海雾一般弥漫过来……

　　　　一封书信，何日方能到
　　　　山高水远路几千
　　　　一别已经年……

朋友寥落。思乡病越来越严重。这支东北小调,一个人不知哼唱过多少遍了,教高原唱过,教绿川英子唱过,教许多朋友唱过,如今只得留给自己在心里暗暗地唱。那忧伤的旋律,就像南方的藤萝一样缠绕无尽……

《小城三月》是萧红最后完成的一个小说,是她为自己提前拟就的一首挽歌。入秋,她又生出了一种倾诉的欲望,于是写了两封长信,一封给自己的乡亲,一封给自己的弟弟。无论前瞻或怀思,无论呼喊或呻唤,似乎都带有不祥的预兆,近似遗书一般。

《给流亡异地的东北同胞书》写道:

沦亡在异地的东北同胞们:

当每个中秋的月亮快圆的时候,我们的心思被悲哀装满。想起高粱油绿的叶子,想起白发的母亲或幼年的亲眷。

…………

"我们就要回老家了!"

家乡多么好呀,土地是宽阔的,粮食是充足的,有顶黄的金子,有顶亮的煤,鸽子在门楼上飞,鸡在柳树下啼着,马群越着原野而来,大豆像潮水似的在铁道上翻涌。

人类对家乡是何等的怀恋呀,黑人对着"迪斯"痛苦的向往,爱尔兰诗人夏芝一定要回到那"蜂房一窠,菜畦九畴"的"茵尼斯"去不可,水手约翰·曼殊斐尔狂热地要回到海上去。

但是等待了十年的东北同胞,十年如一日,我们的心火越着越亮,而且路子显得越来越清楚。我们知道我们的路,我们知道我们的作战位置——我们的位置,就是站在别人的前边的那个位置。我们应该是第一个打开门而最末走进去的人。

…………

我们应该献身给祖国做前卫工作,就如我们应该把失地收复一样,这是我们的命运。

东北流亡同胞们,为了失去的土地上的大豆、高粱,努力吧!

为了失去的土地上的年老的母亲，努力吧！为了失去的土地上的痛心的一切的记忆，努力吧！

…………

同她的文学一样，这里袒呈着她对于故乡的土地的热爱；不同的是，调子是明朗的、激越的。可以清楚地看到，她正挣扎着从病痛和愁苦中走出来；一种原初的爱，被她升华为民族的自信，在暗夜中闪耀着人类应有的光辉。

《"九一八"致弟弟书》：

可弟：小战士，你也做了战士了，这是我想不到的。

世事恍恍惚惚地就过了；记得这十年中只有那么一个短促的时间是与你相处的，那时间短到如何程度，现在想起就像连你的面孔还没有来得及记住，而你就去了。

记得当我们都是小孩子的时候，当我离开家的时候，那一天的早晨你还在大门外和一群孩子们玩着，那时你才是十三四岁的孩子，你什么也不懂，你看着我离开家向南大道上奔去，向着那白银似的满铺着雪的无边的大地奔去。你连招呼都不招呼，你恋着玩，对于我的出走，你连看我也不看。

而事隔六七年，你也就长大了，有时写信给我，因为我的漂流不定，信有时收到，有时收不到。但在收到信中我读了之后，竟看不见你，不是因为那信不是你写的，而是在那信里边你所说的话，都不像是你说的……因为我总有一个印象，你晓得什么，你小孩子，所以我回你的信的时候，总是愿意说一些空话，问一问家里的樱桃树这几年结樱桃多少？红玫瑰依旧开花否？或者是看门的大白狗怎样了？关于你的回信，说祖父的坟头上长了一棵小树。在这样的话里，我才体味到这信是弟弟写给我的。

但是没有读过你的几封这样的信，我又走了。越走越离得你远了，从前是离着你千百里远，那以后就是几千里了。

…………

　　可弟，我们都是自幼没有见过海的孩子，可是要沿着海往南下去了，海是生疏的，我们怕，但是也就上了海船，飘飘荡荡的，前边没有什么一定的目的，也就往前走了。

　　…………

信里接着叙述到上海，去东京，又回到上海去的经过，以及其间姐弟两人参商错过，或是怡怡相处的情景，在极细微处流露着她的深情。往下写到"七七"事变发生后，她的弟弟做出到西北当抗日军的决定，和她分手了：

　　你走的那天晚上，满天都是星，就像幼年我们在黄瓜架下捉着虫子的那样的夜，那样黑黑的夜，那样飞着萤虫的夜。

　　你走了………我送你到台阶上，到了院里，你就走了。那时我心里不知道想什么，不知道愿意让你走，还是不愿意。只觉得恍恍惚惚的，把过去的许多年的生活都翻了一个新，事事都显得特别真切，又都显得特别的模糊，真所谓有如梦寐了。

　　可弟，你从小就苍白，不健康，而今虽然长得很高了，仍旧是苍白不健康，看你的读书、行路，一切都是勉强支持。精神是好的，体力是坏的，我很怕你走到别的地方去，支持不住。可是我又不能劝你回家，因为你的心里充满了诱惑，你的眼里充满了禁果。

　　恰巧在抗战不久，我也到山西去，有人告诉我你在洪洞的前线，离着我很近，我转给你一封信，我想没有两天就可看到你了。那时我心里可开心极了，因为我看到不少和你那样年轻的孩子们，他们快乐而活泼，他们跑着跑着，当工作的时候嘴里唱着歌。这一群快乐的小战士，胜利一定属于你们的，你们也拿枪，你们也担水，中国有你们，中国是不会亡。因为我的心里充满了微笑。虽然我给你的信，你没有收到，我也没能看见你，但我不知为什么竟很放心，就像见到了你的一样。因为你也是他们之中的一个，于是我就把你忘了。

但是从那以后,你的音信一点也没有的。而至今已经四年了,你到底没有信来。我本来不常想你,不过现在想起你来,你为什么不来信。

于是我想,这都是我的不好,我在前边引诱了你。

今天又快到"九一八"了,写了以上这些,以遣胸中的忧闷。

愿你在远方快乐和健康。

"九一八"是萧红心中的一道永久不愈的伤口,触着便觉疼痛。信的调子是一样高扬着的,心却在呜咽。这时,想起久别的弟弟,是因为近旁已经无人可以慰她的寂寥了。她倦了。她的翅膀无力向前奋飞,也无力返回原地,故乡和童年是怎样地搅扰着她啊!她在信笺上不断地呵着暖气,怎奈海边夜晚的荒寒,这暖气只能凝作一颗颗晶莹的霜粒,附着在文字上了!

这是萧红留给她弟弟的最后的文字,也是留给世间的最后的文字。

"有弟皆分散,无家问死生。"这是一封没有地址的信,寄不出去的信。张秀珂并没有看到这封信,他在游击队里。据他说,他曾经写过几篇通讯、报告之类,给延安寄去。他以为他的姐姐已经到了延安,而且仍然和萧军在一起;后来得知她困居香港的消息,又寄了信去,杳然没有回音。接到噩耗时,其实萧红已经走远,走过了整整一个春天了!

桑塔格在一部关于疾病的书里说:"疾病是生命的黑夜,是一种更为沉重的公民的身份。每一个出生的人都持有双重公民身份,也即在康乐的王国和病痛的王国。"其实萧红根本没有双重国籍。她太早地从一个王国进入另一个王国,而且一旦入境,便再也没有归程。她拿不到返国护照,病痛注定伴随她一生。

即使作为病痛王国的公民,也是次等公民。她看不起医生,至于住进医院,更是连想也不敢想的。如果不是疾病影响了她的写作,她是不会到玛丽医院里来的。又,如果没有史沫特莱的关系,没有周鲸文的团体的资助,她也不可能入院疗治,即使住的是三等病室。

经过全面检查,医院确认萧红患了肺结核,于是把她从普通病房搬到

香港玛丽医院。萧红曾在这里住院

隔离病房去。她开始打空气针。但是效果并不如预期的好，到了这时，身体潜在的疾病全部显露出来了。她咳嗽、便秘、气喘，而且头痛。治疗结核病的特效药链霉素即将发明出来，现在她无缘使用，只好见症治疗。这也是一种宿命吧。从此，她的脸色愈见灰暗，说话的声音也变得低哑了。

她的病榻，被安置在医院四楼院的前方走廊上。在这里，可以眺望大海，天空也开阔得多，周围环绕着一片澄澈的蔚蓝色……这时，萧红是安静的，虽然承受着身体的各种病痛，心境还不算太坏。她喜欢穿着一件镶着金边的枣红色的绒长旗袍，每天把脑后的两根小辫梳理成钉锤的模样，一闪一闪地出现在空旷地里，看书，晒太阳……

一本《圣经》看完了。见到常来的时代批评社的人，萧红总是说太寂寞，恳求带些新书给她看。因为医生不容许，他们没有办法，只好给她送一些画报。她笑着，说他们太把她当小孩子对待了。

"你陪我吃一片苹果吧！"萧红曾经向病友，一个香港女工说。

那个女工辞谢了。

"你该吃一片的。"萧红说,"因为我们两个人在世界上都是没有亲友关心的,你若是不陪着我吃这一片苹果,你会后悔的;要留一个记忆,说是那一年我和一个名叫萧红的人,在玛丽医院养病,我们一块吃过苹果……"

白天,她享受着妩媚的阳光;夜晚,和她的病友一起在阳台的床上就寝。

肺病适宜在高地疗养,德国作家托马斯·曼以肺结核病人为题材的著名小说《魔山》中的疗养院,就建筑在山上。玛丽医院地势不算太低,可是,环围半个海面,空气过于湿润,这对肺病患者的康复是明显不利的。

一天夜里,海上起了大风。萧红受凉了。从次日起,她的病情开始加重,咳嗽一直没有停止过……

她恳求医生给她打止咳针,医生说:"咳嗽不要紧呀!你不能着急……肺病还有不咳嗽的吗?"院方的药品是有规定的,只能由医生来开,不能因应病人的请求,何况是三等病室的病人呢。

萧红一再恳求,然而无效。医生起先搪塞着,后来不耐烦了,不但没有给她打针,连回应也没有。

她重又遭遇到了十年前的冷视和屈辱。

深夜,她要求护士为她打电话,让端木蕻良立刻到来。端木蕻良在电话里宽慰她,第二天才同周鲸文一起来到医院里。她要求出院,回到九龙去。

"你要安心。你想,你回到家里那个阴沉的小屋子里去,怎么会养好呢?而且请医生来往,又不便,又耗费,不如就住在这里。医药费由我负担,你放心养病好了。"周鲸文说。

萧红自觉得不到朋友的信任,而朋友们反而信任医生。她感到愤怒,可是没有办法。她沉默了。

她想,她会死在这些冷血者的手里的。这种危机意识,是只有她自己才可能具有的。她感到不安,而且愈来愈强烈,直至夜深。在没有援手的情况下,她决定进行自我拯救,离开这个不提供药品,也不采取任何救治措施的所在。她披上衣裳,趁医护人员走开的时候,悄悄下了床,向室外走道走去。然而,就在楼梯口,她被发现了。护士拦住了她,医生也跑了过来,他们轻蔑地问道:

"你要做什么?"

"我要离开你们的医院,我不住了。"

"达克特儿(doctor,医生)不给签字,你是走不了的。"女护士说。

"我不管,我就是要出院!"

"你发疯了。"主诊医生说,"你不管,如果你丈夫向我们要人呢?"

"我要回去!"萧红几乎要哭了。

"回去躺着吧!等到明天你丈夫签了字,领你出去!"

萧红终于被扶持着回到她的病床上。她想,端木是绝对不会真诚地为她着想的,他会推脱,会说宽慰的话。根据骆宾基的记录,她说她这时想到萧军,"若是萧军在四川,我打一个电报给他,请他接我出去,他一定会来接我的。"

最后,萧红想到了一个朋友,就是香港东北救亡协会的领导人于毅夫。她挂了电话,于毅夫果然立刻来到。他认为,对一个肺病病人来说,心情是重要的。因此,对萧红的出院要求,他表示同情和理解。

在于毅夫的支持下,萧红出院了。

端木蕻良把萧红出院的消息,在电话里告诉了周鲸文。第二天,周鲸文就同妻子一起到九龙看萧红来了。

屋子是阴暗的。中间摆着大床和书桌,东西横七竖八地放着,还有一个取暖烧水的小火炉。萧红就躺在那张破旧的床上。她见到周鲸文夫妇来访,虽然努力振作,仍然显出一副精疲力竭的样子。垂长的刘海下,是瘦削的脸,两只大眼睛有时还流露出光芒。

周鲸文在心里埋怨于毅夫,以为是感情用事。他对萧红说了一番安慰的话,并且劝她重回玛丽医院,像家里这样的环境对她这种疾病是有害处的。萧红点头同意,然后,半认真半开玩笑地说:"周先生,你正提倡人权运动,请不要忘记我这份人权。"

这话是什么意思呢?其实周鲸文和端木蕻良都未必听得明白。

周鲸文临走时,留下了一些钱,并嘱咐端木蕻良为萧红办理重新入院的事。但是,直到太平洋战争爆发,端木蕻良也没有把萧红送回医院去。

每天,萧红都躺在大床上。一些朋友知道她出院,陆续前来看望,其中有茅盾、巴人、杨刚、胡风，还有柳亚子和骆宾基。朋友来了，她也不能起身迎迓，只能靠在床上说话。

这种情形，使萧红感到非常难过。

肺结核是一种时间的疾病，在英语中，"耗损"、"疾驰"是它的同义词。当萧红的肺病到了这个时期，无论肉体还是精神，耗损都特别迅速，病象越发深沉。她咳得厉害，睡得不宁，喉头的痰液越来越多。时代文学社的袁大顿帮助料理左右，买痰盂、药品之类，有时一天得跑上几趟。萧红诉说不舒服，几次要求移动大床的位置，实际上是她内心烦躁不安的表现。

有一次，萧红要袁大顿替她到屈臣氏药房买一支摄氏体温计，因为不在行，他给买了一支华氏的回来。于是，萧红笑了。笑后，她温和地向跟前的青年解释了有关体温计的使用法。

袁大顿很久没有见到萧红的笑靥了，这使他久久难忘。回忆起来时，他写道："萧红的真挚的心魂的大门，在苦难临头时也为人打开的。"

12月8日，太平洋战争爆发，九龙陷入炮火之中。

清早，骆宾基搭乘巴士来到萧红的寓所。

他也是东北作家，早在1935年夏季，在哈尔滨就认识了金剑啸，从此知道了萧红和她的《生死场》。到上海以后，他和萧红的弟弟张秀珂成了好朋友；后来逃亡到了香港，便设法来看萧红，并且希望她为自己找个工作。端木蕻良把自己在《时代文学》连载的长篇《大时代》停下来，发表他的《人与土地》，以安定他的生活。《人与土地》的标题画，还是萧红给画的。他对萧红和端木蕻良一样心存感激，因此，当战祸突降之时，想同他们共作避难的计议。如果大家远离市区到乡下去，可以相依为邻。他知道，萧红卧床不起，在战争中是需要人照顾的。

对于骆宾基的到访，萧红是欢迎的，端木蕻良同样求之不得。他想去香港同有关友人商议去留问题，正苦于无人照料萧红，见到骆宾基，就像见到救星似的，他可以毫无挂碍地走了。

大约九时，柳亚子匆匆走进萧红卧病的房间，神色凝重。

他问："你好一些吗？"

骆宾基

萧红抓着他的手，说："我害怕！"

"你怕什么呢？"柳亚子安慰她说，"不要怕。"

"我怕……我就要死。"萧红喑哑地说。

"这时候谁敢说能活下去呢？"柳亚子原来坐在床沿，这时站了起来，说，"这正是发扬民族正义的时候，谁都要死，人总是要死的。为了发扬我们民族的浩然正气，这时候就要把死看得很平常……"老诗人还激动地说了好些话，然后匆促走了。

萧红说："我是要活的！"声音仍是那般喑哑，微弱得像自语一样。

端木蕻良紧随着柳亚子走了。临走时，他叮嘱骆宾基道："你不要走，陪陪萧红，我一会儿就回来。"

萧红脸色惨白，眼睛现出恐怖，说："你不要离开我，我怕……"

她要骆宾基伸出手来，说是自己过于疲倦了，需要闭闭眼。她多么渴望有一双友爱的手、温暖的手伸过来，让她紧紧握住！只要握住了这双手，就握住了生存的根据。而这时，她必须抓住旁人的手，因为她怕身旁的人趁她睡着以后就突然悄悄溜掉。对她来说，仿佛战争中任是什么朋友都不可信任，只有手握着手才是牢靠的。

"这样，我的心里就踏实一些。"萧红闭着眼睛，喃喃地说。

端木蕻良很晚才回来，带来一个消息，准备夜深时分偷渡海峡。

偷渡的渔船，据说是于毅夫为这三位东北作家准备的。当时，港九之间所有的公共汽车、电车、渡船都停驶了，海峡在夜间戒严，封锁了两岸的交通，要偷渡成功并不容易。何况，多出一个病人，增加了行动的不便，骆宾基是必须留下来的。

为了宽慰萧红，骆宾基曾经说过"怎么样也不会丢下你不管"之类的话。既然有言在先，他想，不管自己的私务多么急切地等待赶回去料理，也得耐心地等待，履行自己对病人所做的承诺。

下半夜，两三点钟过后，三人按晚间的协议行事。病人由骆宾基负责护理，端木蕻良携带简便行李，分坐两辆三轮车开到汽轮码头旁边事先约定的地点，然后登上小船。黎明前，他们终于经过一段紧张而沉寂的行驶，安然靠岸。

在时代书店职员的协助下，他们用躺椅做担架，抬着萧红，辗转了好几个地方，然后住进思豪大酒店。

萧红住的房间太大，空空荡荡。房间虽然有防空用的黑色窗帷，有电灯电话，但桌子上没有台布，沙发上没有罩布，木椅上没有坐垫，台灯也撤走了灯罩，一切物体都显得陈旧不堪。萧红被安置在有床帷架而没床帷的床上，床周围的铜栏杆柱子，也是锈迹斑驳的。整个房间，就像是一间破败的古董店。既不见酒店的经理人员，也不见白制服的侍者，仿佛酒店处于无人值班管理的状态。

萧红和骆宾基两人同时有着森然的感觉：这就是战争！

不过，把萧红送到这里，骆宾基觉得两天一夜的奔波，总算有了着落，不禁松了一口气。他打算晚上出去找私渡海峡的小划子，如果顺利，当夜就可以回到九龙寓所，把稿子和衣物带出来。时已黄昏，他见端木蕻良迟迟没有上楼，不知在楼下办理什么手续，有点心急了，于是跑出五楼的走廊等候，正好遇见专门来访萧红的大公报记者杨刚。他把杨刚带到萧红的房内，留下她们两人谈话，重又回到走廊口外，守候端木蕻良归来。

远远的海滩上不时传来炮声，油麻地油库上空升起两股浓烟，弥漫了海面。骆宾基愈等心里愈急，但是，他想不到端木蕻良早已不告而别了！

杨刚走后，骆宾基来到萧红床侧，问是不是自己还必须留在这里等端木蕻良回来，才能离去。萧红要他坐下来。也许与来访者刚刚说完话，有过激动，她这时有些疲惫了，脸色愈加苍白、阴暗，说："端木不会再来了！"又说："我们从此分手，各走各的了！"

"这是为什么？"

"他要'突围'……"

骆宾基惊呆了。这岂不是要在战争中脱身自逃，把护理病者的责任变相地强加到并非深交的朋友肩上吗？对此，他没有丝毫的精神准备。但端木是有准备的，在来思豪大酒店之前，就已经把背负着的口袋稳稳地安置在萧红住室的一角了！

考虑到英国几千人的驻军不可能长期守住这块租借地，骆宾基决计马上偷渡，而且要赶在日本的海军陆战队还未占领九龙市区之前回到自己的寓所，不然，稿子将毁于战火之中。他告诉萧红，他必须回去取稿子，取到之后，再回到这里探望她。这时，萧红突然转过脸去，显然不愿对方看见自己的眼泪。

"难道一个处于病中的朋友，她的生命就不及你的那些衣物珍贵？"

"当然不是这样的！"骆宾基低声辩解道，"朋友的生命，在我看来就像看待自己的生命一样珍贵。可是，我在桂林的桐油灯下写的那些稿子，我是看得比自己的生命还珍贵的！"

"那——你就去！"

"我会连夜赶回来，绝不会把你摆在这里，从此不管了！"

"那就很难说了！"

"怎么难说呢？"

"你听我说，好吗？你想，你真的能说回来就回来吗？这是战争呀！你听炮声这么激烈，你知道九龙现在怎么样了？尤其是你的住所离码头那么远,坐巴士要坐二三十分钟,是太子道路底呀,那里是不是已经在巷战了?你怎么能冒这个险呢?……"

萧红从为自己的生命的未来担心,转移到为朋友的行动担心了。骆宾基听了,心里起了深深的感动。

他终于留了下来。

归根结底,病人身旁没有一个照应的人,实在是不能就此离开的。而且,在整个战争中担负起与病人生死与共的护理责任,应当成为以鲁迅为主将的营垒中的战友之间的崇高义务,任何一个处于同样状态下的流亡的左翼东北作家都是不会推卸的。骆宾基沉思着,在萧红面前安定下来了。

"对现在的灾难,我所需要的就是友情的慷慨!不要以为我会在这个时候死了,我会好起来,我有自信。"自然,骆宾基的诺言,在萧红听来是无限欣慰的。

她的一双敏感的大眼睛,这时现出了胜利者的喜悦的光辉。她以大姐般温存的语气,要他坐到床侧,说,她早已知道,他是不会把她丢开不管的。两人的友情,由此顿然转入一个亲切无间的阶段,就像姐弟般坦率,战友般亲切,少男少女一般的纯洁与天真。

在四周空寂无人的所在,两个人开始了无尽无休的倾谈。在世界上,如果有一个人能够专注地倾听自己,该是多么幸福的事情啊!随着絮絮的叙说,萧红回到了童年,回到了青春时代,回到了焚烧着热恋和叛逆激情的岁月,和此后漫长的充满坎坷的流亡生活……

她说了许多同萧军在一起的往事,流露着对萧军的默默的怀念。在这中间,给骆宾基印象最深的,还是她在回忆两人分手之后的一种独立自主的昂扬情绪,仿佛从此摆脱了从属于对方的地位,就是个人的自由与解放,不屈的意志也就获得胜利了。

萧红说:"你也曾经把我当做一个私生活是浪漫式的作家来看的吧?你是不是在没有和我见面以前,就站在萧军那方面不同情我?我知道,和萧军的离开是一个问题的结束,和端木又是一个问题的开始。你不清楚真相,为什么就先入为主,以为他一定对,而我是不对的呢?做人是不该这样对人粗莽的。"

萧红说:"我早就该和端木分开了,可是那时候我还不想回到家里去,现在我要在我父亲面前投降了,惨败了,丢盔弃甲了。因为我的身体倒下来了,想不到我会有今天!"

萧红说:"端木是准备和他们突围的。他从今天起,就不来了,他已经和我说了告别的话。我不是已经说得很清楚吗?我要回到家乡去。你的责任是送我到上海。你不是要去青岛吗?送我到许广平先生那里,你算是给了我很大的恩惠。这只是一两个礼拜之内的事情。我不会忘记。有一天,我还会健健康康地出来。我还有《呼兰河传》第二部要写……"

说到端木蕻良,萧红说:"他吗?各人有各人的打算,谁知道这样的人在世界上是想追求些什么?我们不能共患难。"

她又说:"我为什么要向别人诉苦呢?有苦,你就自己用手掩盖起来,一个人不能生活得太可怜了。要生活得美,但对自己的人就例外。"

"我不理解,怎么和这样的人能在一起共同生活三四年呢?这不太痛苦了吗?"骆宾基问。

萧红说:"筋骨若是痛得厉害了,皮肤流点血也就会变得麻木,不觉得有什么了……"

第二天,端木蕻良突然走了进来,还为萧红带来两个苹果。萧红沉默着,似曾相识似的,神色有点漠然。

"你还没有突围呀?"骆宾基问道。

"小包都打好了,等着消息呢!"端木蕻良回答说。他为萧红刷洗了痰盂,很快就离开了。

不久端木蕻良又走了回来,说了一些侮及萧红和骆宾基的说话。骆宾基愤怒极了,萧红倒沉得住气,不说一句话。从此,端木蕻良再也不曾在这间酒店里露面。他到底躲到什么地方,与什么人住在一起,都在保密似的,没有人知道。当然,也没有人过问。

到了晚上,萧红像是从日间的郁闷中解脱出来了。

她给柳亚子打了一个电话,愉快地笑着说:"我完全像是好人似的了。我的精神很好……"放下电话,她向骆宾基转述说:"他听到我的声音,说:

'你能打电话了呀!'他那个高兴的口气,哎呀!……在这样慌乱的时候,他还能注意到我的声音,说是从我的声音里就知道精神好了,这真是诗人的真挚。在这混乱的时候,谁还能注意一个友人的声音呢?"

据骆宾基判断,大约她收到了端木蕻良转来的柳亚子送给她的四十美元,这电话是道谢的。

大楼又恢复了它的空寂和平静,而他们之间的谈话,就又在一种友情的渴待中给接续起来。他们谈文学,谈鲁迅,谈各自的见闻……萧红的眼光,再也见不到先前那种神经质的闪烁不定的神色。她在怡然地谈说经历的往事之外,也倾心地谈及构思中的小说。

有一个相当成熟的短篇,骆宾基后来根据她的叙述记录下来,就是《红玻璃的故事》。

女主人公王大妈在外孙女小达儿生日时,探望出嫁已久的女儿。她拿过小达儿手中的红玻璃花筒,突然从中窥见自己和女儿的童年时代。两代人都曾玩过这红玻璃花筒,却同样走上做母亲的寂寞穷苦而无欢乐的道路;小达儿是第三代了,现在不也正玩着这迷幻的玻璃花筒吗?她因为窥破了共同命运的可怕的奥秘,返家不久,便郁郁而死。

她的丈夫和女婿都是到黑河去挖金子而一去不返的。想不到临终前,她竟把唯一的儿子叫到跟前,说:

"立子,记住我的话,我活着是立誓不让你向外跑的,可是妈现在不了……立子,到黑河挖金子去吧!"

这是一个关于追寻与宿命的故事,是萧红最后讲述的故事。

在命运的面前低头,还是昂然迎着死亡走去?故事还没讲完,六楼突然中弹,轰然一声,楼窗哗哗作响,一阵强烈的硫黄气味扑鼻而来,谈话从此中断。

追寻的戏剧结束了,宿命的帷幕徐徐降落……

炮声隆隆。
混乱。黑暗。人影幢幢……
骆宾基托起萧红,在火光灯影里很快没入拥挤的人群中。萧红大约为了减轻护理人的负担，同时也可能为了考验一下自己的体力，她曾经几次尝试着站立和走路，结果当然无济于事。十天之内，经过数次迁移，她终于无法支持，最后只好从时代书店的职工宿舍转入跑马地养和医院。

萧红入院不久，多日不见的端木蕻良，这时又突然出现了！

他向骆宾基表示歉意，并声称愿相陪照料病者。骆宾基持欢迎态度，他太劳累了，实在需要回到书店职工宿舍去睡一觉，但是走不开，这时来了端木蕻良，算是找到可接替的人了。萧红很敏感，她的一双大眼睛现出机警的神色，大声说："端木，你出去！"

在与骆宾基的单独谈话中，萧红提出要求说："明天一早你要回来！不能离开太久了！只一夜。"又说："你可答应送我到许广平先生那里的，不会忘记吧？"

"当然，怎么会忘呢？"

"你答应我，明天一定赶回来。"

"答应。"

萧红接着问他，身上带着多少钱，知道只有五元港币，立刻从身上拿出百元一张的港币相赠，嘱他带在身边以作不意之用。

第二天，骆宾基来到养和医院时，医院已经诊断为喉部肿瘤，决定动手术摘除。萧红和端木蕻良都同意医生的方案，只等骆宾基的意见了。骆宾基毫无医学知识，除了同意，还能说出别的什么话来呢？结果，萧红在前一天交给端木蕻良百元港币之外，又交出一枚金戒指作手术费。

手术过后，喉头接上铜嘴呼吸管。这一喷氧装置的安设，会发出咝咝的声响，连说话也带有咝咝的杂声了。这使萧红受到很大的打击，情绪顿时低落下来。

晚上，萧红把端木蕻良打发走，对骆宾基遗嘱式地单独做了关于《呼兰河传》和《马伯乐》两书版权的交代。稍后，骆宾基将相关的内容向站在走廊上的端木蕻良作了转达。

他们一起走进病房，萧红平静地靠在活椅式的病床上说：

"人类的精神只有两种，一种是向上发展的，追求他的最高峰；一种是向下的，卑劣和自私……作家在世界上追求什么呢？若是没有大的善良，大的慷慨,譬如说,端木,我说这话你听着,若是你在街上碰见一个孤苦无告的讨饭的,袋里若是还有多余的铜板,就掷给他两个,不要想,给他又有什么用呢?他向你伸手了,就给他。你不要管有用没有用,你管他有用没有用做什么?凡事对自己并不受多大损失,对人若有些好处的就该去做。我们生活着不是做这世界上的获得者,我们要给予。"

她又说:"我本来还想写些东西,可是我知道我就要离开你们了,留着那半部《红楼》给别人写去了……你们难过什么呢?人,谁有不死的呢?总有那么一天……生活得这样,身体又这样虚,死,算什么呢!我很坦然的。"

又安慰骆宾基说:"不要哭,你要好好地生活,我也是舍不得离开你们呀!"

萧红的眼睛润湿了,又低声说:"这样死,我不甘心……"

端木蕻良站在床侧,也哭了起来。

1942年1月18日中午,萧红由骆宾基和端木蕻良两人陪同,乘坐养和医院的红十字急救车,再转入玛丽医院。

在院门后侧窗口,萧红发现了和她共在阳台上度夏的年轻女工,正伏窗问询什么,她微笑着,做出问候的表示。然而,此刻,她已经再没有当时分食苹果的那种兴致了。

医院给萧红做了检查,确诊为肺结核与恶性气管扩张。养和医院的误诊,致使萧红不能进食,只能靠注射葡萄糖维持生命。

下午二时,萧红在手术室换了喉部的呼吸管。夜晚,她在六楼的病室里平静地躺着,盖了院方的白羊毛毯,不说一句话。

过了一整天,到了半夜十二点,萧红见骆宾基醒来,眼睛现出关切的神情,微微笑着,做出要笔的手势。

她在拍纸簿上写道:"我将与碧水蓝天永处,留得那半部《红楼》给别人写了。"

当她写下最初九个字时,骆宾基对她说:"你不要这样想,为什么……"她挥手示意不要拦阻她的思路。

又写:"半生尽遭白眼冷遇……身先死,不甘,不甘。"并掷笔微笑。

1942年1月22日上午10时，萧红在香港圣士提反女校临时救护站辞世，享年31岁

三时示意吃药，又吃了半个苹果。这时，她由喉口铜管呼吸，声带无力发音，但神色是恬静的。接着，她又要纸写："这是你最后和我吃的一个苹果了！"

21日早晨，萧红可以发音说话了。这时，她脸色红润，心情显得很愉快，而且吃了半个牛肉罐头。她说："我完全好了似的，从来没有吃得这么多。"接下来，她招呼骆宾基说："坐下来抽支烟吧！没有火吗？"

骆宾基说不想抽烟，实际上是没有火。萧红说："我给你想法子。"

"这些事你就不要操心了，你养你的病好了！"端木蕻良说。

萧红说："等一会儿，塞斯特儿就来了。"她按了几下床头的电铃。

"你知道整个医院都没有人了。"骆宾基说完在大楼里到处找火柴，最后走出医院的大门。他还想在附近的村子，或是在公路旁碰到卖杂货的小摊，买一盒火柴。这样，他走到了香港市区。他想，现在日军占领已经二十六天了，为什么不借这个机会回九龙一趟？反正有端木蕻良在，而且萧红今天的状况又很好。为了取出他的小说稿子，他排队购了船票，终于上船走了。

22日黎明，骆宾基回到香港，捧着一大盒面包和罐头，走到玛丽医院。

这时，大门已经换上了"大日本陆军战地医院"的牌子，一个日本哨兵用刺刀拦截了他。经过交涉、搜身，然后才获准进去，上楼一看，病人已经不在了。

他赶紧到常去的书店宿舍去，看到端木蕻良的留条，告以萧红病危，嘱归后等他来接。不久，端木蕻良来了。他告诉骆宾基说，玛丽医院因为军管，只好临时转往红十字会设立的圣提士反临时病院；又说，萧红早上六时就昏过去了，一直不省人事，看来已经无法挽救了……

骆宾基冲进医院，只见萧红仰脸躺着，脸色惨白，合着眼睛，头发散乱地披在枕后，但牙齿还有光泽，嘴唇还红；后来逐渐转黄，脸色逐渐灰黯，喉管开刀处有泡沫涌出……

十一点，萧红停止了呼吸。

"飞鸟的生涯是美丽的，落叶又为什么给风飘着呢？"
"我们为什么不是飞鸟呢？……"
"为了要追求生活的力量，为了精神的美丽与安宁，为了所有的我的可怜的人们，我得张开我的翅膀……"①
"如果是一条鱼，要想把鱼鳍变成翅膀，它将意味着死亡。"
一位哲人②说。

浅水湾。一个凄美的名字。
这里埋葬着
一只鸟，
一只长着鱼鳍的鸟。
天空向上扬起如透明的面孔。风无方向地吹。鸟群栖集在另一个世界，阳光下，展开的羽翎像金币一样闪耀……

---

① 引自萧红小说《亚丽》。
② 乌纳穆诺（1864—1936），西班牙著名诗人、小说家和思想家，著有《生命的悲剧意识》等。

哈尔滨人冯咏秋 1933 年为萧红所作的漫画像

土堆。沙砾。芳草萋萋的洲渚。大海围绕着这一切,浪涛重重叠叠,无止无尽。吟游的海浪,日夜诵唱着浩大的英雄史诗。此间,有谁会在意一个关于鱼的飞翔的小小传奇?即使故事不曾为水族所遗忘,那梦想,那隐秘的灵魂、骨头、心跳,都已在讲叙的悲剧的情节中失传……

后 记

前年秋，偶翻杂志，得见评论《谁人绘得萧红影》。阅至萧红因萧军和端木蕻良——最亲近的两位男士——对她的作品的嘲笑而起反感一节，颇受触动，于是萌生作传的意图。

萧红，作为中国现代女作家的存在，有两条交叉的线索，就是文学和人生：一、萧红的爱情悲剧说到底并非由性格酿成，而是文化价值观念深层冲突的结果，是男权社会处于强势地位的又一例证。但是，"五四的女儿"萧红，不曾屈从于传统道德，不因为爱而牺牲个人的价值与尊严，这才终于做定了中国婚姻史上的一名"悲剧英雄"。二、在文学史上，萧红的作品中女性与穷人的双重视角，以及自由的风格是被忽略了的，作为"弱势文学"的实际成就被严重低估。

萧红一生追求爱与自由，在我的传记中，她是同时作为追求者和反抗者（至死仍在反抗）进入一个由来便是不公平的、充满暴力、奴役与欺侮的社会框架之中，通过悲剧性情冲突完成自身的形象的。为求忠实于历史，故事场景及人物对话，大体上是对回忆录或自传性作品的综合改写，避免小说式虚构。这样，留给我的最大的想象空间，唯是心理分析和内心独白，相关的叙述也多采用猜想的、悬疑的手法。萧红是诗人，因此传记的语言也较为随意、自由，我希望能从中敷布出一种近于诗性的风格。

逝者如斯。时间的迁流是无情到了极点的，往昔已无由复制。所以，传记之作，即使再谨严，再丰实，最多也只能视作后人的一种感怀而已。一个灿烂的生命，如今零落成泥，即使绘得当年的些许影迹，便能重播其内质的芳馨吗？

思之不觉怃然。

作者
2008 年夏初

再版后记

日前，一部以萧红为主角的电影登上银幕，另一部同样性质的大片据说也将接踵而至。可以想见，媒体为此会变得如何兴奋。

然而，围观萧红未必是一件幸事。对于一个作家来说，最值得关注的，莫如他／她的作品，而非写作之外的个人情史等类。恰好，作为大众文化的骄子，电影执意放大的，正是那些多少蒙带罗曼蒂克色彩的故事。一个女人和四个男人——没有比这更能刺激世俗目光的了！即使撇开作品而回到萧红的人生实践，包括爱情生活中间，转瞬即逝的镜头所向，也多集中于富含戏剧性的场景，很难揭示人物背后的深潜的文化冲突，甚至不肯在萧红的热烈而寂寞的灵魂那里作更长久一点的驻留。萧红是五四的女儿，她身上有着"五四新女性"的执著于自由追求和个性解放的部分，近百年间暗暗流失的部分。在庞大的传统文化势力面前，萧红无疑是一个受伤者、不幸者，但是不能说她是一个失败者。她大胆地追求，勇敢地反抗，顽强地挣扎，为了一个梦想（知识分子喜欢称作"理念"），一直坚持到生命的尽头。老实说，对于萧红，我们是没有怜悯和同情的资格的。

趁拙著在此间重版的机会，在史实上做了若干修正。不能说我已经完整而准确地画出了萧红的影像，无非借此表达内心里对于一个本来意义上的自由战士的敬意，如此而已；当初如是，今日亦如是。

萧红纪念馆的章海宁先生专意提供不少珍贵的史料、信息和照片，顺此一并致谢。

作者

2013.3.12

主要参考书目

《萧红全集》	哈尔滨出版社，1991年5月第1版。
《鲁迅给萧军萧红信简注释录》	
	萧军著，黑龙江人民出版社1981年出版。
《萧红书简辑存注释录》	萧军著，黑龙江人民出版社1980年出版。
《怀念萧红》	王观泉编，黑龙江人民出版社1984年出版。
《萧萧落红》	季红真编，人民文学出版社2001年出版。
《萧红新传》	葛浩文著，三联书店(香港)有限公司1989年出版。
《萧红小传》	骆宾基著，北方文艺出版社1982年出版。
《萧红传》	铁峰著，北方文艺出版社1993年出版。
《萧红传》	丁言昭著，江苏文艺出版社1993年出版。
《萧红传》	季红真著，北京十月文艺出版社2000年出版。
《东北现代文学史料》	黑龙江省社会科学院文学研究所编。
《新文学史料》	人民文学出版社出版。

私の日記

我懂得的尽是些偏僻的人生,我想世间死了祖父,就没有再同情我的人了,世间死了祖父,剩下的尽是些凶残的人了。

——萧红《祖父死了的时候》

© 1919年,呼兰县,萧红与祖父

去年的五月，
正是我在北平吃青杏的时节，
今年的五月，
我生活的痛苦，
真是有如青杏般的滋味！

　　　　—— 萧红《偶然想起》

◎ 1930 年，萧红在北平读书

私の日記

那样的家我是不能回去的，我不愿意接受和我对立的父亲的豢养……

——萧红《初冬》

◎ 1931年，哈尔滨，从父亲的软禁中出逃的萧红

我们是太迅速了,由相识相爱仅是两个夜间的过程罢了。竟电击风驰般,将他们经年累月,认为才能倾吐的,尝到的……轻快而又敏捷,加倍的做过了,并且他们所不能做,不敢做,所不想做的,也全被我们做了……做了……

—— 萧军《烛心》

私の日记

当他爱我的时候,我没有一点力量,连眼睛都张不开,我问他这是为了什么?他说:爱惯就好了。啊,可珍贵的初恋之心。

——萧红《春曲》

◎ 1932年,哈尔滨街头,萧红与萧军

我拿什么来喂肚子呢？桌子可以吃吗？草褥子可以吃吗？……窗子一关起来，立刻生满了霜，过一刻，玻璃片就流着眼泪了！起初是一条一条的，后来就大哭了！

——萧红《饿》

◎ 1932年，饥饿中的二萧

私の日记

客请完了！差不多都是醉着回来。郎华反反复复地唱着半段歌，是维特离别绿蒂的故事。人人喜欢听，也学着唱。

—— 萧红《几个欢快的日子》

◎ 1932年，哈尔滨大街，几个欢快的日子

我的名字常常是写在你的诗册里。
我在你诗册里翻转；
诗册在草上翻转；
但你的心！
却在那个女子的柳眉樱嘴间翻转。

—— 萧红《幻觉》

◎ 1934 年，萧军与"程女士"在滑冰场

私の日记

我哭着你，
不是哭你，而是哭着正义。
你的死，总觉得是带走了正义，
虽然正义并没有能被人带走。

——萧红祭奠鲁迅的《拜墓诗》

◎ 1934年，上海大陆新村鲁迅寓所，病中的鲁迅与二萧

> 往日的爱人，
> 为我遮避风雨，
> 而今他变成暴风雨了！
> 让我怎样来抵抗？
> 敌人的攻击，
> 爱人的伤悼。
>
> ——萧红《苦杯》

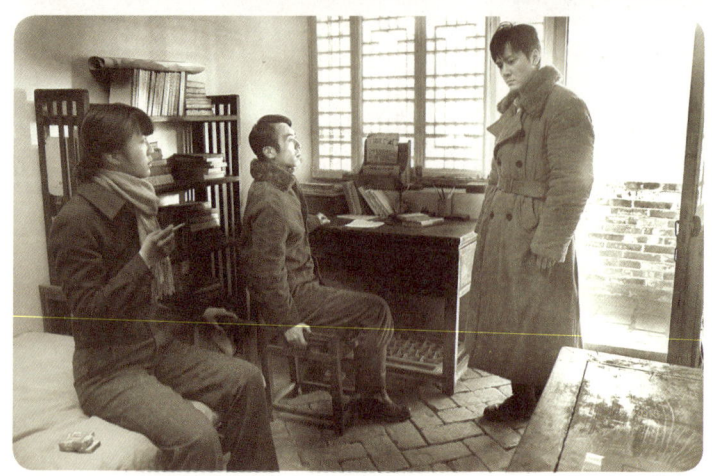

◎ 1937年，二萧在汉口客船甲板上
◎ 1938年，七贤庄八路军办事处，端木蕻良、萧红、萧军

私の日記

女性的天空是低的，羽翼是稀落的，而身边的累赘又是笨重的。不错，我要飞，但同时又觉得，我会掉下来。

—— 萧红

◎ 1938年，西安公园内，端木蕻良与萧红

"我总是一个人走路,以前在东北,到了上海后去日本,现在的到重庆,都是我自己一个人走路。我好像命定要一个人走路似的……"

—— 张梅林《忆萧红》

私の日記

说什么爱情!
说什么受难者共同走尽
患难的路程!
都成了昨夜的梦,
昨夜的明灯!

—— 萧红 《苦杯》

◎ 1938年9月,萧红独自从汉口到重庆

我一生最大的痛苦和不幸，
都因为我是一个女人。

　　　　—— 萧红

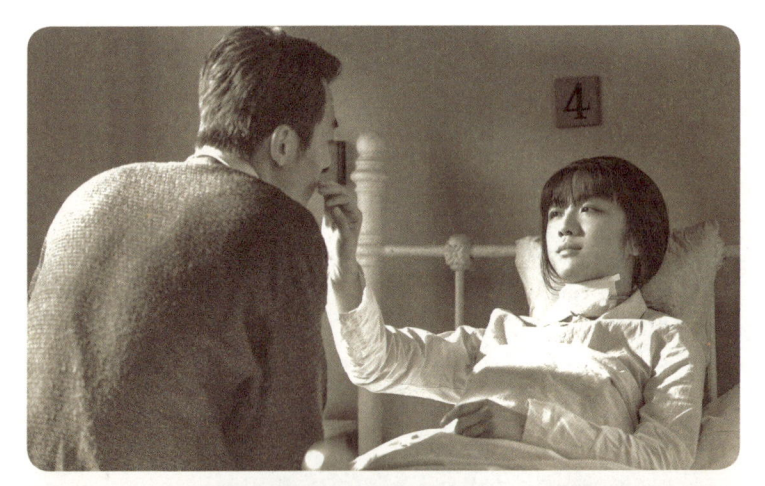

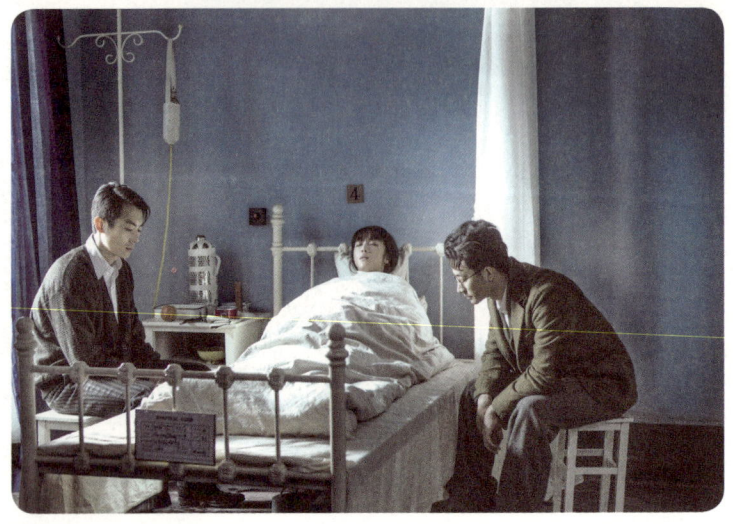

◎ 1942 年，香港玛丽医院病房，萧红病重

私の日记

> 我将与蓝天碧水永处，留得那半部红楼给别人写了。半生遭尽冷眼……身先死，不甘，不甘。
>
> —— 萧红临终手书

◎ 1942 年 1 月 22 日，萧红去世

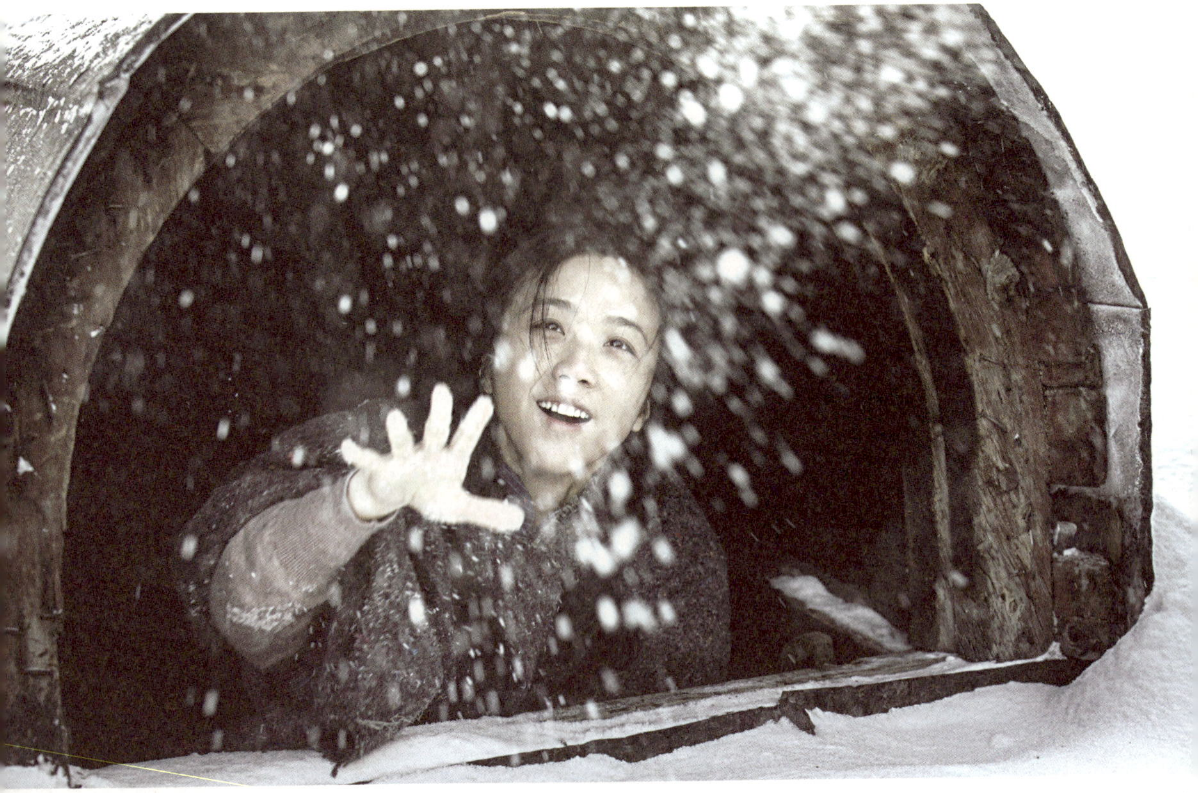

飞鸟的生涯是美丽的，落叶又为什么给风飘着呢？
我们为什么不是飞鸟呢？
为了要追求生活的力量，为了精神的美丽与安宁，
为了所有的我的可怜的人们，我得张开我的翅膀……

—— 萧红《亚丽》

苦盃（三）

昨夜他又写了一隻诗，
我也写了一隻诗，
他是写给他新的情人的，
我是写给我悲哀的心的。

苦杯（一）

带着颜色的情诗，
一只一只是写给她的，
像三年前他写给我的一样。
也许人人都是一样！
也许情诗再过三年他又写给另外一个姑娘！

萧红手迹：《苦杯》

10×20

10×20

10×20

10×20

10×20

10×20

10×20

10×20

10×20

10×20

10×20

10×20

....

....

....

....

....

....

....

....

....

....

....

....

....

....

....

....

....

....

....

....

....

....

....

....

....

....

....

....

....

....

....

....

....

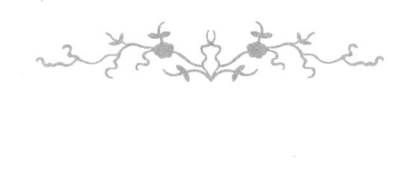

……………………………………………………………………

……………………………………………………………………

……………………………………………………………………

……………………………………………………………………

……………………………………………………………………

……………………………………………………………………

……………………………………………………………………

……………………………………………………………………